通俗第一次世界大战史

制度私利性、战争暴行与人类文明的黑幕

〔日〕早稻田大学出版部 编　　王坤 译

人民东方出版传媒
People's Oriental Publishing & Media
東方出版社
The Oriental Press

图书在版编目（CIP）数据

通俗第一次世界大战史 / 日本早稻田大学出版部 编；王坤 译. — 北京：东方出版社, 2020.8

ISBN 978-7-5207-1558-4

Ⅰ. ①通… Ⅱ. ①日… ②王… Ⅲ. ①第一次世界大战—历史—通俗读物 Ⅳ. ①K143-49

中国版本图书馆CIP数据核字(2020)第099422号

通俗第一次世界大战史

（TONGSU DI-YICI SHIJIEDAZHAN SHI）

作　　者：[日] 早稻田大学出版部

译　　者：王　坤

责任编辑：辛春来

出　　版：东方出版社

发　　行：人民东方出版传媒有限公司

地　　址：北京市朝阳区西坝河北里51号

邮　　编：100028

印　　刷：三河市刚利印务有限公司

版　　次：2020年8月第1版

印　　次：2020年8月第1次印刷

开　　本：710毫米 × 1000毫米　1 / 16

印　　张：31.25

字　　数：358千字

书　　号：ISBN 978-7-5207-1558-4

定　　价：120.00元

发行电话：（010）85924663　85924664　85924641

目录

第一篇

世界大战揭开序幕

第1章

萨拉热窝上空的晴天霹雳

第1节　奥匈帝国皇储弗朗茨·斐迪南大公遇刺

1914年6月28日，位于巴尔干半岛北部的波斯尼亚首府萨拉热窝市，从天刚蒙蒙亮起就喧闹不已，火车站到市政厅的沿途被男女老少们堵了个水泄不通。随着一声汽笛声，一列皇家专列缓慢地停靠在站台上。早已在此等候多时的围观群众见状开始争先恐后地向前拥挤，场面一度变得混乱不堪，警察们正扯着嗓子拼命地试图维持秩序。正在这时，有人从对面站台上翩然踱步而来，来者正是奥匈帝国皇储弗朗茨·斐迪南大公及其王妃——霍恩贝格女公爵苏菲。二人相继乘上早已停在路旁的敞篷汽车。随后，侍卫等一干随从也分别坐上了其余的几辆汽车，车队朝市政厅方向缓缓驶去。围观群众纷纷脱帽，向坐在车里行驶而来的弗朗茨·斐迪南大公致敬。大家高高挥动手中的帽子并连声高呼“万岁”，欢呼之声直冲云霄。弗朗茨·斐迪南大公也不断向欢呼的群众频频点头致意以示回礼。正当车队在人群之中缓慢前行时，人群中突然冲出一个青年，他以迅雷不及掩耳之势掏出藏在身上的炸弹，朝弗朗茨·斐迪南大公的座驾掷去。弗朗茨·斐迪南大公反应神速，抬起右手就将炸弹挡向了座驾后方，炸弹随即爆炸，乘坐在后方车辆的三名随从负了轻伤。此外还祸及了其他十余名围观群众。负责执行护卫任务的宪兵和警察们见状惊呼“有刺客”，并开始拼命搜寻已经混入人群之中、想要趁乱逃逸的凶手。尽管凶手左躲右藏，

弗朗茨·斐迪南大公

但在严密搜捕之下，却一直无法脱身，最终只好跳入旁边的河中。几名警察见状随即也纷纷跃入河中，将凶犯擒拿归案。围观群众被这突如其来的爆炸惊呆了，震天的欢呼瞬间变为鬼哭狼嚎，人们随即惊散而去，现场一度尘土飞扬，如同人间地狱。

所幸弗朗茨·斐迪南大公仅受轻伤并无大碍，侍从们却人人自危不敢继续前行。弗朗茨·斐迪南大公却镇定自若，命令车队加速前往市政厅。

1908年，奥匈帝国兼并了波斯尼亚和黑塞哥维那。弗朗茨·斐迪南大公此行的目的就是观摩在此地举行的陆军大演习。演习于1914年6月27日顺利结束，弗朗茨·斐迪南大公对此感到非常满意，因而决定1914年6月28日一早赶赴波斯尼亚首府萨拉热窝视察。早前几日苏菲王妃就已提前来到萨拉热窝，等待军事演习结束之后与弗朗茨·斐迪南大公在此相聚。苏菲王妃在车站等弗朗茨·斐迪南大公抵达之后，两人兴致盎然地一同乘车赶赴市政厅参加为他们准备的欢迎宴会，未承想却在途中遇到了如此险情。

经严厉的审讯得知：凶手名为布里诺维奇，二十岁，出生于黑塞哥维那，现供职于贝尔格莱德的一家印刷厂做印刷工人。

虽然遇刺，但弗朗茨·斐迪南大公仍按原计划抵达了市政厅的欢迎会场。市长代表全体市民致欢迎辞后，参会人员一起高呼三声“万岁”。弗朗茨·斐迪南大公虽然对刚才的遇刺事件心有余悸，但还是始终保持微笑，静静地听完了市长的欢迎辞。弗朗茨·斐迪南大公在致答谢辞中说：“首先衷心感谢大家为我举办如此隆重的欢迎仪式，只是刚才的爆炸案仍然让我心有余悸。”言辞中流露出对遇袭一事仍心有余愤之意，市长及一众市民代表们听闻此言顿时个个汗流浃背，惊恐不已，不敢抬头。接着弗朗茨·斐迪南大公却大度地说：“我十分感谢波斯尼亚和黑塞哥维那人民为我举办的充满诚意的欢迎仪式，凶手干的蠢事也只是偶然性事件，我已不再介怀。”在市政厅大约逗留了半个小时之后，即10时左右，弗朗茨·斐迪南大公再次命人驱车前往医院，探望因刺杀事件而受伤较重的随从——副官梅里奇中校。

弗朗茨·斐迪南大公一行再次在人们的欢呼声中疾驶而去。当车队来到一个十字路口时，因拐弯而放慢了车速。正在这时，突然又有一个青年持短枪从路边人群之中一跃而出，朝汽车猛然连开数枪。苏菲王妃见状大惊，不自觉地想要起身逃避，但为时已晚，她的腹部已被子弹击中，中枪之后旋即匍倒不起。紧接着枪声再次响起，第二枪射中了弗朗茨·斐迪南大公的头部，第三枪射在了其颈部，二人叠倒在了一起。围观群众再次陷入了无以名状的惊恐之中。宪兵和警察们被这突如其来的事件彻底激怒了，开始发疯似的搜寻犯人，并最终在现场将犯人逮捕。此时载有弗朗茨·斐迪南大公和苏菲王妃的汽车朝医院急驶而去，并赶在第一时间到达。二人虽然得到了迅速救治，但终因伤势过重医治无效，于当日傍晚时分去世。

弗朗茨·斐迪南大公一行乘坐的敞篷汽车

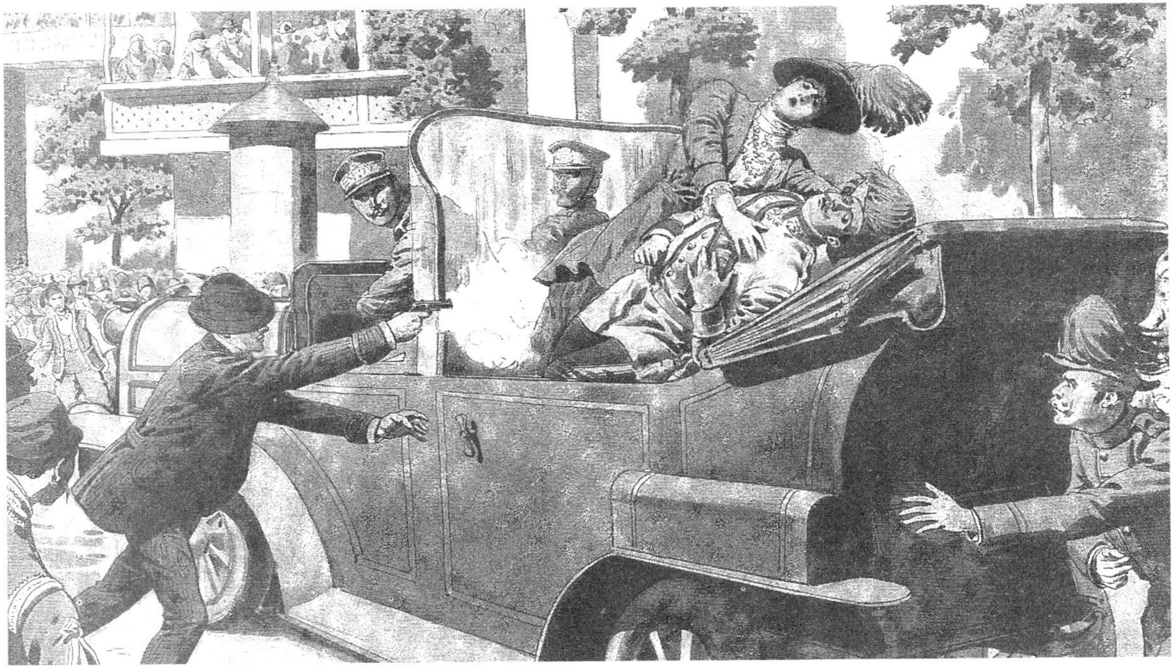

弗朗茨·斐迪南大公和苏菲王妃遇刺

第2节　黑云压城

经审问得知：犯人叫加夫里若·普林西普，塞尔维亚人，十九岁，是波斯尼亚商业学校的学生。死于非命的弗朗茨·斐迪南大公时年五十一岁，是奥地利皇帝弗朗茨·约瑟夫一世之弟卡尔·路德维希大公之子。弗朗茨·斐迪南大公以性情刚烈勇猛闻名，虽为皇储，但从1900年起就已经代替弗朗茨·约瑟夫一世执掌整个奥匈帝国了。

卡尔·路德维希大公

弗朗茨·斐迪南大公的讣告一传到首都维也纳，举国震惊，奥匈帝国朝野上下一时竟不知所措，追悼和愤慨成了此时他们唯一能做的事。当时弗朗茨·约瑟夫一世已悲愤至极，其情状让人不忍直视。弗朗茨·约瑟夫一世声泪俱下道：“上帝啊！竟然一个不留地全部给我带走了。”弗朗茨·约瑟大一世当时已经八十四岁高龄，其一生坎坷异常，晚年唯一倚仗的弗朗茨·斐迪南大公却又惨遭如此不测。从当时国际形势来看，奥匈帝国被列强环伺，处于朝不保夕的境地。弗朗茨·约瑟夫一世为此殚精竭虑已然筋疲力尽。我们首先来回

弗朗茨·约瑟夫一世

顾一下弗朗茨·约瑟夫一世坎坷而充满苦难的一生。1898年伊丽莎白皇后在意大利遇害死亡；由于受地下恋情所困，宠爱有加的独子鲁道夫皇太子于1889年自杀殉情，留有一女伊丽莎白·玛丽；此外，长女早年夭亡，次女吉塞拉·路易丝·玛丽远嫁，嫁给巴伐利亚王子利奥波德，三女玛丽·瓦莱丽也远嫁，嫁给托斯卡纳的弗朗茨·萨尔瓦托。此时的弗朗茨·约瑟夫一世身边已经没有直系亲属，因此，他才不得已将自己的弟弟卡尔·路德维希大公之子弗朗茨·斐迪南大公立为皇储。可想而知，弗朗茨·斐迪南大公遇刺一事对年迈的弗朗茨·约瑟夫一世会造成多么大的打击。

伊丽莎白皇后遇刺

苏菲王妃

再说苏菲王妃，其原为波希米亚贵族博胡斯拉夫之女。由于家道中落，苏菲沦落到只能在其他大公家中做侍女的境地。弗朗茨·斐迪南大公对此毫不介意，公然违背皇室命令及他人的反对，直接与其订婚。身份差距如此巨大的婚姻必然遭到弗朗茨·约瑟夫一世的强烈反对。对于弗朗茨·斐迪南大公无视公议法度悍然与一个卑贱的侍女结婚一事，弗朗茨·约瑟夫一世根本无法容忍，他因此曾一度想要废黜弗朗茨·斐迪南大公的皇储身份。对此，不因循守旧且充满新思想的弗朗茨·斐迪南大公公然宣称："婚姻不应是政治的牺牲品，而应基于爱情。因此，我宁愿以皇位换爱情。"弗朗茨·约瑟夫一世觉得如果一味坚决反对弗朗茨·斐迪南大公的婚姻，必然会对国家不利。经过深思熟虑后，弗朗茨·约瑟夫一世决定抛弃自己的成见，放弃干涉并认可了弗朗茨·斐迪南大公的婚事。于是弗朗茨·斐迪南大公和苏菲于1900年7月在波希米亚举行了正式的婚礼。苏菲虽然成了王妃，但奥匈帝国的贵族们仍旧以其地位卑微为由不愿跟她交往。对此，苏菲王妃也不强求，于是她就在宫中过起了深居简出的生活。1907年，得益于德皇威廉二世从中协调，弗朗茨·约瑟夫一世最终将苏菲封为霍恩贝格女公爵，并于1909年授其殿下尊号，将其正式介绍给了各界。对苏菲王妃而言，这无疑是件好事，自己的名号终于变成了受人尊敬的“奥匈帝国皇储王妃殿下”。以此次军事演习为契机，苏菲王妃终于能够堂堂正正地首次以王妃名号与弗朗茨·斐迪南大公一同巡游全国。可惜，她却在这未来即将一片光明之际毙命于萨拉热窝。

威廉二世

弗朗茨·斐迪南大公夫妇与三个孩子

当时弗朗茨·斐迪南大公与苏菲王妃共育有三个孩子，十三岁的迈西米利安，以及一个十四岁的公主苏菲和十岁的王子恩斯特。周围的人们不忍心将实情告诉孩子们，只是骗他们说是他们的父母在巡游之时患了重病。但两人遗体终将于1914年7月5日被运回首都维也纳，纸里已经包不住火，于是维也纳大主教提前向孩子们透露了他们去世的消息，但也只是含糊其词地说是在巡游途中去世的。对刺杀事件已早有所耳闻的迈西米利安说道：“我实际上早已知晓此事。”听到迈西米利安这么一说，在座的人都情不自禁地掩面而泣。

第3节 “塞尔维亚是阴谋的策源地”

刺杀事件的凶手及诸多嫌疑人被押送到了匈牙利首都布达佩斯，随后警方对他们进行了严厉审讯。经审讯得知：最先投掷炸弹的布里诺维奇是萨拉热窝市内一家旅馆老板的儿子，实施刺杀行动的四个月前，他一直在塞尔维亚首都贝尔格莱德的一家印刷厂上班。布里诺维奇供述称：“几个星期前，我在贝尔格莱德的一家咖啡店看报纸时得知，奥匈帝国皇储弗朗茨·斐迪南大公观摩陆军演习之后将会来到萨拉热窝，于是我就把这个消息告诉了我的一位志同道合的朋友加夫里若·普林西普，并与其进行了密谈。第二天我们又在贝尔格莱

刺杀事件的凶手受审

德的一个公园里会面，发誓要利用这个千载难逢的机会刺杀掉弗朗茨·斐迪南大公。随后我们去拜访了以前我们在塞尔维亚陆军服役时的长官——塞尔维亚参谋总长的侍从少校米兰·加钦诺维奇，要他帮忙弄些炸弹。通过少校米兰·加钦诺维奇的介绍，我们认识了另一个人。这个人从一个在兵工厂上班的人那里得到了一些炸弹和六把短枪。1914年6月28日10时，我们六个人在萨拉热窝的一个面包店会面并分发了武器，然后按照分工正式着手实施刺杀行动。我扔的炸弹虽然没能成功，但我的朋友加夫里若·普林西普用短枪刺杀成功了，这也算是了却了我的愿望。”加夫里若·普林西普同时在供述中说道：“我曾经因为修学旅行去过贝尔格莱德几次。最近去的时候，从一个贝尔格莱德大富豪那里得到了一笔钱和一些炸弹，并制订了各种计划，想要在演习中刺杀弗朗茨·斐迪南。可是由于宪兵警卫森严，没能成功接近弗朗茨·斐迪南。因此1914年6月28日弗朗茨·斐迪南来萨拉热窝是我们最后的机会，我们想要趁人群混乱之际进行行刺。要说刺杀的理由，奥匈帝国皇帝弗朗茨·约瑟夫一世是一个已经没几天活头的八十四岁的糟老头子，已经没什么进取心了。然而弗朗茨·斐迪南不一样，他年富力强，他继承皇位后必定改弦更张兼并我塞尔维亚，因此我才要舍生取义刺杀弗朗茨·斐迪南。”此外，波斯尼亚议会的议长表示：“为了这次行动，萨拉热窝市内一共隐藏了十几名刺客，如果弗朗茨·斐迪南大公侥幸躲过这次枪杀，之后还会有刺客源源不断地现身行刺。在弗朗茨·斐迪南大公将要经过的沿途的树木上还不知道隐藏着多少炸弹，此外，铁路沿线也到处布满了炸弹，随时都可以被用来行刺。因此，即使弗朗茨·斐迪南大公在路上幸免于难，宾馆晚餐会的餐厅里也被放置了定时炸弹，甚至弗朗茨·斐迪南大公的寝室里也早已布置了炸弹。总之，只要弗朗茨·斐迪南大公一来到萨拉热窝，就等于羊入虎口，插翅难逃。”

根据两个凶手的供述分析，此次刺杀事件背后极有可能隐藏着一个巨大的阴谋。预审在1914年7月2日告一段落，法官对此进行了宣判：“确定无疑的是，此次刺杀事件是一场政治阴谋。两名凶犯均为大塞尔维亚主义分子，欲以加害奥匈帝国皇室的方式削弱奥匈帝国的势力。通过对加夫里若·普林西普住所的搜查，共搜出两千克朗[①]的金币。在巴尔干各国，有给予执行重大任务者以金币作为酬劳的传统，此为一个重大疑点。不过，现阶段还无法判明本事件是否是塞尔维亚政府有组织有计划进行的。”基于以上判断，塞尔维亚政府成了事件的焦点，奥匈帝国的各大媒体开始集体对塞尔维亚政府进行口诛笔伐，并一致认定塞尔维亚的乔治亲王是这次事件的主谋。此外，在巴尔干问题上，德国从来都是奥匈帝国的坚强后盾，因此，诸多德国报刊也强烈主张称：“此次事件的策源地就是塞尔维亚，塞尔维亚政府才是真正的凶手。”在这些言辞偏激的媒体言论的刺激下，奥匈帝国民众对于塞尔维亚的愤恨之情达到了顶点。数万名群众聚集在维也纳的各个公园和大广场举行集会，随后高喊着“打死塞尔维亚人”的口号，朝着塞尔维亚使馆进发。当人群到达塞尔维亚使馆后，很多情绪激动的民众想要硬闯而入，碍于警察的阻拦和政府人员的劝说，才没有让暴行发生。然而，已经处于狂热状态的人群转而朝向一直作为塞尔维亚后援的俄国的大使馆进发。人群刚一到达，又是一场声势浩大的示威活动，其间粗言秽语不绝于耳。所幸维也纳民众还是保持了理智，最终只是游行示威而已。相反，一些地方城市的居民由于其性格过于耿直，其愤慨之情较维也纳民众有过之而无不及。在这种极端情绪的控制下，这些居民或破坏塞尔维亚人的住宅，或殴打塞尔维亚人，或损毁在街上通行的塞尔维亚人的马车，诸如此类暴行时有发生。

① 克朗为货币单位和名称，主要在欧洲的一些国家和地区流通使用，比如曾经的奥匈帝国。——译者注（本书中除原注外，均为译者注，不再另行说明）

第 2 章

世界大战的近因

第1节　奥匈帝国向塞尔维亚下最后通牒

当然，塞尔维亚政府从一开始就态度坚定，坚持认为此次事件是一场针对塞尔维亚的阴谋，即便有些有权势的人略知此事，但塞尔维亚政府对此一无所知。对于塞尔维亚而言，王储弗朗茨·斐迪南大公遇害一事同样也是晴天霹雳。对于来自奥匈帝国的各种谴责，塞尔维亚政府始终坚称对此一无所知、与此毫无干系。此外，为证明此事与塞尔维亚政府无关，塞尔维亚政府还声称：塞尔维亚政府一直以来，严格致力于控制本国国民的大塞尔维亚主义运动。塞尔维亚人民也一致认为奥匈帝国的谴责毫无依据，他们辩驳称："之所以出现刺杀事件，完全是因为奥匈帝国对波斯尼亚和黑塞哥维那的非法兼并，王储弗朗茨·斐迪南大公遇害一事也是因奥匈帝国政府对两地实施严苛的警察制度，剥夺了当地人民自由，从而产生的恶果。"为表示对奥匈帝国指责的不满，塞尔维亚民众拒绝乘坐在多瑙河上航行的奥匈帝国轮船，并扬言将对居住于塞尔维亚境内的奥匈帝国民众予以迫害，以示对奥匈帝国国民施暴于塞尔维亚人的报复。此外，塞尔维亚各大报纸也言辞激烈地大肆攻讦奥匈帝国。此时的巴尔干半岛北部上空已然是杀气腾腾，大战一触即发。

此时，奥匈帝国早已调遣部分军队兵陈波斯尼亚边境。塞尔维亚出于自保也开始紧急备战。1914年7月21日，奥匈帝国下令禁止本国报纸报道本国军队的一切军事行动；1914年7月23日，在未经任何谈判的情况，奥匈帝国突然向塞尔维亚下达了最后通牒，并要求塞尔维亚于1914年7月25日18时前答复。通牒共由十三条构成，其主要内容为：塞尔维亚国内位高权重者一定程度参与了此次刺杀事件，这已是确凿无疑的事实，因此，塞尔维亚政府必须尽快将此类人等加以审问并处罚，这一过程须有奥匈帝国政府人员监督；所有嫌疑人一律罢免公职；塞尔维亚国王彼得一世要亲自下令训诫整饬军队；塞尔维亚国内对奥匈帝国的排斥运动时有发生，学校授课亦多有煽动内容，因此，要采取措施禁止此类活动。此外，奥匈帝国政府将在萨拉热窝法院审理过程中所判明的事件的来龙去脉及审判结果作为备忘录，一并交付给塞尔维亚政府，其主要内容为："刺杀皇储弗朗茨·斐迪南大公的阴谋活动，是在塞尔维亚陆军少校唐

塞尔维亚国王彼得一世

克西奇的协助下制定的，凶犯使用的六颗炸弹和四把勃朗宁手枪，均是在贝尔格莱德通过米兰·加钦诺维奇和唐克西奇之手交付给布里诺维奇等人的。这些炸弹均来自塞尔维亚陆军格拉贝茨弹药库。为使阴谋顺利进行，米兰·加钦诺维奇向布里诺维奇等人教授了枪法。米兰·加钦诺维奇为使布里诺维奇等人顺利通过波斯尼亚和黑塞哥维那边境，在布里诺维奇等人越境时为他们提供了方便。同时，米兰·加钦诺维奇还在边境地区组建了秘密的武器输送通道。每当向波斯尼亚和黑塞哥维那输送武器时，均得到了驻守在沙巴茨和洛兹尼察的边境护卫队长官、洛兹尼察税务局官员及其他各种私人的援助。”在给塞尔维亚下达最后通牒的同时，奥匈帝国外交部也向各国发出通告，称不希望各国对这次奥匈帝国针对塞尔维亚的行动进行斡旋。此外，奥匈帝国外交部还要求，如果1914年7月25日之前塞尔维亚不能满足通牒所列要求，则塞尔维亚使馆必须立即撤馆。

第2节　德国兵发比利时

根据犯人的交代，刺杀事件的背后得到了塞尔维亚官员的协助，因此，刺杀事件让奥匈帝国如此大为光火也就可以理解了。不过，这却相当于给塞尔维亚当局出了一个天大的难题：即使国内真有人密谋策划刺杀，那么塞尔维亚政府对这些人进行搜查、逮捕并审理判决，原本是作为一个独立国家所应有的尊严；然而，奥匈帝国官方执意要插手此事，因此，这就成了对塞尔维亚内政赤裸裸的干涉。塞尔维亚政府对此完全无法容忍。

奥匈帝国的最后通牒也于1914年7月24日送到俄国。俄国人与塞尔维亚人同源同种，都是斯拉夫人，两国关系十分复杂。俄国对通牒内容大为吃惊，急忙与奥匈帝国进行交涉，希望对塞尔维亚的回复日期有所宽延。然而，奥匈帝国却对俄国的交涉置之不理。迫不得已，1914年7月25日，塞尔维亚政府进行了回复，表示塞尔维亚大致接受奥匈帝国的要求；但对其中奥匈帝国插手塞尔维亚的司法及干涉塞尔维亚独立自主的条件予以拒绝，并请求奥匈帝国再加考虑。奥匈帝国对塞尔维亚政府的回复表示不满，于当天下午撤回驻塞尔维亚公使，并于1914年7月26日对塞尔维亚正式宣战。

事已至此，塞尔维亚政府只能动员全国军队进行抵抗。塞尔维亚王室及政府也从贝尔格莱德迁往位于南方的陪都——尼什。1914年7月27日，同样在多瑙河沿岸但位于贝尔格莱德下游的斯梅代雷沃附近，一小股塞尔维亚军队与奥匈帝国军队展开了炮战。从表面上看，两国已经正式进入战争状态。但当时人们普遍认为奥匈帝国并非真想开战，只不过是想威慑一下塞尔维亚。当时的普遍看法是：奥匈帝国要真想和塞尔维亚交战，必然要做好与俄国开战的思想准备。这以奥匈帝国一国之力实难办到，因此，就需要奥匈帝国背后的德国提供支援。在大战一触即发之际，德国似乎毫无战意。人们哪会想到，德国一直以来一直利用各种契机，以其惯用的恐吓手段在威慑列强的同时唆使奥匈帝国南下入侵巴尔干，其根本目的在于以此来实现德国多年的夙愿——泛日耳曼主义。

此后，德国开始一反常态，各种动作接连不断。1914年7月31日，德国强行要求俄国在十二小时内取消其战争动员令；同时要求法国——“限贵国于十八小时内通报贵国将要采取的行动”。因无必答之义务，于是俄法两国对德国蛮横无理的要求置之不理。由于俄法两国同德国积怨已久，因此，决定先静观事态发展，不予回应。1914年8月1日期限一到，德国就出兵德法两国中间的中立国卢森堡，剑指法国；紧接着又从西南方的斯特拉斯堡进军法国的里塞和福尔格；其余大军则进军西北方的中立国比利时。1914年8月2日，德国威胁比利时称：“比利时应允许德军穿过比利时进攻法国，否则德国将比利时一同视为敌人。”比利时政府对此惊恐不已，紧急召开会议商量对策，虽经彻夜讨论却未能达成一致意见。由于没有得到答复，德国于1914年8月3日一早就向比利时表明将以武力手段达成目的。果然，话音未落德军就已然杀到，所到之处烧杀抢掠无所不为，以致生灵涂炭血流遍野。至此，德奥两国与俄法英三国对阵之势已成，大战由此爆发，并最终演变成了亘古未有之世界大战。

第3章

世界大战的远因

第1节　俄国迁怒奥匈帝国

以上是导致此次世界大战爆发的近因，此外还有着历史上的远因。首先，塞尔维亚方面之所以唆使他人刺杀奥匈帝国皇储弗朗茨·斐迪南大公夫妇，源于塞尔维亚和奥匈帝国之间有着深仇大恨。塞尔维亚人和俄国人同属于斯拉夫人，14世纪的塞尔维亚曾是巴尔干半岛首屈一指的强国，后来被土耳其人征服，国破家亡。后世的塞尔维亚人一直想要恢复昔日的荣光。通过不懈努力，四十年前，塞尔维亚终于得以独立。后来塞尔维亚人民想重现昔日之“大塞尔维亚帝国”荣光的勃勃雄心与日俱增。如今[①]与塞尔维亚相邻的波斯尼亚和黑塞哥维那原本是昔日塞尔维亚帝国的一部分，当地仍然居住着很多与塞尔维亚人同根同种的斯拉夫人，因此，塞尔维亚一直以来的勃勃野心之一就是要兼并此地。

上述两地原本属于土耳其掌管，根据各国于1878年签署的《柏林条约》[②]，在名义上仍为土耳其所有，但实际上一直由奥匈帝国进行临时托管，

① 指本书成书年代。书中所有类似的说法均是按照本书成书年代为基础。

② 1877年到1878年俄国与土耳其之间爆发了第十次俄土战争。战后为重建巴尔干秩序，在列强的干预下，各国于德国柏林召开会议（1878年6月13日到7月13日）以协商解决巴尔干问题。当时与会的国家有德国、俄国、英国、奥匈帝国及土耳其等国。会上签署了《柏林条约》，最终塞尔维亚、黑山、罗马尼亚获得独立。

签订《柏林条约》

以此来避免列强之间产生纷争。对此，塞尔维亚人一直经常自我安慰，认为两地虽然现在仍与衰弱不堪的土耳其有着一丝半缕的牵连，但他日必将以武力迫使土耳其屈服，令土耳其割让两地给塞尔维亚。然而，1908年奥匈帝国以一纸宣言将此地据为己有，塞尔维亚人对此惊诧不已，同时也宣告塞尔维亚多年的“大塞尔维亚”美梦瞬间化为泡影。因此，塞尔维亚人对奥匈帝国的切齿之恨不言自明。对塞尔维亚而言，奥匈帝国兼并波斯尼亚和黑塞哥维那不仅是一种民族心理上的打击，而且有辱国家尊严。同时，对同为斯拉夫人的大国俄罗斯而言，这也是不能视而不见的奇耻大辱。

在奥匈帝国宣布吞并波斯尼亚和黑塞哥维那之前的1908年9月，土耳其国内发生了革命起义。起义成功后，土耳其废除了专制帝制，开始实行宪政。由于此时土耳其国内新政根基未稳，如果此时对巴尔干地区一直不怀好意的欧洲列强对土耳其事务进行干预的话，那么土耳其必生大乱。因此，土耳其不得不对奥匈帝国所作所为睁一只眼闭一只眼，以求自保。而与巴尔干事务有着密切关联的俄国则开始未雨绸缪，以防不测。1908年9月中旬，俄国外交大臣亚历山大·伊兹沃尔斯基亲赴奥匈帝国进行谈判。亚历山大·伊兹沃尔斯基首先与奥匈帝国外交大臣爱伦塔尔举行了会谈。会谈中，奥匈帝国一方透露出欲将托管的波斯尼亚和黑塞哥维那据为己有之意。俄方对此非法要求感到非常吃惊，虽有心制止却力有不逮，于是转而提出一个条件说：“贵国之望不敢拂之，但有一事相求。受《柏林条约》所限，吾国之黑海舰队弗能通过达达尼尔海峡，此为吾国之痛处。唯望贵国兼并两地之时一并解除我舰队不能同行达达尼尔海峡之禁令。”对此，爱伦塔尔简单地回复道：“可，我方无异议。”俄国外交大臣亚历山大·伊兹沃尔斯基进而再次请求道：“贵国宣布兼并此地之时，还望预先告知吾国。”爱伦塔尔对此也进行了慷慨允诺。

亚历山大·伊兹沃尔斯基

亚历山大·伊兹沃尔斯基大喜过望，以为俄国舰队多年以来不能通行达达尼尔海峡的问题马上就要得到解决。亚历山大·伊兹沃尔斯基在高兴之余想以此为契机访问他国，于是1908年10月初便抵达法国巴黎进行访问。然而，刚到巴黎不久，就惊闻奥匈帝国已经以一纸宣言宣告兼并了波斯尼亚和黑塞哥维那。爱伦塔尔虽然与俄国已经有约在先，但仔细想来，俄国舰队通过达达尼尔海峡一事与兼并波斯尼亚和黑塞哥维那一事都事关其他列强利益，二者无法同时实现。如果守约，奥匈帝国就会丧失兼并波斯尼亚和黑塞哥维那的良机。因此，在送走俄国外交大臣亚历山大·伊兹沃尔斯基后，奥

爱伦塔尔

沙皇尼古拉二世

匈帝国就迫不及待地宣布要兼并波斯尼亚和黑塞哥维那。亚历山大·伊兹沃尔斯基对奥匈帝国的出尔反尔自然是怒不可遏，同样，沙皇尼古拉二世对此也震怒不已。

第2节　塞尔维亚的阴谋诡计

得知奥匈帝国单方面兼并波斯尼亚和黑塞哥维那消息的塞尔维亚人自然也是群情激愤。奥匈帝国发布兼并宣言的当天，塞尔维亚迅速将十二万大军调动到奥塞两国边境地区进行备战。与此同时，塞尔维亚向列强强烈控诉奥匈帝国践踏《柏林条约》之暴行，并明确要求奥匈帝国：如果要兼并波斯尼亚和黑塞哥维那，就要向塞尔维亚提供相应的补偿。列强认为此事十分棘手，因为这并不单单是奥塞两国之间的问题。俄国是塞尔维亚的后援，德国亦是奥匈帝国的后盾，如果稍有差池恐怕会酿成无法预测的大乱。因此，经过磋商之后，列强联合向塞尔维亚下达了一份通牒，警告塞尔维亚不要轻易用兵以防引起地区局势动荡。同时，沙皇尼古拉二世也利用自己与塞尔维亚的特殊关系，劝诫塞尔维亚政府切莫轻举妄动以免产生危险。最终，塞尔维亚政府被迫做出让步，于1909年3月明确表示放弃对奥匈帝国的一切要求。然而，奥匈帝国却对塞尔维亚不依不饶，强烈要求塞尔维亚方面公开书写一封道歉信。奥匈帝国的这一要求就像宗主国对待属国一样跋扈，极其傲慢无礼。塞尔维亚虽为小国，定不会甘受如此奇耻大辱。当时塞尔维亚国内群情激愤，纷纷表示宁愿亡国也绝不做奥匈帝国的奴隶。

两国互不相让，致使矛盾进一步激化。地区形势日益危急，已开始呈现出大战一触即发的态势。正在此时，一直在幕后频频为奥匈帝国出谋划策的德皇威廉二世突然由幕后走上了台前。威廉二世给沙皇尼古拉二世递交了一封书信称："此巴尔干危局极易酿成世界大战，对此俄国也负有一份责任。为使事态得以圆满解决，我希望俄国先行承认奥匈帝国兼并一事。否则，德国亦有被迫动兵之念。"面对德国的嚣张气焰，俄国被迫服软并转而对塞尔维亚进行安抚，要其等待时机东山再起。俄国之所以如此隐忍，是因为在四年前的日俄战争中战败元气大伤，至今仍未痊愈，完全没有与德奥两国进行对抗的胜算。实力更加弱小的塞尔维亚自然也知道自己实力不强，于是开始低三下四地向奥匈帝国谢罪，并承诺缩减军备。

由此，1908年的巴尔干危机就此暂时化解，欧洲和平得以继续维持。然而，不甘受此奇耻大辱的塞尔维亚人的报复之心却愈加强烈。塞尔维亚自知以武力无法与奥匈帝国堂堂正正地一决雌雄，于是就动起了歪脑筋，想通过阴谋诡计对兼并案的主谋——弗朗茨·斐迪南大公进行刺杀，以此方式一解心头之恨。于是，1914年6月28日，上演了萨拉热窝事件。

漫画 1908 年的巴尔干危机：保加利亚亲王斐迪南宣布保加利亚独立并自称沙皇，奥匈帝国皇帝弗朗茨·约瑟夫一世强占波斯尼亚和黑塞哥维那

第3节　巴尔干战争始末

塞尔维亚对奥匈帝国的怨恨还不仅仅是1908年的兼并事件。1912年至1913年的巴尔干战争期间，塞尔维亚再次受到奥匈帝国的打压，被迫放弃了自己浴血奋战得来的战争果实。巴尔干战争是保加利亚、塞尔维亚、黑山及希腊组成的四国联盟与土耳其之间的战争。衰弱的土耳其此时已不堪一击，保加利亚乘势攻入土耳其首都附近；而塞尔维亚则经马其顿向前进攻至亚得里亚海附近地区；黑山则将斯库台地区纳入囊中；希腊则一直攻占到了土耳其南方地区。一心想要开辟亚得里亚海出海口的塞尔维亚以此为契机，精锐尽出；黑山亦紧随其后，两国合力一处，继续勇猛向前攻城略地。

奥匈帝国徽章

漫画巴尔干战争：德国、法国、俄罗斯帝国、奥匈帝国
和英国尝试为愈发紧张的巴尔干局势降温

奥匈帝国与意大利在亚得里亚海地区有着重大利害关系，因此两国对塞尔维亚和黑山的行动不能坐视不管。奥匈帝国和意大利联合发表声明称：“塞黑两国的行动已超出了巴尔干半岛的范畴，并已经开始侵犯到其他国家的利益，如果对此继续放任不管，甚至有可能打破世界局势的平衡。”两国发布此声明后，为了震慑塞黑两国的行动，意奥两国也开始调兵遣将。一石惊起千层浪，不单是意奥两国，俄国也开始对此积极介入以备不测；德国亦在奥匈帝国背后频频耍弄权谋；英法两国也开始走向台前尝试各种调停。经过各国的一系列运作后，最终在伦敦召开了会议。结果，作为防止巴尔干地区再次出现纷争的预防手段，列强在亚得里亚海沿岸地区新设一国，即阿尔巴尼亚，并将阿尔巴尼亚置于列强的监管与保护之下。塞尔维亚对列强的决议无力反抗，只得吞

下这枚苦果，被迫从付出巨大牺牲才攻占的亚得里亚海地区撤兵。由于奥匈帝国是此案的提议者，因此塞尔维亚十分痛恨奥匈帝国。同样，实力弱小的黑山也被迫放弃了经过半年浴血奋战得来的斯库台地区，虽然心有不甘却也只能是敢怒不敢言。

第4节　俄国与塞尔维亚的关系及列强宣战的缘由

首先需要明确一点，俄国为什么会成为塞尔维亚的后盾？塞尔维亚有两个王室，其一为卡拉乔尔杰维奇王室，另一个为欧布雷诺维奇王室。现王室为卡拉乔尔杰维奇王室，是早些年欧布雷诺维奇王室的亚历山大一世国王被暗杀

亚历山大一世

后继承而来的。俄国想通过援助卡拉乔尔杰维奇王室的方式对塞尔维亚王国进行掌控，进而在巴尔干地区站稳脚跟；相反，熟知俄国套路的奥匈帝国则在背地里扶植欧布雷诺维奇王室，想以此将俄国势力逐出塞尔维亚，因此，两国之间经常龃龉不断。经过一番斗争后，俄国获得成功，塞尔维亚完全成为俄国在巴尔干地区的哨兵，负责防范奥匈帝国南下进犯塞萨洛尼基地区。

萨拉热窝的刺杀事件使塞奥两国关系急剧恶化，两国剑拔弩张，加紧备战。面对咄咄逼人的奥匈帝国，俄国显然无法坐视不管，于是，俄国对奥匈帝国发出严重警告：“如若贵国向塞尔维亚开战，则战火将不止于尔等两国，至于扩大到何种地步亦无法预知。我国将不再实施绥靖政策，当年波斯尼亚和黑塞哥维那两地被兼并之时的俄国已不复存在。”沙皇尼古拉二世对当年奥匈帝国兼并波斯尼亚和黑塞哥维那本就怀恨在心，对此次奥匈帝国向塞尔维亚下最后通牒一事更是勃然大怒。沙皇尼古拉二世对其臣僚表示：“我隐忍至今已七年半了，对此次奥匈帝国无礼之举已无法忍让。”如此算来，从1908年奥匈帝国兼并波斯尼亚和黑塞哥维那算起，确实已经过了七年半。

欧洲列强之间的关系在当时尤为错综复杂。奥塞两国间的矛盾并不仅仅局限于两国之间。首先，俄国为保护自己在巴尔干地区的前哨塞尔维亚，定会对塞尔维亚予以充分援助；同样，奥匈帝国也必将受到德国的大力支援，德奥两国早已于1879年结盟，决意共进退。1882年，意大利为防备法国的侵略也加入德奥同盟，至此德意奥三国同盟得以成立。当俄国援助塞尔维亚对抗奥匈帝国时，德国自然而然也要从背后给予奥匈帝国大力支援。当处于台前的两国之间的矛盾发展到无法调和时，俄德两国必然会有一天从幕后走向台前，一决雌雄。

1914年7月31日，德国要求俄国在十二小时之内终止其战争动员令，已经做好战争准备的俄国必然不会再屈从于德国的淫威，因而对此置之不理。1914年8月1日，战意已决的德国对俄宣战，并于1914年8月2日攻入中立国卢森堡，同时强迫比利时允许德军自由过境。比利时对此不予理睬。比利时虽然力量弱小，但为了维护自身的中立国地位也进行了积极备战，同时还向与自己有着重大利害关系的英国寻求支援。面对比利时的要求，英国以保护比利时的中立为由进行干涉。作为塞尔维亚后援的俄国于1914年8月2日对德国宣战；法国亦以践行法俄同盟之谊为名为俄国站台。如此一来，德奥两国与俄英法三国对决之势已成，一场前所未有的世界大战已然拉开序幕。

第4章

战前列强的外交斡旋

第1节　威廉二世的恐吓战略失败

自奥匈帝国和塞尔维亚两国关系陷入僵局以来，德国的态度不甚明晰。德国在表面上装出一副祈求和平的样子，暗地里早已开始秣马厉兵。德国的真实目的是想借此千载难逢之机确立霸权。而在战术上，德国首先利用其盟友奥匈帝国做矛头，然后再使用德国最擅长的恐吓术，以最强硬的态度恫吓住塞尔维亚，从而达到不战而屈人之兵的目的。德国的真正意图还不仅限于塞尔维亚，它想先通过老辣的外交手腕阻止俄国掺和此事，然后待奥匈帝国收拾完塞尔维亚之后，再将俄国势力驱逐出巴尔干半岛，从而为实现自己的最终目的——攫取在巴尔干半岛的各种权益——创造条件。不过，德国虽然已经做好了开战的最坏打算，但实际上并非真想动手。以前，德国曾动用恐吓手段屡试不爽地为自己攫取过巨大利益，因此，德国这次也想故技重演，迫使俄国屈服于自己的淫威之下。

德国之所以不想发动战争的一个重要理由是：德国认为德意奥三国同盟中的意大利靠不住。近年来，意大利和奥匈帝国不仅利益相悖，还常常互相敌对。在有关阿尔巴尼亚的问题上，意奥之间的冲突更是有增无减。因此，一旦开战就不能指望意大利会出兵帮助奥匈帝国。相反，俄国一旦对德国宣战，法国则会根据俄法之间的盟约来援助俄国，同时英国也必然会力挺俄国。因此，

爱德华·格雷

以德奥两国之力对抗俄英法三大强国是毫无胜算的。威廉二世对此自然是心知肚明，因此，才极力想通过狡诈的外交手段来蒙蔽对手。英国外交大臣爱德华·格雷向威廉二世表示：英法德意四国大使应齐聚伦敦，商议以和平手段解决此次奥匈帝国与塞尔维亚的纷争。对此，威廉二世表示："俄法之国力均远不及我国，定不敢擅开战端。至于英国，也只是口称和平，英国提议的四国大使会面协商也仅是有名无实，量尔等也必无援助俄法以抗我强德之胆量。只需再稍加威慑，我必能兵不血刃制服顽敌。"从威廉二世的言辞中足以看出，恐吓而使他人屈服是德国的一贯伎俩。

然而，形势发展却超出德国所料。英国态度愈加强硬，并已下令陆海两军做好战争准备。威廉二世顿时乱了阵脚，被迫放下身段私通英国，做出让步，称："万一被迫开战，也只是为迫使法国屈服，让其割让其欧洲领地于我。虽有犯比利时之中立，但战后必使其复原如故。此次战端应与贵国无害，故乞望贵国保持中立。"英国外交大臣爱德华·格雷答复道："如此，则与英国为一己之私利出卖法国无异，吾国必不为此不耻之事。"威廉二世收到英国的回复后，惊愕万分，甚至差点跌倒。威廉二世即位以来提出的所有蛮横无理之要求均未曾失败，今天竟偷鸡不成反蚀了一把米。

第2节　美国调停失败

已然骑虎难下的威廉二世企图最后再使用一次绝招，以求恫吓住俄国，使局势逆转。前文说到1914年7月31日德国曾以极其蛮横的态度要求俄国在十二小时之内停止其战争动员令。然而，威廉二世此举并未能震慑住俄国。十二小时过去，俄国非但没有任何答复，反倒频频传来积极备战的消息。事已至此，威廉二世只得孤注一掷听天由命了。

当时德国面对的敌手为俄英法三国。三国不仅实力强大，而且在地理上对德国也已形成包围之势，战端一起德国必然陷入苦战，甚至德国国运也将由此衰落。但形势的发展已不再容许德国有所踟蹰，此时反而更需要先发制人，于是德国于1914年8月1日断然向俄国宣战。德国的主动开战之举，虽然不能完全说是德国外交手段的失败，但也足以说明德国十几年来惯用的恫吓伎俩已然失效。当恐吓手段使用过度而不再奏效时，就如同穷途末路时，即便知道前方是万丈深渊也不得不硬着头皮跳下去。不知道前方将是何种结果等待着威廉二世。

算起来，威廉二世继承皇位已有二十余年。其间，威廉二世穷尽所有手段一心想要富国强兵，一心想雄霸天下，一统世界，即使是与整个欧洲为敌也在所不惜。如今，随着恫吓手段的失败，威廉二世也只能拼尽全力孤注一掷、殊死一搏了。此时的威廉二世就如同勃然大怒的狮王，疯狂地调兵遣将，兵陈东西边境，想要对法俄两国同时出击。其实，威廉二世此时还是不想发起战争的，于是德国又把视线投向了对欧洲局势尚未加以干涉的美国，并企图动用一切力量来说服美国，希望美国能从中进行调停。美国答应了德国的要求。1914年8月5日，伍德罗·威尔逊总统对驻华盛顿的英法德俄奥五国大使表示：威廉二世已真心地悔过，因而情真意切地恳请我从中斡旋。美国已经答应了德国的请求，希望各位大使能向本国政府代为传达美国的意见。然而，英俄法三国早已看透了德国的伎俩，婉拒了美国的要求，并答复道："即使我等同意调停恐

伍德罗·威尔逊总统

怕亦无法最终解决问题，这好比是出鞘之剑必须见血方可回鞘。战争爆发已非常明确且不可避免，届时需烦劳贵国之事尚多。”至此，威廉二世的避战希望全部破灭。

第3节 法国宣战

弗朗茨·斐迪南大公遇刺案被判定为塞尔维亚的阴谋后，奥匈帝国国民对塞尔维亚的激愤之情瞬间达到了顶点。1914年7月21日，法国总统雷蒙·普恩加莱和总理勒内·维维亚尼一同乘军舰赶赴俄国，沙皇尼古拉二世将二人

雷蒙·普恩加莱

邀请至彼得宫，并举行了盛大的宴会欢迎二人的到来。沙皇尼古拉二世和雷蒙·普恩加莱经过长时间密谈之后，两国就此次奥匈帝国和塞尔维亚纷争达成了一致意见。雷蒙·普恩加莱在俄国首都莫斯科逗留四日后，于1914年7月24日出发前往瑞典首都斯德哥尔摩。当时，俄国首都莫斯科带有浓重革命色彩的罢工运动频发，俄国政府经常出动军队进行武力镇压。罢工人群高举代表革命的红色旗帜，并齐声高唱革命歌曲。意志坚定的革命者破坏火车、铰断电线并掀翻货运列车，以此来抵挡当局的武力镇压。罢工者与政府展开了激烈对抗，最终，军队向罢工人群开枪并进行强行镇压。俄国政府怀疑此次罢工受到了巴黎工人的暗中教唆，要求与法国就此事展开合作。但此时法国政府在内政问题上也遇到了极大困难，因此，无暇顾及俄国就镇压工人运动提出的共同合作的要求。

当时法国面临的问题是，法国对德国吞并阿尔萨斯和洛林一事一直耿耿于怀。法国国民为报仇雪恨已卧薪尝胆了四十年，当法国国民看到俄国与德奥两国开战之意已决时，认为报仇雪恨时机已到，因此，要求法国政府积极参

斯德哥尔摩

让·饶勒斯

战，以至于主战之声响彻全国。但此时的法国社会党强烈反对参战，最终导致社会党党魁让·饶勒斯于1914年8月1日在巴黎一家咖啡店内被一狂热的主战分子杀害。让·饶勒斯是法国有名的温和派社会党人士，他率领的社会党在两个月前的法国大选中取得大胜。让·饶勒斯强烈反对在法国实行三年兵役制。由于社会党的强烈反对，法国内阁频频更迭，法国政局非常不稳。然而，如果三年兵役制不能通过，则法国就会陷入军备不足的境地，也就无法有力地履行其对俄国进行战争支援的义务。就在法国因此而陷入大争论之时，让·饶勒斯最终被狂热的主战分子暗杀。暗杀事件本身肯定不值得宣扬，但从结果来看，非常之时的非常之举为法国消除了参战障碍。当然，类似这样的非常事件古今中外并不鲜见。总之，让·饶勒斯一死让主战派取得上风，三年兵役制最终得以通过。随后法国政府于1914年8月1日半夜发出动员令，迅速陈兵法德边境；与此同时，雷蒙·普恩加莱发表告国民书：“如今法国下达战争动员令是受周边形势所迫，实非得已。战争动员非为战争，实为保卫和平之最好手段。法国政府将在采取必要警戒措施的同时，坚持通过外交手段来努力解决争端。然而，当今形势尚不能希冀通过和平手段解决争端，因而衷心希望国民能够理解吾国现在所处之危局，并以平和的爱国之心支持政府。”

1914年8月4日，法国对德国正式宣战。

第5章

英国奋起

第1节　英俄法同盟

再把目光转向英国。奥匈帝国和塞尔维亚突发纷争以来，英国一直热心地想通过和平方式解决问题。比如前文所述的外交大臣爱德华·格雷曾提议四国通过协商来解决争端。但由于德国一直毫无诚意且只是一味地玩弄恐吓伎俩，迫使爱德华·格雷转而同俄国进行协商。爱德华·格雷希望俄国给塞尔维亚做做工作，让塞尔维亚满足奥匈帝国的要求以避免发生大战。对此，德国武断地认为英国无意参战，于是就变本加厉地对各国大肆恐吓。

从地理上来看，英国和德奥两国并不接壤，并且由于英国游离于欧洲大陆之外，对于巴尔干问题也不像欧洲大陆上的国家那般敏感。所以，从一开始英国就希望尝试通过各种努力和外交手段来和平地解决这一争端。当俄法和德奥之间的矛盾愈加尖锐、最终变得无法调和时，如果英国袖手旁观不参战的话，那么德奥两国将有七成的胜算；同样，法俄两国就有败北的危险。不过，英国明白唇亡则齿寒的道理，如果法俄两国败北、国力遭到削弱，凭英国一己之力必然难以再遏制住飞扬跋扈的德奥两国。加之近年来德国海军一直在大肆扩张，威廉二世也时常对外宣称德国的未来在海上，如果英国对德国的海上扩张不加以制止的话，将来英德两国必将为争夺海上霸权而进行血战。

英法俄三国协约的由来要追溯到1892年俄法两国之间签署的军事协定。

俄法两国缔结军事协定的本意是想联手防备德国日益膨胀的对外扩张野心。该协定规定：德国如果侵略俄国则法国应从背后攻击德国，反之亦然。俄法之间的军事合作关系原本也只是协约性质。但在五年之后的1897年，两国正式将两国关系发展为同盟关系，相约两国不仅要以武力互相援救，更要全方位地互通互助。1904年英法两国也缔约成为协约国。其实，英国长久以来一直将法国作为假想敌，其海军活动也常常以法国海军为假想敌。英法这种相互敌视的关系因共同的利害关系于1904年得以化解，并最终发展成为协约国关系。协约规定：法国在承认英国对埃及控制的同时，英国也认可了法国在摩洛哥的势力范围。英法两国关系由此得以和解。法国的盟国俄国也不知道什么时候开始与英国走得比较近。1907年俄英两国之间达成了某种协议，互相划定了在波斯的势力范围。此后三国关系日渐融洽，并最终形成了协约国集团。协约国集团与德奥意同盟国集团形成对立之势。在此后的一段时间里，两个集团之间互相牵制，为欧洲的暂时和平做出了重要贡献。

正因为列强之间有着以上这种关系，英国面对欧洲大陆的危机不能隔岸观火坐视不管。1914年8月2日，英国召开内阁会议，决定将对战局做出必要反应。但在英国应如何应对的问题上，议会分成了两派。激进派认为，英国应通过立即参战的方式来表明自己的态度，这最符合英国利益；而渐进派认为，应先静观战局的变化再择机表明英国的态度。在民间同样也分了主战派与主和派。主战派与主和派之间也是争论不休，一时无法形成统一意见。英国政府对此也是左右为难。

第2节　英国统一国内舆论

就在此时，德国做的一件小事极大地激发了英国民众的同仇敌忾之心——英国的一艘商船在汉堡港被德国扣留。事情虽小，但被上升到国家主权的高度之后，英国国内舆论立刻沸腾了，其中主战派的情绪尤为激愤。1914年8月1日，英国大使向德国政府提出抗议要求迅速放船，德国外交部首长戈特利

漫画：英德两国渐行渐远

布·冯·雅戈同意了英国的要求，因而事情得到暂时解决。1914年8月2日，英国驻比利时公使向英国政府发来急电，报告称德国已经入侵卢森堡，并推测德国下一步必将入侵比利时；同时还表示德国已经向比利时下达了最后通牒，并要求比利时1914年8月3日7时前进行回复。不久，英国公使又发来急电称德军已经入侵比利时。

德国之所以置国际法于不顾悍然入侵中立国比利时，是因为按照德国的作战计划，由于法国在德法边境地区拥有坚不可摧的防线，因而穿过与法国北部接壤的比利时入侵法国正是避重就轻的上策。1870年普法战争之际，英法以及英普之间均签署过条约，表示尊重比利时的中立国地位，因此，法德也要尊重比利时的中立国地位。根据条约规定：如果上述一方违背条约而侵犯了比利时的中立国地位，则英国即可按约定立即将其视为敌人。德国为了让英国保持中立，不愿过度刺激英国。因此，对德国而言，最好的方式便是通过恐吓手段迫使比利时答应德军过境比利时的要求。

德国入侵卢森堡

然而，比利时依仗英国，拒绝了德国侵犯自己中立国地位的要求。德国担心会贻误战机，于是将《海牙条约》和《伦敦条约》全部抛诸脑后，甚至还没来得及宣战就已经进入比利时。借道比利时入侵法国对德国而言固然是上策，然而，对英国而言，此事极有可能危及英国的国运，尽管德国向英国再三保证战后必然会恢复比利时的领土完整和中立国地位，英国依然坚决反对德国进入比利时。1914年8月4日，英国外交大臣爱德华·格雷在议会宣称："比利时的中立地位一旦丧失，荷兰也必将失去其独立地位。比荷两国如若丧失其独立地位，则必将祸及一衣带水的我国。比利时的中立地位就等同于英国国本，此事干系极其重大。即便现在不是履行三国协约之时，但由于事关英国自身的生死存亡，因此，我们必须速下决断，以制强敌。"

原本一直被认为贪恋无谓的和平而仰德国人鼻息的英国，这次竟然反客为主，主动向德宣战了。英国在宣战书中表示："英国根据协约之义，有义务支持法国的独立及保护比利时的中立国地位，因此，英国决意为此投入全部兵力。"英国对德国正式发表开战宣言为1914年8月4日。

第3节　英国参战及德国的失算

虽然英国已经宣战，但德国还是一厢情愿地认为英国只是虚张声势并不会主动开战。1914年8月4日，英国驻德国大使诘问德国外交部首长戈特利布·冯·雅戈道："德国难道不应该立即停止对比利时的侵犯吗？"此时德军已经入侵至比利时境内，戈特利布·冯·雅戈很坚决地回复称："不，事到如今已难以终止。我军要突破法国边防要塞需要花费诸多时日，最便利的方式就是取道他国进攻法国，如此一来便可一鼓作气直取巴黎。"英国大使回到使馆后将谈话内容呈报给了本国政府。在得到指示之后，当日傍晚时分，英国大使携最后通牒再次造访戈特利布·冯·雅戈，然后又造访了首相贝特曼-霍尔韦格，向其表明英国除了宣战之外别无选择。贝特曼-霍尔韦格认为英国为区区"中立"二字就向"同族同种"的德国开战是毫无意义的，今后英国也必须为即将发生的重大惨剧担负责任。对此，英国大使回复道：“英国有基于世界公义维护比利时中立国地位之义务，英国必须为了自己的荣誉而战。”英国大使在反复向德方表明英国的态度后辞别而去，随后威廉二世派遣侍从武官赶赴英国使馆进行传话，称：“英国今日对昔日滑铁卢之战的盟国（德国）做出如此行径，贵使必然知晓这将对德国人产生何其严重的感情伤害。贵使回国之时请转告贵国国王，我常以英国元帅兼海军大将名号为荣，不幸今日却要被迫将其舍弃。”英国正式对德宣战之后，贝特曼-霍尔韦格马上携战书赶赴德国议会宣称：“1914年8月4日将会永远成为德国最重要的一天。”

从结果来看，德国妄断英国不会参战而侵犯比利时的中立国地位，并同时挑战俄法两国，实为德国的一大失算。英国如果像德国智囊团预测的那样保持中立的话，则德国海军就会迅速袭击法国沿海的各个军港，并在摧毁法国的各式舰艇之后，于北海及大西洋之上横行无阻。如此一来，德国需要的粮食及军需品就能源源不断地通过海上运输得到补充。然而，出乎德国意料的是，英国为俄法及保护自己的利益而选择对德开战，致使德国的预定计划从根本上破产。如此一来，别说摧毁法国海军，实力远逊英国海军的德国海军甚至被英国牢牢压制，只能选择蛰伏在德国港口内。由于海路被牢牢封锁，德国无法再从海上得到任何物资供应，因此，也就宣告了德国智囊团预定计划的完全失败。威廉二世虽然对此暗自懊悔不已，但也并没有及时收手，纵使德国即将陷入万劫不复之地。

第6章

意大利的中立

第1节　德意奥三国同盟的形成

此时，德奥一方与俄英法一方均在摩拳擦掌，准备开启一场史无前例的世界大战。此时的欧洲局势风云突变，电闪雷鸣，甚至乾坤都要为之颠倒。而此时的意大利正在做何种打算呢？意大利从一开始就一言不发、默默观望，并觉察到局势已经日渐危急。1914年8月3日，当听到德国已经入侵比利的消息时，意大利却出人意料地对外宣布要保持中立，其理由为："三国同盟条约只在受他国侵犯之时方可生效，由于是德奥首先发难因而无效，故意大利有权保持中立。"与此同时，意大利要求停泊在意大利港口的德国军舰要么解除武装，要么二十四小时内撤离。意大利的表现完全出乎德国意料。在强敌英国表明要参战之时，德国却失去了原本对战局有所帮助的意大利。威廉二世的郁闷可想而知。

意大利的中立虽然有违同盟之义，是外交大忌，但如果仔细考虑一下意大利加入三国同盟的缘由的话，自然也就能明白意大利与德奥分道扬镳是理所当然的。意大利与奥匈帝国之间，不仅人种和宗教信仰不同，甚至还互为世仇。原本亚得里亚海沿岸一带对奥匈帝国而言是最重要的一部分领土，而这部分土地在历史上曾经属于意大利，因此，意大利一直处心积虑地想要伺机夺回。此外，奥匈帝国在巴尔干半岛的势力范围已经扩大到了整个半岛两岸，这就对意大利的国防产生了非常不利的影响。因此，意大利在极力阻止奥匈帝国南下的同时，计划在巴尔干半岛西岸的阿尔巴尼亚地区建立根据地，谋划着将亚得里亚海纳为自己的势力范围。由于以上种种矛盾，意奥两国之间根本无法和平共处。如果意大利执意想要实施上述计划，则必然会与德奥之间发生激烈冲突。因而要想实现上述计划就只能乞求北方邻国法国提供支援，于是意大利就开始向法国频频暗送秋波。

在失去阿尔萨斯和洛林之后，法国对德国的仇恨日增。老奸巨猾而富有谋略的德国“铁血宰相”奥托·冯·俾斯麦对此也非常忧虑。为转移法国对德国的仇视，奥托·冯·俾斯麦心生一计，向法国抛出了突尼斯问题，怂恿法国

奥托·冯·俾斯麦

漫画三国同盟：同盟国在火药桶旁吸烟

占领非洲的突尼斯。突尼斯原本被认为是意大利的势力范围，既然得到了德国的默许，于是法国就毫不客气地以武力占领了突尼斯。意大利当然对此怒不可遏，如同法国憎恨夺走阿尔萨斯和洛林的德国一样，意大利发誓要向法国报此深仇大恨。奥托·冯·俾斯麦见大事已成，就开始暗中指使奥匈帝国拉拢意大利。因愤怒而丧失理智的意大利当局旋即与奥匈帝国一拍即合加入了德奥同盟，至此三国同盟于1881年登上了历史舞台。然而，此三国同盟建立的本意是为了共同抵御他国侵略，因此不具备联手对外侵略的功能。意大利原本指望与德奥结盟，借力德奥向法国报仇，未承想竟被法国贸易制裁，损失惨重。意大利的对法出口在此之前为四亿六百万法郎，而加入三国同盟之后第二年就锐减至两亿一千八百万法郎。为减少损失，意大利没收了法国在意大利的全部投资。同时，出于同盟国之间的责任，意大利有义务增加军备。因此，意大利为增加军备而发行了国债，数额由上一年的一亿两千七百万法郎激增至两亿多法郎，不足部分只能通过向国民征收重税的方式获得，此举又导致民怨沸腾。意大利政府逐渐开始后悔因一时头脑发热与法国产生严重矛盾，于是意大利在维持三国同盟的同时，又寻求机会与法国进行对话。至此，意大利为了自己的利益开始巧妙地脚踩两只船。

第2节　意大利与德奥离心

随着国力的增长，意大利的国际地位也随之提高，其心态逐渐膨胀，并逐渐转变了一直以来在德奥面前隐忍顺从的态度，行为处事也日益积极起来。在1908年11月月末召开的议会会议中，反对党领袖弗尔西斯对自己盟国表示了严重不满，称："今日之战争，唯一威胁意大利者竟为意大利之盟国，岂非咄咄怪事？奥地利应立即改变其傲慢态度，如若不然，意大利唯有与其分道扬镳。我斗胆断言：整个意大利会一致赞同我的看法，我们为了保卫意大利的主权完整将不惜付出任何代价。"与会者听闻此言都异常振奋，并为弗尔西斯的讲演连连高声喝彩。甚至意大利首相乔瓦尼·乔利蒂在听完弗尔西斯的讲演之后也起身与弗尔西斯握手，其余的诸位大臣也纷纷向弗尔西斯致辞表示感谢。由此可见，意大利此时已经显露出要从三国同盟中脱离出来的意向。之所以尚未退出，首先是因为促使意大利彻底退出三国同盟的外部力量还不够强大；其次德奥通过外交手段一直挟持意大利不让其简单地退出，迫使意大利不得不暂时遵守盟约。此盟约在历经数次改动之后原本将于1914年6月28日到期，但由于1912年10月巴尔干战争的爆发，致使三国于1912年11月在柏林又重新签订了一次盟期为十二年的盟约。

大战伊始，意大利很明白与德奥两国共处同一战线于意大利无益，于是意大利就断然宣布保持中立。意大利之所以与德奥两国离心离德，主要是因为意大利与协约国之间的利害关系日趋一致。若想了解事情的来龙去脉，有必要首先了解一下俄国与意大利之间的复杂关系。

第3节　沙皇尼古拉二世访问意大利

俄意两国关系原本也极其糟糕。埃塞俄比亚战争期间，由于埃塞俄比亚得到了俄国的大力支援，意大利在阿杜瓦之战中大败，因此，意大利人对俄国的憎恨之情日益严重。此外，沙皇尼古拉二世即位时，各国纷纷表示祝贺，作为回礼沙皇尼古拉二世亲赴德国、奥地利、法国致谢，却唯独故意漏掉了意大利，因此，意大利人十分厌恶沙皇尼古拉二世。1900年意大利国王维托里奥·埃马努埃莱三世即位之后，开始对俄国采取接近策略。1902年，维托里

维托里奥·埃马努埃莱三世

奥·埃马努埃莱三世亲赴俄国访问以示友好亲善。沙皇尼古拉二世为感谢意大利的亲睦之举，决定于次年对意大利进行回访致谢。意大利经多方努力，做好了迎接准备。然而，意大利社会党却在紧要关头发表声明称，如果沙皇尼古拉二世来访，一定让其难堪。于是沙皇尼古拉二世被迫突然终止了访意计划。意大利政府及人民对俄国的突然爽约行为表示强烈不满，维托里奥·埃马努埃莱三世震怒，为表抗议，表示从此之后不再接见俄国大使。然而，这也仅仅是俄意两国外交层面上的矛盾，绝非关乎两国重大利害的核心问题。正在此时，一件关乎欧洲势力均衡的事件的发生促使俄意两国开始再次亲近。

早在1900年，意大利王室与法国王室之间进行秘密和亲，如此一来，意大利就有必要和俄国建立友好关系。俄国是法国的同盟国，俄意两国之间的关系就成了一种间接的盟友关系。因此，俄法两国如果继续在小事上跟意大利较劲则对大家都没有好处。与此同时，奥匈帝国将自己的势力范围扩张到亚得里亚海一带，这给意大利的对外贸易造成了严重影响。此外，奥匈帝国在巴尔干半岛的势力扩张压制了当地的斯拉夫民族，这就让同为斯拉夫民族的俄国与受到奥匈帝国排挤的意大利在巴尔干地区找到了共同的敌人，自然而然地促成了俄意两国联手来对付共同的敌人——奥匈帝国。

1908年俄国外交大臣亚历山大·伊兹沃斯基会见了意大利外交大臣托马索·蒂托尼，并签署了密约。密约规定："将来俄意两国将密切合作，努力保持巴尔干半岛局势稳定，并支持黑山王国的独立，一起谋求俄意两国在巴尔干半岛地区的共同经济利益。"得益于密约的签署，俄意两国关系开始更加密切。意大利人因沙皇尼古拉二世终止访意一事而对俄国产生的憎恶也被一扫而光。

1909年10月沙皇尼古拉二世决意访问意大利。从路线上来讲，沙皇尼古拉二世乘船从黑海经达达尼尔海峡，然后进入地中海之后再登陆意大利最方便。然而，沙皇尼古拉二世却有意规避这条近路，而特意选择通过陆路大迂回的方式赶赴意大利。关于沙皇尼古拉二世为何避开达达尼尔海峡而选择陆路的理由，一部分守旧论者从历史上找原因：历代沙皇认为，俄国的帝王必须是东

意大利外交大臣托马索·蒂托尼

罗马帝国的继承者，并具有光复东罗马帝国荣光的历史使命。君士坦丁堡原为东罗马帝国的旧都，因此，必须从土耳其手中夺回来。然而，君士坦丁堡现在却是土耳其的首都，如果沙皇尼古拉二世要乘船过达达尼尔海峡则必然要经过君士坦丁堡，按照国际礼仪，土耳其苏丹就要在君士坦丁堡会见沙皇尼古拉二世。沙皇尼古拉二世认为应该以胜利者的姿态进入君士坦丁堡，如果作为土耳其苏丹的宾客进入君士坦丁堡不仅丧失颜面，而且与土耳其苏丹握手更是亵渎国威，因此沙皇尼古拉二世才决定避开这条路线。此外，沙皇尼古拉二世在表示对意大利的深切情谊的同时，故意绕过奥地利，想以此来表示对奥匈帝国兼并波斯尼亚和黑塞哥维那的强烈不满。1909年10月19日夜，沙皇尼古拉二世从黑海叶夫帕托里亚港出发并在敖德萨登陆，随后乘专列进入波兰，沿途警戒极其森严。专列进入德国后又途经法国，于1909年10月23日经由芒德朗进入意大利。意大利国王维托里奥·埃马努埃莱三世对沙皇尼古拉二世的来访极其用心：首先派遣了众多侍从前往迎接，并由掌管意大利铁路的监察总长亲自驾驶沙皇尼古拉二世乘坐的专列；从芒德朗到罗马的铁路沿线，每十米设一岗哨，并在各哨卡配备一名军官及二十五名哨兵；铁路沿线及沿途各车站附近全部进行交通管制，以防社会党分子生事。

此时的意大利国王维托里奥·埃马努埃莱三世已在故都都灵以南二十英里处等候沙皇尼古拉二世的到来，因为当时社会党人在罗马正大肆开展反对沙皇尼古拉二世的活动。为防不测，意大利国王维托里奥·埃马努埃莱三世才不得已前来都灵迎接。为营造良好的气氛，意大利政府给各新闻社提前下达通知，要求他们统一好报道口径，具体内容为：沙皇尼古拉二世此次访意，不仅仅是外交礼仪上的回礼，更是基于巴尔干半岛局势的变化；同时，此次访问更是前些年沙皇与法国总统及英国国王会见所取得成果的有力补充。此通知已经在暗示意大利意想要脱离三国同盟并转而与协约国交好的意思。1909年10月25日，沙皇尼古拉二世结束访问踏上归途，此时的意大利民众对沙皇尼古拉二世的态度已经大为改观，两国元首之间的亲密程度也大为增加。俄意两国约定将相互协作共同维护巴尔干半岛的势力均衡。很明显，此约定直接剑指的目标就是在巴尔干半岛上不断进行扩张的奥匈帝国。

第4节　意大利转投协约国

大战伊始，面对错综复杂的列国关系，意大利无法简单地决定谁是敌人谁是朋友。从海上力量来看，三国同盟一方到底是无法与协约国一方相匹敌的。特别是在地中海海域，意奥两国的舰队实力远逊于协约国一方，即便意奥两国能够在海战中取胜，其前提也必将是意大利已经做好了其舰队全军覆没的心理准备。如果意大利失败，则意大利不久前才在非洲获取的黎波里殖民地就极有可能被协约国一方夺取；即便意大利胜利能得到一些领地，顶多也就是收

拿破仑三世

回1860年被拿破仑三世夺走的尼斯；至于一直渴望收回的蒂罗尔、的里雅斯特地区，由于被奥匈帝国占领，基本无望收回。如前文所述，意奥两国在巴尔干问题上时常利害相悖，也是促使意大利要退出同盟国一方的重要原因。同时，如果奥匈帝国要在巴尔干地区扩张势力，意大利王后埃莱娜的娘家黑山王国就要遭殃，对此，意大利不能坐视不管。黑山与塞尔维亚由于同族同种，两国有着相互协助共同恢复当年在巴尔干地区的“大塞尔维亚荣光”的共同愿望；同时，所谓的“大塞尔维亚主义”可以说是造成此次世界大战的一个主因。无论如何，从意大利的立场来看，退出三国同盟并加入协约国一方才是达成自己夙愿的唯一正确且可行的道路。

意大利加入同盟国多年以来基本上是出工不出力，完全没有要与德奥两国共荣俱损的诚意与决心，所以盟约规定只有当盟国中一国或二国受到他国侵略时其他盟国才能施以援手，却并没有规定盟国侵略他国时自己也要对其进行援助的条款。协约国方面对同盟国之间的内情也是了如指掌。奥匈帝国皇储弗朗茨·斐迪南大公被刺杀后，德国的态度恶劣至极，其惯用的恐吓手段已无所不用其极。协约国一方对德国的态度早已经是忍无可忍，已然暗下决心要教训德国，却都兀自按兵不动，其目的之一便是要等待德国首先出兵，如此一来意大利就可以按照盟约规定免除与德奥共同参战的义务。果不其然，德国以疾风迅雷之势风卷残云般地攻入比利时和法国之时，意大利就在不违反盟约的前提下得到了保持中立的口实，并最终宣布中立。

第二篇

世界的威胁：德国

第1章

德皇威廉二世

第1节　幼年时期

同时拥有“世界之威胁”“现世大魔王”“再世拿破仑·波拿巴”等诸多标签、多年来欲以武力征服全世界的一代枭雄——德皇威廉二世，拜其无穷无尽的野心所赐，此次战乱最终殃及了整个世界。无论是东西两洋，还是南北半球，到处都是生灵涂炭，以血淋淋的方式为二十世纪揭开了大幕。在探讨这次世界大战的来龙去脉时，有必要首先了解一下帝国主义的化身、世界性大人物威廉二世的生平。

威廉于1859年1月27日出生于腓特烈三世位于波茨坦的宫殿里，其基督教名为腓特烈·威廉·维克多·阿尔伯特，十岁前他一直被昵称为“弗里茨”。威廉一生非常崇拜自己的先祖腓特烈大帝，却从不称自己为腓特烈，而是叫威廉，至于个中缘由他也从未提及。威廉一出生左臂就患上了厄尔布氏麻痹症，并一直伴其终生，据说这是在他出生时医生的过失导致的。威廉年幼时性格温顺，皮肤白皙，脸颊红润，一头波浪般的金色卷发，配上一双大眼睛，让人乍一看误认为是女孩子。

由于左臂残疾，威廉吃饭时只能使用右臂。为了掩盖自己的生理缺陷，威廉照相时经常右手握剑而左手高举，因为这会让人觉得他左肢比较长。但缺陷毕竟是缺陷，所以威廉为了弥补这一缺陷及加强自身的力量，从年少时

腓特烈三世

腓特烈大帝

就有意识地参加各种游戏活动和训练。威廉对游泳、剑术、划艇、御马、狩猎等活动特别感兴趣，这些活动让威廉的身心同时得到锻炼，各种训练又磨炼了威廉的性格。威廉通过各种训练得到了坚强的意志和强健的体魄，除了这两大宝贵财富还顺便得到了第三个法宝，即左臂残疾引发的超乎常人的丰富想象力。

十五岁前，威廉一直与父母居住在波茨坦的宫殿里，波茨坦距柏林大约十五英里。威廉在波茨坦与弟弟阿尔贝特·威廉·海因里希在家庭教师的教育

幼年时期的威廉

下完成了小学阶段的教育。威廉的母亲是英国女王维多利亚的女儿——维多利亚公主，她崇尚自由主义，并大胆预测民主政体终将到来。基于这一判断，这位来自英国的公主有意识地向未来德国皇帝的接班人威廉灌输了这一思想。当时从柏林召集了几位少年作为两位皇子的伴读，其中一人后来发表了一篇名为《我的学友弗里茨》的文章。文章称威廉是一位性格温和、重感情的少年，虽然性格顽固，但他努力通过锻炼来克服自己的缺点。

英国女王维多利亚

第2节　卡塞尔中学时代

1874年威廉十五岁的时候，被腓特烈三世（当时是太子）送进了一所与普通平民少年共同学习的公立学校。百官对腓特烈三世的这一决定震惊不已。将来万人景仰的皇位继承人竟然要与一般平民子弟一起上学，这对当时的达官贵人来讲绝对是无法想象的，他们把这一切都归咎于“那个来自英吉利的女人”疯了。由于威廉的母亲维多利亚公主出生于英国，所以宫廷百官私下里都称她为“来自英吉利的女人”。尽管如此，维多利亚公主是一个意

中学时代的威廉

维多利亚公主

志异常坚定的女子，她对这些看法也毫不在意。维多利亚公主的想法得到了腓特烈三世及其他富有自由主义思想的友人的大力支持并得以最终贯彻。维多利亚公主派遣聪明伶俐的侍从帮她物色合适的民间学校，并最终选定了卡塞尔的一家中学。按照曾做过威廉家庭教师的一个法国人的说法，维多利亚公主这个勇敢的决定本意是想把爱子威廉从奢靡的宫廷生活中拯救出来，然后让威廉和将来会成为自己臣民的民间子弟多多接触并积累经验，为将来的治国理政打下良好的基础。

在学校里，威廉和其他二十个同学共同学习，所受的待遇与其他平民子弟一样。在这所学校里，威廉以行为端正闻名。威廉虽然学习勤勉但成绩一般，毕业考试时成绩在十七人中也仅列第十名。不过，威廉本人后来基本否定了这段学习生活经历。比如“维吉尔和荷马的晦涩难懂的诗作被作为长时间诵读和语法学习的材料”，或者“班里二十一个人中有十九个都戴眼镜”等，这都成了威廉批判的对象。威廉后来进行教育改革的原动力正是源于这段不甚愉快的学习经历。此外，据说这段经历让威廉对自己的父母产生了一定的怨恨。

第3节　波恩大学时代

1877年威廉进入波恩大学学习。在大学期间，威廉学习的科目有法律、历史、国民经济、政治学、美术史、哲学、化学、物理及德国文学等。此时的威廉早已不是卡塞尔中学时代那个勤勉而单纯的中学生，现在的他只对历史感兴趣。当然，威廉绝非打算以史为鉴为将来治国理政做好准备，他只不过是单纯地想了解一下德国的历史而已。此外，威廉还从老师那里学到了不少蔑视英法两国的观点。

大学期间给予威廉影响最显著的便是斯巴达式教育。对于当时的德国大学生而言，最无上光荣之事有二：其一便是斗酒，其二便是决斗（后文详述）。多年后，威廉仍然坚定地认为，这两项被认为相当野蛮的教育方式才是德国青年教育的最重要组成部分。威廉作为将来帝国的继承人，其贵胄之躯自然是不能参加决斗的，但威廉非常喜欢观摩其他学生之间的决斗。即便是后来威廉登上皇位之后，仍然不厌其烦地为这种教育方式大力辩解。

第2章

德皇威廉二世的情事

第1节　迎娶奥古斯塔·维多利亚

1878年，威廉偷偷来到法国，参观在巴黎召开的万国博览会。同年，德皇威廉一世遭社会党人袭击受了重伤，此事导致威廉对社会党的憎恨达到顶峰，并发誓要将社会党踩得粉身碎骨。

威廉一世遇刺

1879年，威廉造访石勒苏益格-荷尔斯泰因公爵腓特烈八世的府邸时，与其女儿奥古斯塔·维多利亚擦出了爱情的火花，两人于1880年2月订婚。有关两人的婚事坊间有诸多传说，其中政治婚姻一说应该更加合理，理由是：石勒苏益格与荷尔斯泰因原本为丹麦领土，后来被普鲁士兼并，其遗族旧臣一直对德国皇室霍亨索伦家族怀恨在心。因此，如果霍亨索伦家族与石勒苏益格-荷尔斯泰因公爵腓特烈八世联姻的话，不仅可以平复这些怨恨，而且对于巩固德意志联邦的统一也是有益的。然而，石勒苏益格-荷尔斯泰因公爵腓特烈八世的家族自德意志联邦建立以来，地位日渐衰落，影响力也逐渐下降，因而国内对双方联姻之事有着诸多反对意见。不过由于威廉的坚持及奥托·冯·俾斯麦的从中说和，双方最终得以完婚。

奥古斯塔·维多利亚

赫尔穆特·卡尔·贝恩哈特·冯·毛奇

两人婚后大多数时间都居住在波茨坦的宫殿里。威廉掌管军务之后日渐繁忙，稍有闲暇便去狩猎取乐。有一次威廉去柏林造访了瓦德西伯爵的府邸。瓦德西伯爵富有野心，这早已是路人皆知。据传瓦德西伯爵欲取代奥托·冯·俾斯麦和赫尔穆特·卡尔·贝恩哈特·冯·毛奇成为德国首相，而瓦德西宅邸也就成了扳倒奥托·冯·俾斯麦的大本营。因此，奥托·冯·俾斯麦对威廉与瓦德西伯爵的亲近感到不快。

第2节　蓬巴杜夫人

威廉二世和瓦德西伯爵的妻子，即后来被称为蓬巴杜夫人的女子关系特殊，他们经常有绯闻传出。蓬巴杜夫人把自己的丈夫瓦德西伯爵视为威廉的敌人，按照她的话讲：瓦德西伯爵将还未登基的威廉认定为流氓，把王妃奥古斯塔·维多利亚认定为蠢货，并常常在暗中图谋不轨。蓬巴杜夫人是德国众所周知的第一美人，也是柏林社交界的红人，后来因某种原因与瓦德西伯爵离婚。离婚后的蓬巴杜夫人反而引起了世人更多的注意，其名气也越来越大。人气爆棚的蓬巴杜夫人拼命向世人散播称，自己才是未来德国皇帝威廉的指路人和精神之友。威廉的确经常去拜访蓬巴杜夫人，或互通音信，因此世人才传言二人有着不可告人的特殊关系。瓦德西伯爵明确警告蓬巴杜夫人，王妃奥古斯塔·维多利亚对此非常嫉恨，每日悲叹不已。当时的蓬巴杜夫人已三十五岁，单身，才色俱佳且霸气外露。蓬巴杜夫人被威廉疏远后，出版了一本五百多页的有关自己情史的书，其中关于威廉的部分只强调了二人之间是精神之爱。书中写到威廉曾对她说："我一看到你的眼睛，就再也无法拒绝你的任何要求。"

离婚后的蓬巴杜夫人每天都会收到匿名情书，且字里行间多为荒淫之辞。怒不可遏的蓬巴杜夫人通过住在自己宅邸的波斯公使，拜托德国警察总长对此事进行了调查。调查结果出人意料，每天写情书的人竟是瓦德西伯爵，其目的是破坏威廉和蓬巴杜夫人的关系，并想与其破镜重圆，因此才经常暗送情书大献殷勤。蓬巴杜夫人对此十分愤怒，正欲寻机报复，未承想还没等到报复的时机，威廉就已对她逐渐丧失了热情。蓬巴杜夫人对此苦不堪言，开始不胜其烦地向威廉倾诉衷肠。威廉将一枚戒指赠予蓬巴杜夫人作为信物，以表示自己对其终生不渝。然而，几个月之后威廉就登基了。登基之后的威廉二世将自己的主要精力全部倾注在国家的治理上，因此，便顾不上对蓬巴杜夫人的情爱，双方关系逐渐冷淡。后来两人之间还是没有完全断绝关系。据说蓬巴杜夫人到美国之后，威廉二世每年都会赠其一千八百马克作为养老之用。

第3章

登基

第1节 即 位

从被称作“弗里茨”的时代开始，自己终有一天将会执掌整个德意志帝国的意识就在威廉的脑海里生根发芽了。早在卡塞尔中学时代，威廉就经常对自己的法国家庭教师使用皇帝才能使用的专用语。波恩大学毕业之后，无论是在瓦德西伯爵的社交圈还是军队中，抑或与蓬巴杜夫人的谈话中，经常自然而然地流露出“他日吾若称帝则如何如何”的态度。民间对威廉诸多评价。有德国教育制度改革论者曾高兴地称赞威廉：“他（威廉二世）是现行中学教育制度的强敌。”有人渴望追随着他一起共建军功；当然也有人揶揄他具有美术家气质；还有人嘲笑他的基督教式社会主义倾向。的确，威廉曾一度自称为美术家，并在1886年的柏林美术展上展出了自己的一幅海景画。当时掌握整个德国实权的首相奥托・冯・俾斯麦冷眼注视着威廉的一举一动。威廉对真正执掌德国大权的奥托・冯・俾斯麦一直心存不满，于是在1884年威廉赠送了一张自己的照片给奥托・冯・俾斯麦，并在上面写道：“时刻不要忘了我的存在。”此时威廉二十五岁。

1888年3月，威廉的祖父威廉一世以九十岁高龄驾崩，随后威廉的父亲腓特烈三世即位。然而，仅三个月之后腓特烈三世就因病驾崩。于是，1888年6月，威廉在自己二十九岁时荣登帝位，德意志帝国的皇冠最终戴到了威廉的头上。

威廉一世的葬礼

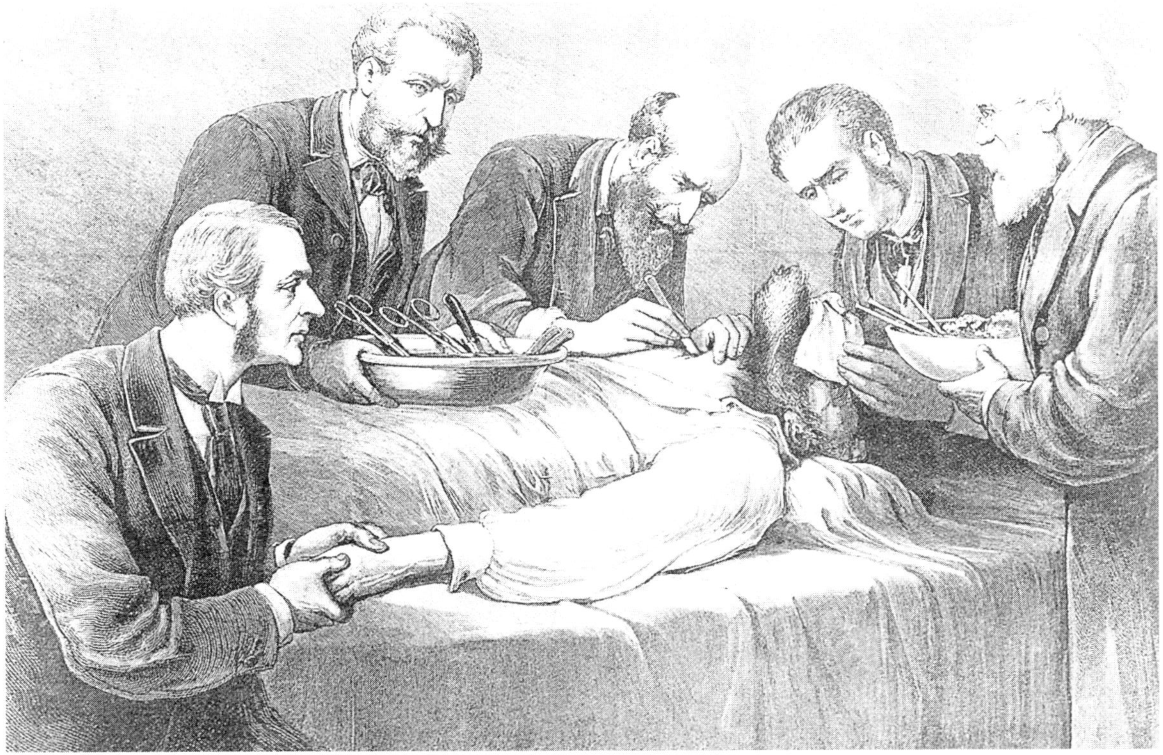

身患重病的腓特烈三世接受手术治疗

第2节　疏远老相奥托·冯·俾斯麦

威廉二世即位后做的第一件大事就是罢免奥托·冯·俾斯麦。众所周知，德意志联邦的成立与发展完全得益于奥托·冯·俾斯麦这位老辣而干练的伟大政治家的深谋远虑。在奥托·冯·俾斯麦看来，新皇帝威廉二世不过就是个乳臭未干的愣头青而已，他断定威廉二世将一事无成。但对于当时的一般德国民众而言，由于威廉一世在位已久且年事已高，德国急需一位锐意进取的新皇帝来一扫多年的政治沉疴，并将德国改造成一个崭新而朝气蓬勃的国家。

即位后的威廉二世

威廉二世生性豪迈，霸气凌人，且心中常常不断涌现出各种奇谋诡计，因而威廉二世绝非甘于他人治下之人。如前文所述，威廉二世对奥托·冯·俾斯麦专权一事不满之意由来已久。威廉二世以前就常常对人讲：“将来要自己来做首相。”威廉二世登基之后，故意在许多大政方针上不向奥托·冯·俾斯麦进行任何咨询就一人独断专行，以此来激怒奥托·冯·俾斯麦。威廉二世即位之初，负责外交事务的大臣们因为多与奥托·冯·俾斯麦交好，因此对新皇帝的命令大多阳奉阴违。于是威廉二世将这些人一一罢黜，随后开始任用和提拔自己喜欢和信任的人。只要奥托·冯·俾斯麦在柏林一天，威廉二世就感觉自己天天被人监视着。于是威廉二世便想方设法要除掉这颗眼中钉肉中刺。1889年夏天，威廉二世派遣自己的心腹大臣前往奥托·冯·俾斯麦的官邸，名义上是探病，实际上则是游说奥托·冯·俾斯麦，称：“听闻首相近来风湿病复发，与其在繁杂的都城烦心，不如去恬静的海边静养。”此时正值奥托·冯·俾斯麦风湿病复发疼痛难忍之时，于是他听从了来人的建议。不久后，奥托·冯·俾斯麦就来到郊外的别墅安心养病。

第3节　孤立奥托·冯·俾斯麦

威廉二世见大事已成，很快又抛出第二计——发布敕令批准了《劳动者保护法》。威廉二世的目的是：通过撤销长期以来奥托·冯·俾斯麦采取的压制社会党的政策，将社会主义者收为己用，从而打击奥托·冯·俾斯麦及其势力。按照德国的规定：敕令必须在首相署名之后方可生效。既然威廉二世的目的就是排挤奥托·冯·俾斯麦，于是威廉二世就以奥托·冯·俾斯麦不在柏林为由，在没有取得奥托·冯·俾斯麦署名的情况下于1890年2月4日强行将该法律颁布并生效了。如此一来，奥托·冯·俾斯麦苦心经营多年的社会党压制政策从根本上被威廉二世瓦解了。至此，奥托·冯·俾斯麦才知道自己被暗算了。他尽管怒不可遏，却也无能为力。

新皇帝和老首相权力之争的公开化是在奥托·冯·俾斯麦1891年3月份回

到柏林之后。担任枢密院议长之职的奥托·冯·俾斯麦在枢密院会议上对威廉二世的所作所为表示了强烈的不满。奥托·冯·俾斯麦称："余身居德意志帝国首相及普鲁士王国枢密院议长之要职，君主所有的施政方针均须咨询于我。内阁诸大臣仰君主裁断之事项也必须先行知会本相，动用皇权发布敕令亦须本相签字方可生效。此为章程所定，但如今发生之事实难让人理解。"奥托·冯·俾斯麦声色俱厉地说完之后，环视了一下威廉二世及其他大臣。威廉二世对此只是轻描淡写地答道："此事干系重大，我失虑了。"激动至极的奥托·冯·俾斯麦对威廉二世的态度虽然极其不满但也无能为力，此刻只是无限地感受到自己的分量竟如此之轻。此事流传到坊间后，亲皇派报纸开始拿此事揶揄或讽刺、嘲笑奥托·冯·俾斯麦，说其已经是老弱不堪、愤而失态。受媒体影响，民间对奥托·冯·俾斯麦的评价开始变得更加负面，而原本与奥托·冯·俾斯麦交好的臣僚们也开始纷纷见风使舵逐渐向新皇帝靠拢。如此一来，奥托·冯·俾斯麦就逐渐陷入了孤立无援的尴尬境地。

第4章

奥托·冯·俾斯麦失势

第1节　皇权与相权之争

1890年3月14日，中央党的领导人路德维希·温特霍斯特造访了奥托·冯·俾斯麦。路德维希·温特霍斯特来访是因为奥托·冯·俾斯麦本人有在议会召开前与各党领袖先行谈话的惯例，这次也与往常一样邀约路德维希·温

路德维希·温特霍斯特

特霍斯特前来会谈。威廉二世闻知此事后，派特使到奥托·冯·俾斯麦家对其进行责问：“不预先知会我就与政党首脑进行会谈，岂非不妥？”奥托·冯·俾斯麦怒气冲冲回道：“这是我的权利，在我家与何人会面更是我的自由，任何人都无权干涉我在我家里的正当权利。”

1890年3月15日一早，威廉二期突然亲自造访奥托·冯·俾斯麦府邸。奥托·冯·俾斯麦闻讯赶紧换正装准备出迎，此时威廉二世已经等得不耐烦了，不断地用脚踢踏着会客厅的地板。对此，奥托·冯·俾斯麦一脸不悦的样子迎了出来，等烦了的威廉二世与奥托·冯·俾斯麦随便随便打了个招呼后便厉声问道：“昨日与路德维希·温特霍斯特会面所为何事？”岂料奥托·冯·俾斯麦并不肯透露半点消息。其实昨天二人并非谈论了什么大事，只是路德维希·温特霍斯特希望奥托·冯·俾斯麦能动用权力阻止天主教在德国的扩张，奥托·冯·俾斯麦断然拒绝了而已。然而，刚愎自用的奥托·冯·俾斯麦不愿为在自家发生的事情多做辩解，只是冷淡地对威廉二世说：“昨日与路德维希·温特霍斯特所谈并无任何政治议题，纯属闲聊。”威廉二世闻罢也无意继续追问，退一步讲道：“今后但有与政党首脑会谈之事必先得到我的许可。”对于威廉二世的要求奥托·冯·俾斯麦自然表示不服，辩驳称：“在我家会见何人完全是我的自由。”威廉二世勃然大怒，道：“你敢抗命？”奥托·冯·俾斯麦也言辞激烈地答道：“君主之权亦不可私踏我家门内半步，臣侍奉陛下皆因陛下祖父威廉一世之命，如非陛下所欲，则臣只得告老还乡。”威廉二世的气焰被奥托·冯·俾斯麦的强硬态度有所压制，但心想：既然奥托·冯·俾斯麦已经明言要隐退，那么就达到了此行的目的。于是威廉二世也没再多说什么就回宫了。当日下午，威廉二世在诸多军队将领面哀叹道：“今日奥托·冯·俾斯麦做了一件如同向我投掷墨水瓶般行径的事。”在座的赫尔穆特·卡尔·贝恩哈特·冯·毛奇惊诧道：“既然如此，则奥托·冯·俾斯麦应该挂冠而去了。”后来，柏林街头真就出现有声有色地传言称奥托·冯·俾斯麦向威廉二世投掷了墨水瓶。

第2节　奥托·冯·俾斯麦被迫辞职

1890年3月16日，威廉二世一整天都在苦苦思索应如何来处置三朝元老奥托·冯·俾斯麦。威廉二世是那种一旦下定决心就必然要实施人。这一天，威廉二世终于就奥托·冯·俾斯麦的去留问题下定了决心。1890年3月17日，威廉二世派遣两位使者赶赴奥托·冯·俾斯麦的家，传达了威廉二世的命令，要求奥托·冯·俾斯麦履行之前在威廉二世面前说过的话，赶紧递交辞呈。奥托·冯·俾斯麦那天因为情绪激动才说要辞职，其实不是自己的本意，而是为了促使威廉二世能够有所醒悟。但万万没想到，威廉二世竟然将此事当作把柄来要挟自己辞职。奥托·冯·俾斯麦对此感到惊愕异常，对两位来使回复道："我虽不能说身体状况极佳，但仍可继续堪当国之大任，现今如若辞职，则必然会对国家大局产生重大不利影响。如今难以遵命辞职，皆因我不想以如此的误国行径结束我的政治生涯。"奥托·冯·俾斯麦虽然努力想要克制自己的激动情绪来沉着应对，但其语态、体态还是尽显狼狈。

此事迅速传到了其他大臣的耳朵里，大家都开始担心二人的激烈对抗会给国家造成巨大麻烦。此外，如果奥托·冯·俾斯麦被排斥出局，则会加剧威廉二世的独裁统治，到时候大臣们自己也会和如今的奥托·冯·俾斯麦一样遭受同样的境遇。于是出于自保及"有功之臣奥托·冯·俾斯麦的被迫辞职必然会造成政局不稳"等原因，各位大臣们为调和皇帝和首相双方的矛盾，连夜召开了秘密会议商量对策。

威廉二世通过使者的回话已经觉察到，奥托·冯·俾斯麦必然不会轻易辞职。威廉二世认为如果此事迁延日久必会给对方留出反击的时间，从而对自己产生不利影响，因此威廉二世想要速战速决。威廉二世于当日日落前再次派遣使者逼迫奥托·冯·俾斯麦辞职，奥托·冯·俾斯麦认为如果硬是抗命也绝非上策，于是转而对使者说道："既然陛下决意命我辞职，我不敢不从，然而我的进退问题干系重大，须谨慎行事，不可草率。"

威廉二世从奥托·冯·俾斯麦言辞中判断出其已无意继续顽抗，于是又派遣自己的侍从武官对正在开会商议对策的大臣们称："诸位臣工已无须继续烦劳此事，陛下已然决意罢免奥托·冯·俾斯麦首相一职。"诸大臣见继续调解已无任何实际意义，只好顺其自然地等待最终结果。

第3节　奥托·冯·俾斯麦辞职

因为此事，愤恨加懊恼的奥托·冯·俾斯麦彻夜未眠。第二天，奥托·冯·俾斯麦花了一天时间写了一篇文章，于1890年3月18日上呈给了威廉二世。据说该文章完全揭露了奥托·冯·俾斯麦当时的心境，是研究奥托·冯·俾斯麦历史的贵重文献资料，可惜时至今日（日文版成书时）尚未公

漫画：奥托·冯·俾斯麦下台

开。当天，威廉二世在阅读这篇文章之前，又派遣使者要求奥托·冯·俾斯麦先在辞呈上署名。奥托·冯·俾斯麦至死没有原谅威廉二世对自己的刻薄行径，其死后在墓碑上刻着：“威廉一世忠实的奴仆长眠于此。”奥托·冯·俾斯麦是想通过这种方式来表明自己对威廉二世没有任何情分。

奥托·冯·俾斯麦辞呈上的签名墨迹未干，威廉二世就迫不及待地任命列奥·冯·卡普里维为新任总理。威廉二世最终还是授予归隐田园的奥托·冯·俾斯麦“劳恩堡公爵”的称号。奥托·冯·俾斯麦以被迫辞职的形势归隐虽是不可避免的，但辞职这一行为本身确实还是需要一些勇气及忍辱负重的大局观的。

此后的三年，奥托·冯·俾斯麦与其朋党对威廉二世的治国之道展开了激烈批判，让威廉二世难堪不已。1890年5月，列奥·冯·卡普里维要求德国

列奥·冯·卡普里维

派驻海外的各界代表想办法消除奥托·冯·俾斯麦的批判给威廉二世在海外的声誉带来的恶劣影响。即便如此，1893年奥托·冯·俾斯麦患病时，威廉二世还是派遣使者充满诚意地前往探望并慰问了奥托·冯·俾斯麦。1895年，威廉二世再次派人慰问了病中的奥托·冯·俾斯麦，并于同年赠其“名誉之剑”。两者关系从表面上看似乎有所缓和。然而，威廉二世自1890年以来，多次在其演讲中阐述了与奥托·冯·俾斯麦的政策相悖的意见，并且将德意志帝国的成立、德国军队的构建、德国的富强全部归功于自己的祖父威廉一世的文韬武略，似乎奥托·冯·俾斯麦在这些问题上没有起到过任何作用。

威廉二世是一个天生的演说家，登上帝位之后只要一有机会就会滔滔不绝。无论是在对军人发布敕谕的场合，还是在赐宴上抑或是在议会中，都极力想要表现出自己的大演说家气质。此外，威廉二世在国内旅行时的各地欢迎会上及与外国元首会见时，无论时间长短，都是威廉二世高谈阔论的表现时间。对威廉二世而言，其最得意的事情莫过于以天花乱坠的说辞让别人佩服得五体投地。从好的方面来讲，威廉二世的演讲中雄言壮语颇多，的确具有一代豪杰的气质，可堪他人演讲时的模范参考之用；但从不好的方面来讲，仔细品味一下威廉二世的演讲就会发现，他的演讲内容大多华而不实，虽然涉猎广泛，但也仅是徒有其表，思想并不深刻。威廉二世的夸夸其谈往往让人反感，因而后来凡是重大问题的讲演，都要事先通过秘书处进行校稿之后再由他照本宣科。

威廉二世还有一项才能就是超强的推理能力，似乎在所有问题上都能做到闻一知十。当然这也绝非说威廉二世是具有各种专业知识的天才。

第5章

谋求霸业

第1节 “预祝那一天的到来”

威廉二世的首要目标便是一统欧洲，然后再谋求统治全球。众所周知，当时的德国海军军人喝酒时有一个传统，就是在干杯的时候必然要互相道一句“预祝那天的到来”。此话的本意便是预祝德国向英国开战并大获全胜从而夺取海上霸权之日赶紧到来。当然，让德国海军甚至整个德国都没想到的是，这一天的到来竟如此之快。

和平主义者往往都是不食人间烟火的理想主义者，他们嘲笑德国一统世界的想法不过是脱离现实的空想而已。然而和平主义者们哪里知道，德国为了这一梦想的实现正在一点一滴地做着准备。或许威廉二世为了一统世界梦想的实现，在睡梦中已经无数次拉响过大炮的炮栓。当然，从其他列强的角度来看，德国的梦想无疑与脚踩在地雷上一样危险，因为要实现这个想法就必须先夺取英国手中的海上霸权。从当时英德两国海军力量对比来看，这无异于痴人说梦。即便如此，德国的罗伯茨将军几年前就曾叫嚣说：“英国之地位未曾有今日这般动摇过。”德国的反对党领袖对于罗伯茨的这一论断竟然没提出任何异议，而且议会下院也一致认为罗伯茨的论断是一种远见卓识，因为十几年前曾制霸全球的英国海军现在也仅仅是在北海横行霸道。

德国为了增强国力搞领土扩张，大肆奉行扩张主义，并频频向其他列强施压、威慑。德国的这种蛮横态度并非仅是威廉二世为了一己之功名，而是全体德国国民为了生存不得已而为之。当时德国面临的情况是：国内人口的快速增长导致就业机会减少，并且随着科学技术的发展，使工厂对劳动力的需求减少，即使是有一定才能的人都不容易找到工作，而且这种趋势正在变得越来越严重。此外，同样随着科学技术的进步，工业产品的生产严重过剩。尽管人口显著增长，但民众购买力的增长速度远远赶不上人口的增长速度。当时德国人均出口额为二十四美元，不仅不如法国的二十五美元，与英国的四十美元相比更是相差甚远。由于德国不像英法那样有很多海外殖民地可以进行产品倾销，因此只能依靠内部消化的德国，经济开始面临破产的危机。为摆脱经济困境，德国就必须进行对外扩张。同样，此时的其他列强也都在大肆进行对外扩张。英国自不必说，法国在摩洛哥、俄国在西伯利亚等地区都在进行大规模领土扩张，如果此时德国不效仿其他列强进行对外扩张的话就只能坐以待毙。这是威廉二世绝不能容忍的。

第2节　德国的东方侵略计划

在欧洲，德国已然没有了扩张的空间。如果非要强行扩张，除了与俄国和法国两大强国发生激烈冲突，只能是吞并毗邻的比利时、荷兰、丹麦、瑞典等小国了。但就德国而言，吞并这些小国并无多大意义。当时的整个欧洲都已经陷入了人口过多且生产过剩的境地，在欧洲内部已经没有容许德国人继续扩张的余地。若强行在欧洲内部通过战争来搞扩张，除鱼死网破外得不到任何好处。虽然德国也试图将视野投向沃野千里的加拿大西部或土地丰饶的非洲北部，但这些好地段都已经被英法俄三国瓜分殆尽，实在想要得到就只能通过武力从此三国手中强行夺取了。

德国在“一战”前向海外殖民地出口总额每年不足一千万美元，而英国为数亿美元。造成这种差距的很大原因在于德国海外殖民地不足。因此，德国不惜一切代价极力向外拓展海外殖民地也是理所当然的。然而，德国要进行对外扩张，首先受到影响的便是英国。如果德国想要把自己的商船开到全世界，就必须经过英国控制下的多佛尔海峡，如若不然则必须从英国北部海域迂回进入大西洋。如此一来，不仅航线会变长，而且该海域一到冬季就会变得风急浪高，十分危险。因此对商船而言，最经济的方式仍是通过多佛尔海峡。只要多佛尔海峡的控制权还在英国手里，则德国商船就必须做好被袭击的心理准备。因此，即便德国在海外获得了新的殖民地或市场，但只要无法降服英法两国，其商船就无法安全抵达。因此，德国首先要做的便是极力扩张海军实力，多打造坚船利炮来保证航线的畅通。

既然确保海上航线的畅通如此困难，德国就开始转念想从陆路开辟到达东方的路线。这就意味着德国需要把奥匈帝国、巴尔干诸国及土耳其连成一片，建立一个从北海至波斯湾的超级大联邦，然后在君士坦丁堡至巴格达间铺设铁路，打通莱茵河及多瑙河流域、君士坦丁堡到波斯湾之间的通道。如果这条捷径得以打通，那么德国无须通过苏伊士运河就能直达印度，并且最终将埃

苏伊士运河

及、叙利亚、阿拉伯、波斯等地区连成一片，将来印度甚至也将会成为德国殖民地的一部分。这个计划实际上就是德国人一直主张的泛日耳曼主义。在高举泛日耳曼主义的大旗之下，德国不仅想要从身旁的俄法两国的胁迫之中脱离出来，而且还要掠夺英国在地中海及亚洲的殖民地。

德国的上述计划无疑是充满侵略性的，然而，德国人却认为这和英国侵占印度、法国侵占摩洛哥及美国侵占巴拿马一样并无二致。伯恩哈迪将军是德国“丛林派”的代表人物，他让敌人非常敬畏并有着常人难以企及的远见卓识，他曾说过：“权力即正义，而正义由战争决定。如果战争行为对今日的德国有利而他日对他国有利，则他国也必然会悍然为之。”总之，当时的德国需要通过战争手段来建设德国，维持自己的生命线。德国国民甚至普遍认为，在国家面临生死存亡之际，无视国际道德也是理所当然的。

德国人想发动战争并不单纯是为了维护自己的经济命脉，同时也想要实现自己另一个多年的夙愿——泛日耳曼主义。

第6章

泛日耳曼主义

第1节　二十年前的泛德意志同盟

此次欧洲战乱从结果上看似乎是英德两国的霸权之争，而本质上却是泛日耳曼主义与泛斯拉夫主义两种主义之间的对抗。到目前为止，很少有人详细研究过这两种主义。日耳曼民族主要聚集在德国和奥匈帝国的领土上，因此，泛日耳曼主义在这两国起源并得到发展不足为奇。不过，德国的泛日耳曼主义与奥匈帝国的泛日耳曼主义之间无论是从起源还是在特质上都有着明显的区别。

一般广为人知的是，大约在1894年左右，德国国内曾成立过一个叫“泛德意志同盟”的团体。该团体的迅猛发展引起了欧洲各国的注意，后来该团体又逐渐演变，最终变成了今日的泛日耳曼主义。再向前追溯一下历史我们就会发现，泛德意志同盟这一组织实际上在十九世纪初就已经开始萌芽，后来一直在蓬勃发展。详细说来，当时正值整个德意志地区被拿破仑一世的铁蹄蹂躏之时，阿恩特、科纳尔等德国文豪不禁纷纷以文学作品或讲演等形式来表达自己强烈的爱国情感。普通德意志民众被他们的爱国情感感染，爱国热情不断高涨。1813年德意志各诸侯国发动了谋求独立的反法战争，并在滑铁卢取得了决定性胜利。在1815年的维也纳会议上，德意志最终获得自由，并成立了一个新的邦联，即如今的德意志帝国的雏形。因此，阿恩特等人最初提倡的“全德意志主义”精神在某种意义上已经实现了，但其精神内涵还没有得到充分贯彻。

新的德意志虽然名为“德意志邦联”，但并不都是纯粹的“德意志民族”，因为邦联中还包括其他不同的民族和国家的人。也就是说，从维也纳会议到奥托·冯·俾斯麦隐退这段时间，在德国并没有产生真正意义上的“泛日耳曼主义”。究其原因主要有二。其一，维也纳会议后，法国大革命产生的自由民权主义逐渐传播到德意志联邦，并在民间被广为接受。民众一致认为世界各国人民本为兄弟，应和平共处，受此影响，源于民族主义的泛日耳曼主义就必然会受到抵制。其二，奥托·冯·俾斯麦坚决抵制革命潮流，一直坚定地想要在德国实施强有力的中央集权制，并且要以普鲁士为德意志邦联主席的身份建设强大的德意志帝国。也就是说，奥托·冯·俾斯麦强烈反对泛日耳曼主义这种极不成熟的膨胀主义。

然而，随着奥托·冯·俾斯麦的隐退，全面执掌德国事务的威廉二世完全抛弃了奥托·冯·俾斯麦的政策，立志要通过对“泛日耳曼主义”的扶持来排斥在欧洲越来越强大的“泛斯拉夫主义”，并以此来建设一个团结、纯粹而强大的德意志帝国。当时德国一家报纸曾经公开评论说：“为了我国的发展，为了确立世界强国的地位，德国极有必要吞并奥地利。”有人认为这种认识是威廉二世的真实想法，也有人认为威廉二世的这一想法从本质上是源于对斯拉夫民族的恐惧。作者认为第二种说法或许更接近事实的真相。当然，当时一个不争的事实就是：随着斯拉夫民族在欧洲大地的快速兴起，德国不得不保持高度警觉。

威廉二世本身是一个泛日耳曼主义的忠实追捧者，而且信奉这一主义的人在德国也越来越多。终于，源自该主义的泛德意志同盟于1894年成立。

第2节　泛日耳曼主义在奥匈帝国的发展

奥匈帝国的泛日耳曼主义发展要远远晚于德国。在1871年卡尔·西格蒙德·冯·霍恩瓦特内阁时期才逐渐显露端倪。1878年泛日耳曼主义在奥匈帝国的主推手格奥尔格·里特尔·冯·舒尔纳在议会中曾公开表示：“奥地利国内的日耳曼民族与德国的日耳曼民族之间想要合并的呼声甚高。”由于格奥尔格·里特尔·冯·舒尔纳的支持者仅限于少部分青年人，因此，这些理念并没有得到广泛认同。19世纪九十年代后，随着泛日耳曼主义在德国的日益盛行，该主义在奥地利影响逐渐变大。同时，鼓吹泛日耳曼主义的刊物也开始涌现，泛日耳曼主义者们笔锋一致地为日耳曼民族的发展和奥匈帝国的对外扩张摇旗呐喊并出谋划策。随着泛日耳曼主义运动的发展，1894年德奥两国的泛日耳曼主义者共同成立了泛德意志同盟。

泛德意志同盟的主要主张为：“当年普法战争的胜利并未使德国的地位坚不可摧，甚至还存在稍有不慎便会导致德国灭亡的危险。因此，德国在加强与奥匈帝国、荷兰、比利时、瑞士等国经济合作的同时，还需要扩大海外殖民地来安置国内多出的六十万人口，借此也还可以在经济上摆脱对外国的过度依赖。”

随着泛德意志同盟影响力不断扩大，世界各地的德国人开始受到该组织的影响。泛德意志同盟发行了自己的机关报来大力宣扬自己的主张。泛德意志同盟的主张在奥地利甚至得到了执政党的青睐，德国的泛日耳曼主义者们为了使该组织能够在奥匈帝国发扬光大，还采取了一系列的宣传强化活动。为了从小培养少年、儿童对该组织的热情，泛德意志同盟利用西方人最看重的圣诞节，给贫民儿童赠送了圣诞卡等礼物。泛德意志同盟甚至也会通过直接赠予钱财或以其他形式的救助来扩大自己的影响力。这些措施收到了良好的效果，加入该组织的人逐年增多，在1901年会员数量已经达到两万，在世界各地设立了支部，其中在奥匈帝国境内就有八十五处之多，甚至奥匈帝国议会中就有泛德派议员二十名。此外该组织还控制了奥匈帝国境内的大部分报纸，然后利用文章来巧妙地诱导奥匈帝国的国内舆论。

第3节　泛日耳曼主义的真正目的

泛日耳曼主义在奥匈帝国不断发展的同时，也导致奥匈帝国国内开始发生各种骚乱事件。1899年因增税问题而引发的骚乱便是其中之一。此次骚乱是由亲德者们引发的，因此，其本质上与泛日耳曼主义还是脱不了干系。狂热的民众在此次骚乱中高唱着德国国歌冲进税务局，他们甚至将税务局悬挂的奥匈帝国皇室的纹章都撕扯了下来，并对奥匈帝国皇帝弗朗茨·约瑟夫一世进行大肆谩骂诋毁，这都是对上述观点的绝佳证明。此外，泛日耳曼主义也早已渗透进了奥匈帝国的军队之中。奥匈帝国军队中既有德意志人组成的连队也有斯拉夫人组成的连队，他们之间经常发生摩擦，1901年举行军事演习时两派就曾大打出手。

即便如此，让人意外的是，奥匈帝国皇帝弗朗茨·约瑟夫一世并没有将这些人视为一种威胁，之所以持这种态度大概源于德奥两国皇室间关系甚好的缘故吧。然而，奥匈帝国的政党领袖们却对此深感忧虑，1901年奥匈帝国政治家克拉玛希博士痛斥道："'远离罗马吧'这一运动的真实目的就是让德国吞并我国，然而，我国政府却完全不公开表态明言泛日耳曼主义运动是我国的威胁，甚至可以说政府根本就没有表明这一态度的勇气。政府的这一重大失策必然会让我国陷入万劫不复之地。"

所谓泛日耳曼主义者们的目标到底是什么呢？他们的主要目的是将荷兰的阿姆斯特丹和鹿特丹及比利时的安特卫普等港口全部划归北德意志所有，同时将巴尔干半岛南部的塞萨洛尼基划作南德意志的港口。其中更有甚者希望将多瑙河的源头至入海口的广大地区全部划归德国所有，并在吞并整个巴尔干半岛之后依托巴格达铁路的修建直达波斯湾，然后将该地区的穆斯林全部置于德国皇帝的管辖之下，并让德国皇帝受这些穆斯林的景仰。其实，早在中世纪时日耳曼人就已经有过类似计划。日耳曼人的梦想是在中欧地区建立一个大帝国，这个帝国拥有八千万人口并且国防坚固无人敢犯；帝国内部建立关税同盟，繁荣商业，就如同今日拥有巨大国内市场的美国；然后在帝国内部不仅要普及日耳曼人的文化和理想抱负，还要将地区内所有斯拉夫势力全部驱逐出去。诚然，这个计划根本就是难以实现的，但其抱负之远大还是令人叹为观止。

第7章

军国主义德国

第1节　陆海军扩张

威廉二世即位后全力准备实现其梦寐以求的霸业，他的重心便是在德国大力发展军国主义。1888年威廉二世即位时，德国陆军兵力仅十八支部队共十八万七千余人；到1911年已达二十五支部队共六十一万七千余人。不仅如此，威廉二世的目标是到1915年时陆军要达到八十二万人。1807年德意志各诸侯国被拿破仑·波拿巴打败后被迫签订了丧权辱国的《蒂尔西特条约》。根据条约规定，当时德意志只能保留四万人的常备军。一百多年过去之后，德意志帝国陆军军力已经是那时的二十倍。在这一百多年里，德国人口大增，军备也越来越强，同时军国主义倾向也越来越严重。兵力多而精是实现军国主义的要髓，因此，德国规定青年男子必须在军营中服役两到三年。在军队中所有士兵无论贵贱一律平等，并且要绝对服从各种命令和军纪。忠君、爱国、勇敢、重视名誉是他们的必修课程，而在纪律严明的军队中生活三年则让大多数德国男子身心均得到有效锤炼。德国的伯恩哈迪将军曾嘲讽德国学校的德育教育过于迂腐，称赞唯有在军队中接受教育才能真正培养出具有忠君爱国思想的国民，并坚持认为德国青年男子必须在军队中接受锻炼与教育。相反，也有人认为全民皆兵政策会破坏生产力的发展。然而，德国的全民皆兵政策实际上早已实行百年有余，并在各行各业实行军事化管理。可以说全民皆兵政策与发展生产力二者取得了相得益彰的良好效果。

威廉二世在扩张陆军的同时也在大力扩张海军。除德国北部沿海地区居民外，德国人整体是缺乏海权思想的，因而德国一直以来不重视海军发展。为改变这种状况，威廉二世身先士卒利用各种机会向国民大力灌输海权思想。1897年，威廉二世向议会提出海军大规模扩张议案，大致内容为：1904年之前要建造战列舰七艘、大型巡洋舰两艘、小型巡洋舰七艘。1900年1月1日威廉二世在演讲中就海军问题曾表示："我期望以最快速度全力扩张吾国之海军，使其得以与吾国陆军相媲美，如此一来不单可使国防稳固，亦可使我国在国际上获得最崇高之地位。此目标实现之日必将是让世界为之震动之时，我的祖父威廉一世在世时曾言'最后之决定权在于剑（武力）'，我必将使吾国海军与威廉一世时之陆军相媲美。"最终，威廉二世的提案在当年的议会中得以通过。

第2节　爱国主义教育

威廉二世于即位的第二年，即1889年，便发布敕令，要求进行教育改革，实行新式教育。教育改革首先要求废除希腊文和拉丁文等没什么用处的外语教育，并要求改以德语教育为主。此外，在宗教方面要着重加强道德教育。总之，德国教育改革的根本目的在于：一切教育活动要以服务德国人为中心，教化并提高德国人的综合素质，今日德国中等教育模式的源头即来源于此。根据这一教育方针，德国有针对性地培养德国人的国家意识，并加强德国人的爱国情怀，同时强化秩序和纪律教育，培养国民的坚强意志。通过这一系列的教育改革，德国基本构建出了实现军国主义所需的最基本的基础。

在大学教育上，主要是培养学生的爱国主义情怀及掌握各种专业知识。德国的爱国主义教育实际上可以追溯到拿破仑·波拿巴对德意志进行侵略的时代。当时很多大学生投笔从戎，以视死如归的气概参加了1813年的对法战争。此后，德国大学里兴起了很多社团，这些社团的宗旨便是要弘扬爱国精神及发扬国粹。后来随着时代的发展，又逐渐孕育出了"一统全体日耳曼民族"这一远大理想。

德国的中等和高等教育均要求学生能够熟练地掌握所学的科学技术知识，并能够进行灵活运用，因此，德国的教育改革在后来的兵器材料和军需品改良等方面发挥了积极的作用。德国的教育在大力推进了作为富国基础的各种产业发展的同时，还在武器弹药改良、航空、造舰、交通、通信等领域发挥了巨大的推动作用，这极大地增强了德国的军事实力。总之，德国的教育无论是在精神还是在物质方面，都为德国的军国主义发展提供了直接或间接的推动作用。

第3节　血腥的大学生决斗

德国素有决斗的传统。决斗的本意在于维护个人荣誉及增强个人意志。在德国军队中决斗最盛行，其次便是在学生之间。虽然在民众中也时有决斗发生，但发生的次数不多，与军人及学生之间的决斗不能相提并论。德国人的决斗与欧洲其他国家的决斗属于同一类型，但其激烈程度堪称各国之最。德式决斗往往要斗到一方完全失去抵抗力之后方才罢手，因而经常有人因为没有把握好分寸而致使对方丧命。威廉一世晚年对此风气非常担忧，因而下敕谕要求禁止。但由于决斗之风已成传统，因此要想禁绝绝非易事。同样，威廉二世也曾下诏要求要以和平手段来解决纷争，但其本意并不是要杜绝决斗。德国军人对决斗禁止令不屑一顾，他们认为：如果禁止决斗，不但有损人们维护自身名誉之心，而且会让人丧失斗士之魂，甚至有可能会严重阻碍国民士气的发扬。

由于禁止学生们在大庭广众之下进行决斗，因此，他们之间的决斗经常是秘密进行的。总之，决斗培养了国民刚烈的气质，当然也是斯巴达式教育的必然结果。曾有一位英国记者目睹过学生之间决斗的惨烈场面，并记述如下。

靠近德国海德堡附近的两座山丘之间有一座二层建筑，外观看起来与古代的荷兰旅馆造型极其相似。建筑前面有一座四周被茂盛的树木环绕的花园，园中有很多被大学生用于酒会的啤酒桌，桌旁长条凳的凳子腿上用铁链拴着几只猛犬。突然，从对面建筑里传来刀剑相互击打的声音，鼎沸的人群中还夹杂着辱骂声，原来是学生们正在酣斗，于是我和友人急忙朝建筑的门口赶去。门一打开，一个头戴红帽子的大学生迎面而来，他操着流利的英语跟我们打了招呼之后，带领我们前去参观。我们穿过大堂后通过楼梯上到二楼，再经过一个长长的走廊之后来到一个房间。学生介绍说这个房间名为“修理场”，其实就是给伤者进行治疗的地方。屋内有五六把桌椅，地上散乱着带血的海绵、毛巾、酒精棉及破损的衣物等，此外还有沾满了血迹的洗脸盆和洗脚盆。墙上和椅背上挂着血迹斑斑的内衣和外套，桌子上堆放着手术箱、药箱、白兰地、绷带、止血带等各种医疗用品。

此时恰好有两个青年结束决斗来到这里，其中一人近乎半裸，进来之后便斜坐在了椅子上。医生见状开始给他剃头，准备为其缝合头上的两处伤口。鲜血不停地从他头上流下来，脸上也有三处挂彩，皮肉就像被屠刀切过的生肉一样向外翻着，耳朵也被削掉了半边，情形异常骇人，让人不敢直视，这不禁让人为这个青年的性命担忧。友人对我说：“这种程度的负伤是很平常的。他明天就会牵着狗上街炫耀，绷带就是他的荣誉勋章。”我们没有再继续看医生和学生给伤者清理伤口，而是又被直接带去了决斗室。

原本以为决斗室应该是一个既宽敞又明亮的地方，实际却是一个长约六十英尺[①]，宽约三十五英尺的小房间，且通风与光照条件极差。当天外面天气很暖和，这个闭塞空间的空气中混合了血腥味、汗味及锯末等味道，总之恶臭滚滚让人难以呼吸。现在正进行另一场决斗，二人决斗正酣，兵器相互砍击声阵阵不绝，非常刺耳。再仔细看，两人都在脸上戴着一个大的护目镜，头戴头盔，身着胸甲，保护自己的上半身；右臂都套着填有厚实棉花的套袖。两人年龄大致在二十四左右，体型也都有些偏瘦；两人手中所持长剑均锋

① 1英尺约合0.3米。

利无比，两剑相击碰撞出阵阵火花。决斗正酣之际，突然一方剑身被另一方砍断，断剑直接朝我们身后的墙上飞去。裁判员见状急忙高声喊停，于是双方斗士就此收手原地待命。当助理人员去取另一把剑来的时候，双方同伴各自上前为自己一方斗士检查并处理伤口，其中一人由于伤势较重，被采取紧急措施，缠上了绷带。

不久，新剑取来，依然是一把锋利无比、寒光逼人的宝剑。两斗士再次对视，随着裁判员的一声令下，决斗再次开始。随着利剑的舞动，剑气伴随着迸射的火花直逼而来，随着鲜血突然喷出，决斗再次被叫停。助理人员和医生赶紧上前查看伤势并进行了紧急处理。其中一人因头部多处负伤而血流满面，鲜血滴滴答答地洒落到地板的锯末上，而这个青年却对此毫不在意，并准备继续战斗，终因鲜血蒙蔽了双眼而不得不请求暂停。同伴们见状一拥而上，为其递水拭血。待止血完毕，他又开始精神抖擞地投入决斗之中，不过最终还是由于负伤过重加之疲劳过度，导致其锐气尽失而踉踉跄跄地倒在了地上。此时胜负已决，裁判员随即宣布停战，于是双方被带到了“修理场”接受紧急治疗。

第4节　滑稽的啤酒对决

大学生之间的啤酒对决是德国所独有的。德国人有将暴饮啤酒作为一种荣耀的传统，后来这一怪癖逐渐在大学生之间流传开来。慕尼黑的一家报纸曾撰文缅怀过一位在八十岁时去世的蒂宾根市老者。文章称这位老人在世时每天都要喝一百大杯啤酒，并在文中盛赞其为德国人的骄傲。另外，蒂宾根市还有一个奇特的男人，此人每天中午之前都会来到教会旁的酒吧里点上十二杯倒得满满的啤酒。每到12时，教堂的大钟就会敲响十二下，大钟每响一声，这个奇特的男人就喝干一杯啤酒。当十二声全部响完，他正好喝完十二杯啤酒。他这个习惯每天雷打不动并已持续多年，已经是其人生中一大快事。此事见诸报端后被广为流传，于是每天正午酒吧前都会聚集很多人看他饮酒。在这样的社会氛围下，年轻气盛的学生们发明啤酒对决也就不足为奇了。

大学生之间的啤酒对决首先需要开设一个模拟法庭，先假定其中两个学生犯有罪行，然后由高年级或年长的学生担任主审和副审及法庭工作人员，对“犯有罪行”的两人进行审判。两人需在法庭上极力为自己开脱辩驳，但最终法官还是会判定两人都有罪，都要被处以“极刑”。所谓“极刑”其实就是看谁在规定时间内喝得多，喝输的学生就要负担全体法庭组成人员的啤酒钱。

两个“罪犯”对坐于桌前，桌上放着大量倒满啤酒的啤酒杯，其余学生则在一旁围观。随着一声令下，两人急速端起酒杯并一杯接一杯地一饮而尽。在周围学生的喝彩助威之下，两人越发起劲，但终究还是会有一方败下阵来。胜出者会被人簇拥着站到桌上，并戴上象征胜利的桂冠。

威廉二世平生一直很欣赏学生之间的决斗，波恩大学时代他曾经在学生会做过一次演讲表示：“世间误解决斗者甚多，吾却不以为然。中世纪骑士皆以决斗培养气概，今日德国之学生亦须以剑术决斗来涵养自己坚忍刚毅之性情。德国大学存续一日，则吾将对决斗奖励不止。”

威廉二世在推崇斯巴达教育的同时，于1914年——大战开始之年——要求青年在政府的监督下接受军事预备教育，为陆海军提供生力军。在战争期间，更是要求所有青年男子必须接受这一教育方式。德国政府为了团结各类青年，明确表示青年们在预备役中将被一视同仁，一律平等，无论其是何种阶级或宗教信仰。此种教育方式对培养青年人的责任感和刚毅而坚忍的性格都非常有帮助，但德国政府同时规定在接受预备教育期间不允许加入任何政党。青年们服役期间每周都会举行一次军事演习，陆军部将会为此提供各种援助，比如给参加演习者提供免费车票等。

毫无疑问，德国的预备役教育为他日青年们成为正式军人打下了良好的基础，在培养了他们爱国之心的同时，也使他们早早养成了遵守纪律的良好习惯。此外，书生们原本特有的文弱气息也被斯巴达式教育一扫而光，教育效果异常显著。

第8章

经略德国

第1节　首相伯恩哈特·冯·比洛的卓见

威廉二世登基后前后共历经五任首相，分别为奥托·冯·俾斯麦、列奥·冯·卡普里维、霍恩洛厄-希灵斯菲斯特、伯恩哈特·冯·比洛及贝特曼-霍尔韦格。其中人们对伯恩哈特·冯·比洛的一致看法是：伯恩哈特·冯·比

伯恩哈特·冯·比洛

洛是一位“温和的政治家”。不过伯恩哈特·冯·比洛也并非一味谋求和平、不生事端的和平主义者，他对列强之间错综复杂的国际关系有着自己的真知灼见。伯恩哈特·冯·比洛曾说过：“眼前的和平只不过是大战之前的短暂宁静，战争有其自身的规律，到时必然会爆发。”伯恩哈特·冯·比洛认为，当战争爆发后，国内的农业生产将是事关国民生死的重大问题，甚至与武器弹药的生产同等重要，因此，政府应该把农业部门提前单独独立出来并加以重视，以备战时之需。此外，伯恩哈特·冯·比洛还断言：当大战发生时，大部分国民从事农业生产并能够生产出大量粮食的国家，往往比那些过于依赖于工商业的国家更能经得起折腾，而且也能够更快地完成战后重建工作。

第二任首相列奥·冯·卡普里维则非常重视工商业的发展。1895年的统计显示：当时德国一半以上的人从事工商业，这导致从事农业的人不多，从而致使农业生产日渐式微。伯恩哈特·冯·比洛上台后对农业生产远逊于工商业发展这一现状非常忧虑，于是1892年伯恩哈特·冯·比洛向议会提出有关保护农业生产的法案。此法案依据有二：首先是国民的体能体质问题；其次便是未雨绸缪，因为一旦开战将需要大量的粮食供应。当时德国的基本情况是：随着工商业的发展，大多数国民都集中在城市，人们大多不再从事繁重的体力劳动，导致这些人大多体质虚弱，这进一步又影响到了兵员的素质。

列奥·冯·卡普里维之所以重视工商业是因为他认为通过工商业的发展，就能够得到的大量税收用以扩充军费；而伯恩哈特·冯·比洛的想法是，农业和工商业应齐头并进，这样才能在充分保证士兵体质的情况下，还能在战时避免发生粮食问题。不过，以上这两种政策从根本目的上来看是一致的，都是为德国的军国主义服务。通过上述政策的制定与实施也可以看出，德国为这次大战做了充分的准备。

第2节　整备铁道网和运河

威廉二世凭借工农商齐头并进的策略不仅实现了富国强兵，而且即便发生战争德国也无须为粮食问题担忧。于是德国开始腾出手来完备国内的铁道、河流及运河这三大交通网络。完备的德国铁路系统在此次大战中发挥了巨大作用，让其他国家艳羡不已。通常一个国家的铁路枢纽往往集中在首都及其周边地区。德国原本也是如此，基本上都是集中在柏林。从战备的角度出发，国家需要修建更多的铁路交通枢纽，因此，德国又着重建设了慕尼黑、法兰克福、汉诺威等交通大枢纽。德国之所以建设如此众多的交通枢纽，首先是德国地政的需要，其次是满足各州经济发展的迫切需求。当然，在战时，拥有完备的交通系统最大的好处便是方便兵力及武器的输送，一旦北部边境有事就可以将南部边境的兵力迅速调集过来，反之亦然。当然，拥有完备的交通系统对于后勤保障而言也是一大便利。德国的铁路系统不仅从经济上来讲对德国十分有利，还为其军国主义的发展提供了强有力的保障。

德国国内的河流主要用于内陆运输，如今在各条河流中航运的船较二十年前增加了三倍之多。在战时，基尔运河和艾德艾姆斯运河等河道作为铁路系

基尔运河

统的有效补充，发挥了重要的军事作用。基尔运河是威廉二世苦心经营多年才最终完成的，因此，该运河也被称为威廉皇帝运河。基尔运河将波罗的海与北海连成一片，从此基尔军港和易北河河口的布鲁斯比特之间就有了一条长约六十一英里①的水上通道。如此一来，波罗的海和北海的德国军舰就可以不必再暴露于敌方舰艇的危险之下，从而自由地进出北海和波罗的海。基尔运河通航后，舰队跨海域调动比通航前迂回丹麦半岛节省了约三分之一的时间，即十个小时就可以从一地到另一地，速度很快。基尔运河于威廉二世即位前的1887年开始动工，前后耗时约八年，耗资约一亿五千万马克。随着造船技术的发展，战舰越造越大，原来的水道已经不适合大型军舰的通航，因此，威廉二世后来又投入两亿三千万马克进行了河道扩建，1914年战争打响之前正式完工。建成后的基尔运河水面宽约百米，河底宽约四十四米，水深十一米，德国的无畏级战舰均可轻松通过。此外，艾德艾姆斯运河是将同名的艾德河和埃姆斯河两河连接起来的一条运河。该运河全长约四十四英里，是在战争开始后才开始扩建的，据说可以轻松通过鱼雷艇。

总之，无论是铁路还是运河，都是威廉二世实现其军国主义理想的工具。德国铁道原本是私有化的，威廉二世花费十几年时间最终将铁道全部收归国有，并在此后得到了迅速发展。当然，铁路国有化是威廉二世实现其霸业的重要手段之一。

① 1英里约合1.6千米。

第三篇

鲜血尽染比利时

第1章

德军进犯中立国

第1节　占领卢森堡

萨拉热窝事件之后德国的所作所为让威廉二世骑虎难下，因为其惯用的敲山震虎手段非但完全没有起到恫吓效果，反倒让英国决定对德宣战，这令威廉二世大为惊诧。此外，同盟国意大利也表态局外中立，事态的发展对德国极其不利。德国明白四面出击必然失败，于是决定先行对法国展开进攻。然而，法国一直对德国防范有加，在两国边境地区构筑了异常坚固的防线。德国如果想要强攻，短时间内是不可能奏效的。德国既然已经决定发动战争，只能将什么国际道义抛诸脑后，取道中立国了。1914年8月2日，一支德国军队出现在了中立国卢森堡边境附近，德军由莫泽尔河上的桥梁进入卢森堡境内，随后满载战争物资的列车也朝卢森堡首都方向径直而来。

1867年英国、法国、普鲁士、奥地利、意大利、俄国、荷兰及比利时曾在伦敦签署条约，承认卢森堡的中立国地位。作为中立国的卢森堡对当时的欧洲形势并非没有半点担心，却没有想到德国军队会突然入侵。在举国震惊之余，卢森堡百姓能做的只能是四散逃难。当天，一名德军少校率领一队人马出现在卢森堡首都的阿道夫桥上，得到消息的卢森堡国务大臣急忙驱车来到桥上，并将座驾横在桥的中央试图阻止德军的前进。随后，这位大臣从怀中取出德国也签过名的《伦敦条约》的复印件呈在少校面前说："承蒙您一

玛丽·阿黛拉伊德

览，我国之中立是受德国保证过的。”少校瞥了一眼条约，大叫道：“我岂能不知有约在先？然而我受德国皇帝之命前来，将誓死服从我皇之命。”正在两者僵持不下之时，漂亮的卢森堡女大公玛丽·阿黛拉伊德也满面愁云地驱车赶来，请求少校尊重本国的中立国地位。随后卢森堡陆军司令官也驱车赶到，要求德国撤兵。恼怒的德军少校拔出手枪指着卢森堡陆军司令官的头大声喝道：“如若强行阻拦必然对贵国无益，我方之所以如此必然有我方的道理，如若强行要求我军撤兵则我将不再客气。”司令官被少校的气焰给压倒了，并不由自主地向后退步，其余人等见状也认为多费口舌无益，于是就匆匆驱车回宫了。随后德军快速冲进市内并开始进行大肆掠夺，同时还占领了市内的各个重要交通机关。

德军在进入卢森堡之前就已经提前细致地做好了各项间谍工作。卢森堡的老百姓突然发现，德军的很多指挥官都是前两天才刚进入商会或者工厂与自己一起工作的人。原来，一部分德国军人在战前扮作平民百姓事先潜伏了进来，现在他们摇身一变换上笔挺的军装并迅速带领着德国士兵到处大肆搜捕，搜捕的重点对象是在门口作了标记的地方或一些特定人物。最终德军逮捕了约二百名对德国持有异见的阿尔萨斯人。人们这才如梦初醒，感叹德国间谍工作的细致与无孔不入。

先期进入的德军部队首先将市内的各个政府部门及公共场所占为兵营，然后分兵两路，一路直奔法国边境，一路直插比利时边境。

第2节　比利时及其国民

到19世纪中期为止，比利时一直都是荷兰的领土。当时的荷兰虽然领土面积狭小但海上实力超强，其海洋财富也居列国之首，是典型的海上强国。荷兰以南——即今天的比利时，原本也曾是独立国家，后被荷兰兼并。比利时遗民一直想谋求独立，但奈何力量弱小只得向英国求援。当时千方百计地想要扩展海上力量的英国，自然就不可避免地与荷兰发生冲突。于是英国人就巧妙地利用比利时人迫切想从荷兰独立出来的念头，频频煽风点火给荷兰制造麻烦。最终，在英国的支持下，比利时人开始大闹独立。当时的独立先驱便是今日列日市的市民。他们勇猛无比，视死如归，最终迫使荷兰屈服而取得独立。当初比利时人的叛乱并没有引起荷兰的足够重视，当荷兰察觉是英国在背后频频捣鬼后，又发现法国也小动作不断，这才感觉到事态的严重。荷兰虽然派大军进行过强力镇压，但连战连败，最终只得承认了比利时的独立。

独立后的比利时首先效仿其他国家，想要拥立一位国王作为国家元首。经过英国维多利亚女王的推荐，比利时人拥立利奥波德为比利时国王，即后来

利奥波德一世

的利奥波德一世。利奥波德一世是此次比利时独立战争中英国援军总督，为比利时的独立做出了卓越贡献。1831年各国在英国签订《伦敦条约》，比利时的独立和永世中立国地位得到了列强的承认。虽名为中立，但比利时为了保护自己的领土完整和主权不受侵犯也有必要采取一定的自卫措施。幸亏作为比利时后盾的英国当时的海上力量足以睥睨列强，因而比利时的领土安全得以保障。1870年普法战争期间，比利时因受到英国的保护得以免于战火。后来，随着德国的崛起及德法矛盾的日益尖锐，德法之间必有一战的可能性变得越来越大。

如果德法开战，德国借道比利时进攻法国对德国而言最便捷。1911年德法因摩洛哥问题激烈对抗之时，比利时就感受到扩军备战的必要性。于是1914年比利时当局修改了征兵令，开始采用普遍征兵制。

以下内容将就比利时皇室进行一下介绍。1865年，利奥波德一世驾崩后利奥波德二世即位。利奥波德二世平易近人，常以“平民之友”自居，因而颇受国民爱戴。1853年，利奥波德二世曾与奥匈帝国约克大公之女玛丽·亨丽埃塔结婚，因此作为奥匈帝国的女婿，利奥波德二世与奥匈帝国关系极其亲密。从地缘政治的角度出发，奥匈帝国同样有必要同比利时保持良好关系。于是奥

利奥波德二世

匈帝国皇储鲁道夫迎娶了利奥波德二世之女史蒂芬妮为妻。如此一来，亲上加亲的两国关系得到了进一步加强。然而不幸的是，因受与其他女性之间的情事所困，鲁道夫选择自杀，成为寡妇的史蒂芬妮后来只好回到了比利时。1909年利奥波德二世驾崩，其侄阿尔贝一世即位。阿尔贝一世也深受比利时国民爱戴，和王后巴伐利亚的伊丽莎白共育有二子一女。1914年大战开始时阿尔贝一世四十岁。阿尔贝一世不单是一位温和的和平主义者，而且颇具英国绅士之风。阿尔贝一世的性格特点是：一旦感觉自己的名誉有被侵犯的可能，即便是赌上国运也会誓死为之抗争。

第2章

德军进犯比利时

第1节　比德断交

在德国将要入侵比利时前夕的1914年7月1日，比利时外交大臣公开宣称：“我相信德国政府及德国诸位大臣会信守条约，因而德国侵犯比利时之事纯属子虚乌有。”德国驻比利时公使也向比利时政府再三保证：“今日德国对比利时的中立国地位的认识，与我国首相贝特曼-霍尔韦格一直以来的表态无任何变化。”然而，1914年8月2日，一名比利时记者得到德国已经下达了战争动员令的消息之后，紧急造访了德国公使确认此事，其得到的答复是：德国军队不可能通过比利时。此后比利时外交大臣与德国公使会见时，德国公使以个人名义再三保证让比利时大可放心。得到德国公使保证的比利时政府这才稍稍安下心来。然而，当夜德国公使向比利时政府突然递交了一份印有“极密”大字的紧急公函，大致内容为：“希望比利时政府允许德军自由过境贵国，并限十二小时内给出答复，如若拒绝则德国将视比利时为敌人。”

比利时虽然对德国的所作所为已有预感，但完全没想到德国态度竟如此蛮横无理，一时间比利时君臣手足无措。当时比利时的人口只有区区七百万，仅是德国六千七百万人口的十分之一，两国力量悬殊。此外，即便是比利时立即调兵遣将抵御德国进攻，也仅有德国给出的半天时间，完全来不及反应。危机已迫在眉睫，但比利时也绝不会束手就擒，因此，必须寻求对策来保护人民的生命与财产安全。对比利时而言，当时能够依靠的只有英法两国。但事态紧急，寻求外援一事一时难以谈妥。德国给出的期限就在1914年8月3日一早到期。在此生死攸关之际，有妥协派认为当今之计莫过于委曲求全满足德国的要求。这些妥协派希望届时德军能秋毫无犯地直奔法国而去，甚至还妄想待德国成功之时，比利时可以以援助者身份分得一些好处。

比利时人原本是古代凯尔特人的后裔，能征善战，也最注重名节，且尚武之风不减当年，因而必然不会甘受其辱。此时的比利时举国上下团结一致同仇敌忾，做好了亡国灭种的最坏打算，准备给暴戾的德国致命一击。下定决心的比利时当局回复德国："贵国的无理要求是对比利时主权的贸然侵犯，也是公然对国际公约的非法践踏。如果比利时答应了贵国要求，则比利时会名节尽毁，亦是对欧洲各国所承诺义务的无情抛弃，因此，我比利时政府决意对来犯者之敌以迎头痛击。"于是两国断交，德军兵陈比利时边境。

1914年8月4日一早，在下议院，阿尔贝一世召开紧急会议并发布敕令："欲抗强寇必先手有兵戈，亦须有国破家亡之觉悟。为保领土完整，须全体国民视死如归、众志成城，方可以击退顽敌。"随后比利时首相夏尔·德·布罗克维尔也表示："德国在最后通牒中表示法国也有进犯比利时并进攻德国之意，因此德国认为比利时最终将无法避免被他国侵犯，如若比利时允许德军自由过境，则德国保证战后恢复比利时的中立地位，如若不然则德国将视比利时为敌国。"比利时首相夏尔·德·布罗克维尔接着说，比利时当局对德国回复称："法国绝无侵犯我国之意，这仅是德国臆测，如果有人胆敢侵犯欧洲列国特别是普鲁士国王对我国做过的保护我国中立国地位的保证，我国必将以武力誓死抗之。贵国的要求无非就是要我国自毁名誉，对此我们绝不答应。"全场对首相夏尔·德·布罗克维尔谈话表示强烈赞同，并当即决定拨款八千万元充作军费。

第2节　比利时的诸要塞

受国力所限，比利时不可能为了维护自己的中立地位而持有大规模的军

列日要塞

队。因此，比利时有的放矢地在各个战略要地构筑了许多坚固的要塞，采取了坚守要塞以待外援的策略。有条名为默兹的河流流经比利时东部地区，这条河沿岸建有列日要塞；再朝西南方向溯流而上，在默兹河和桑布尔河的交汇处还构筑有那慕尔要塞；位于大后方的安特卫普本身也是一座坚不可摧的要塞。这三座要塞是比利时已故筑城大师布里亚蒙特将军倾注大量心血建成的著名要塞。自古以来，比利时筑城大师辈出，布里亚蒙特将军就是其中之一。布里亚蒙特将军曾被赞为是17世纪第一筑城大师沃邦再世，他曾经受聘为罗马尼亚、希腊等国设计了很多要塞。而布里亚蒙特将军为自己祖国的安全倾注毕生心血筑造的这三座要塞，以其坚不可摧为世人称道。

列日要塞建设始于1886年，该要塞以列日市为中心，在方圆五英里的范围内又建造了十二座堡垒共同拱卫列日市。另外在默兹河上下游及横跨乌尔特河的大桥上也都建有部分坚固的堡垒，它们与那慕尔要塞遥相呼应，共同作为第一道防线来抵挡德军的进攻。要塞里共配有十一厘米口径榴弹炮及其他加农炮等共四百门。此外，在列日市内还建有八十余座兵工厂。如果兵力和粮食充足的话，要攻陷此要塞断无可能。

此外，那慕尔要塞以那慕尔市为中心，在方圆二点五到四英里的距离内共建有五个主援堡垒和四个副援堡垒，它们共同构成了默兹河和桑布尔河上的多个桥头堡。比利时同时封锁了默兹河法国至荷兰段的二十七座桥梁中的十九座，并为沿岸守军配备了大小火炮三百五十门用以抵挡德军。

安特卫普要塞始建于1859年，其位于水陆交通便利的斯海尔德河河口处。该要塞原本是为防备英国而建，现如今却成了抵挡德军入侵的最后一道屏障，在布鲁塞尔陷落后可迁都于此做最后的抵抗。

第3节　死守列日要塞

镇守列日要塞和那慕尔要塞的是自古以来以勇猛善战闻名的瓦隆人，他们自古以来就居住于默兹河流域，因其刚烈且无所畏惧的性格在历史上留下赫赫威名。面对德军的突然大举来犯，守兵不足的列日要塞当时仅有四个步兵联队、四个炮兵大队、四个野战中队及其他兵种，总共不过十二万五千人。

此时德军已有三支军队的兵力先期抵达。德军不等炮兵到来就展开强攻，意欲一举攻陷列日要塞。比利时军见德军如此轻敌冒进就将炮口对准德军一阵乱轰，致使德军顿时死伤惨重。此役德军共死伤两万五千多人。损失惨重的德军只得请求休战二十四小时以收殓埋葬死者，据传德军的一名指挥官也在此役毙命。

列日市民在这次战斗中的表现也勇猛无比。一天，由两千余人组成的一股德军攻破了要塞一角并从缺口处蜂拥而入。列日市民见状纷纷操起早已准备妥当的各式武器从房门、窗口朝德军猛烈射击，德军没有想到会遭受列日市民如此猛烈的袭击，一时无法继续前进并退了下来。德军重整旗鼓后以骑兵为先导再次攻入街市，列日市民无论男女老幼，用匕首等各式武器协助守军猛烈抵抗德军，训练有素的德军再次败下阵来。

列日战役中的德军骑兵

德军调整好阵型后又展开多次进攻，终因守城军民的顽强抵抗而屡屡败下阵来。德军无奈只得放弃攻城，于1914年8月9日绕道前行。虽然城池没有陷落，但德军从1914年8月5日开始的近二十天的攻击还是对列日要塞造成了毁灭性的破坏。德国的炮火基本上把列日要塞城壁破坏殆尽，约五分之四的守军是被崩塌的城墙掩埋或砸死，甚至守城司令官也在受伤昏迷不醒的情况下被德军俘虏。

第3章

德军战略受阻

第1节　东西两线同时进攻的德军战略

比利时在国境保卫战的顽强抵抗导致德军进攻战略受阻，并暴露了德军作战计划的重大缺陷。德军原本的计划是：兵分东西两路，首先速战速决迫使西部的法国屈服，然后再挥兵东进直取俄国。之所以采取先法后俄的战略是因为俄国兵力动员及集中兵力的过程十分迟缓，因而德军在开战初期只需先以最小兵力对俄国采取守势即可；待对法国的攻击取得阶段性胜利后，再转而移师东进进攻俄国。德国的这一战略是俄法同盟成立之后迅速制定的，但针对法国的具体战术历经多次变化。普法战争后，德国的赫尔穆特·卡尔·贝恩哈特·冯·毛奇元帅对德法边境要塞一向不屑一顾，他认为只要能将大军快速集结到德法边境就基本大功告成。在这种认识的作用下，德国集中精力发展了通往阿尔萨斯和洛林地区的铁道网，意图从该方向上入侵法国。法国采取的对策是：修筑连绵不绝又坚固无比的要塞群来加强边境地区的防御。对此，德军开始认为从此方向进攻难有作为，于是转而改变了进攻方向。

由于强敌俄国在背后虎视眈眈，因此，德国对法国的战斗只能采取集中优势兵力速战速决的方式。然而，由于法军在各个要塞都配有大量精兵强将及强大的火力，德军只能选择强攻。由于阿尔萨斯和洛林地区地域狭长不利于大军行动，因此德军在此无任何优势可言。德国也自知在短时间内大量歼敌并突破法军防线的想法不太现实。出于以上种种原因，德国改变了作战计划。对德军而言，过境地势平坦的比利时、从法国北部进攻法国的方式最有利于大军的行动。此外，比利时便利的交通运输网络也非常有利于大军调动；而且由于法军在比法边境的防御力量也比较薄弱，因此德军的这一计划可以做到一举多得。

以上就是德军无视国际公约选择过境比利时进攻法国的最大理由。最近二十年，德国也加强了在阿尔萨斯和洛林地区的防线建设，从梅斯、蒂永为勒、斯特拉斯堡到瑞士国境一线构筑了为数众多的堡垒，同时也加强了德国到比利时边境一线的铁路建设。以上这些动作表明德国的作战计划跟之前相比有了重大转变，也就是说，德国之所以强化在阿尔萨斯和洛林地区的堡垒建设，是为了减少在这一地区的兵力配置，从而可以将更多兵力调遣到法国北部地区以此进攻法国。

第2节　德国兵分九路进攻比利时

德国的计划必然会侵犯比利时的中立地位，从而引起重大的外交问题。德国政府及军部认为，从国防的角度来讲，在德国面临生死存亡之际，《伦敦条约》根本不算什么，因此，进犯比利时就成为德国既定计划的一部分。不过德国还是为自己的不法行为进行了多方辩护。德国以日俄战争为例，辩称即便德国不侵犯比利时的中立地位法国也同样会这么干，因此，比利时的中立是毫无意义的，德国只不过是先发制人而已。

德军兵分九路同时进攻法国。首先是默兹军，该军由多支部队临时组建而成，负责攻击默兹河河畔的要塞；其次是被称为第一军的部队，它在亚琛方面集结，是德军的右翼部分，该军负责通过比利时后由蒙斯方面进军法国；第二军负责向亚琛西南方向的鲁汶集结，随后由此展开进攻；第三、第四军负责向卢森堡北部的马尔梅迪及圣维特附近集结，通过阿尔贡森林之后进军；第五军在图卢兹及梅斯北部附近集结；第六军则向梅斯东部方向集结；第七军向萨尔堡方向集结。

斯特拉斯堡

驻扎在阿尔萨斯的部队形成整个德军的左翼部分，其主要任务是负责对付弗杰山的法军并保护整个德军左翼的安全。由以上兵力配置情况可知，德军的战线非常长，在阿尔萨斯经洛林、卢森堡最后到比利时的蒙斯的漫长战线上全面铺开。其主力部队从卢森堡以北地区前驱，并以阿尔萨斯方面的左翼部队为主轴向左回旋，而其右翼部队则负责推进至桑布尔河及瓦兹河以西地区，从法国北部直接威慑巴黎。此时的德军阵型从东、北及东北三面形成了夹击之势对付法国。

第4章

德军暴行（一）

第1节　布鲁塞尔陷落

由于比利时首都布鲁塞尔的防卫力量相对薄弱，因此比利时的计划是：一旦德军来犯就迁都到有着坚城利炮的安特卫普要塞。当时列日要塞虽然还未陷落，但随着德军攻势的逐渐加强，比利时政府还是自认无法抵御德军进攻，于1914年8月17日决定迁都。当天，王后巴伐利亚的伊丽莎白和一干王室贵族离开了熟悉的宫城开始向安特卫普迁徙，宫廷百官及其他避难百姓紧随其后。逃难队伍人数众多，混乱不堪；道路上烟尘滚滚，遮天蔽日。虽然当时正值烈日炎炎的八月，但这凄惨的逃难景象不禁让人感到阵阵悲凉。值此危难之际，阿尔贝一世充分展示了自己勇敢的一面——他此时依然在布鲁塞尔坚守并坐镇指挥。随着德军优势兵力的不断推进，阿尔贝一世再不撤退就将面临被围困在布鲁塞尔的危险。因此，阿尔贝一世被迫于1914年8月19日也转移到了安特卫普，并打算依托安特卫普的铜墙铁壁继续抵抗。

1914年8月20日，列日要塞陷落，德军如潮水般涌入其中。随后德军开始向布鲁塞尔和安特卫普进发。1914年8月21日，约四万名德军以骑兵为先导，扑向布鲁塞尔。此时的布鲁塞尔守备空虚，只留有少数民兵。于是德军几乎兵不血刃就占领了布鲁塞尔。德军正式入城前，指挥官曾下命令称：“我军只是通过此地，布鲁塞尔市民既已降服我军便不会加害留守市民。德军尊重比利时

被德军炮火炸断的列日大桥

列日陷落

的名誉，唯要求在市内悬挂德国国旗以示德军占领之意。”比利时政府对此要求只得默许。于是德军趾高气扬地举行了入城式。入城式以乐队打头，各兵种高唱军歌紧随其后。德军入城后，开始前往各自的营地。

当时的布鲁塞尔人称“小巴黎”，其建筑以高大雄伟、富丽堂皇著称，整个城市中洋溢着浓郁的巴黎风情。由于比利时盛产各种花卉，因此也被世人称为世界第一花卉之国。其中布鲁塞尔附近的根特市以出产各种名贵兰花及秋海棠等花卉而远近闻名。布鲁塞尔的大广场每天都有花卉早市，市内的坎布尔公园每年五月也会举办赏花大会，届时可爱的狗狗们还会拉着满是鲜花点缀的小车在市内穿行。人们会向自己喜欢的花卉赠送赏牌，最后以赏牌的多少来评选花魁。然而，如此闻名于世的花都将要被德军摧残殆尽，不知此时流亡外地的布鲁塞尔人做何感想。

第2节　誓死保卫安特卫普

德军占领布鲁塞尔后旋即将比利时军防线向北压缩，意图切断比利时军队与俄法联军之间的联系。与此同时，德军将其主力兵分三路，准备对法国与比利时边境地区的俄法联军展开攻击。德军右翼的第一军从布鲁塞尔西北方向的根特向比利时沿岸的奥斯坦德和法国的里尔地区挺进；第二军将穿过列日与那慕尔的中间地带向法国的莫伯日进行攻击；第三军将一部分兵力留在那慕尔要塞后，将剩余兵力调遣至德法边境地区，并打算与俄法联军展开决战。

列日要塞于1914年8月20日陷落后，德军开始对那慕尔要塞发起全力攻击。那慕尔要塞背靠天险，与列日要塞一样，铜墙铁壁，坚不可摧，是抵挡德军进攻的重要壁垒。然而，当时那慕尔要塞也面临着不小的问题。首先便是守兵过少的问题；其次是由于列日要塞的陷落导致那慕尔要塞的守军士气极其低沉，于是当守卫士兵看到德军如洪水般围攻而来后便战意全无。守城士兵冒死突破德军防线后逃入安特卫普，致使那慕尔要塞于1914年8月24日就落入德军之手。此时陷入困境的比利时军队只能坚守安特卫普并伺机进行反攻。自知强攻无益的德军出动飞艇从空中对安特卫普展开轰炸。城内居民惊慌不已，其中一枚炸弹甚至落到了皇宫附近。感到安特卫普也不再安全的王后巴伐利亚的伊丽莎白和众多皇室成员随后经海路逃往伦敦。

此时的比利时除了安特卫普，其余重要城市均已落入德军之手。德军所到之处烧杀抢掠无所不为，比利时瞬间血流遍野，变成了人间地狱。当初战争还未正式打响之际，比利时国民曾乐观地以为战争不会轻易发生；当各国相继互相宣战后，比利时国民仍一厢情愿地认为德军不会如此野蛮。比利时国民之所以持有这种认识是因为比利时政府曾在告国民书中教导说："德军堪称世界军人之典范，断不会有违反国际法之行为。战争是军人之事，平民百姓不得擅自加入，百姓既不能为敌军做向导或进行支援，同时也不能加入战斗抗击敌军，只能从精神上接受战争带来的痛苦。"比利时政府为防止百姓擅自加入战斗，于是事先将各家各户所持有的武器悉数收缴。老百姓们也都打算遵从政府的命令，做一个旁观者，静候德军过境比利时。

第3节　虎狼噬羊

将自己曾对比利时做过的保证弃之如敝屣的德国军队，现在如同虎狼对待毫无还手之力的羊群一般，开始了令人发指甚至惨无人道的残暴行径。德军有一个特点：原本强悍的德国士兵一旦脱离大部队后就会变得胆小如鼠；如果碰上优势敌军则甚至会完全丧失士气；相反，如果德军数量占优就会大开杀戒，对敌军俘虏更是肆无忌惮地大加杀戮。如果一次俘获的人数过多，德军就会将俘虏们运回后方，以饥饿的形式进行虐待；如果人数较少则会就地进行辱骂、打杀，以从中寻求快感。德军曾俘获了一名比利时军官和三名士兵，德军将他们五花大绑之后，审问他们的部队番号及大部队的行踪。由于俘虏的回答不甚明了，德军对此大为光火，德军一边大喊"混蛋"一边将俘虏拽倒在地，然后一顿猛踢直到俘虏爬不起来。据说德军还残忍地用枪托打碎过一名护士的

德军飞艇轰炸安特卫普

躲避德军炮弹的安特卫普市民

头致其死亡。类似这样的暴行简直不胜枚举。德军曾用绳子套住一名火车站站长的脖子，然后策马狂奔将其硬生生拖死；德军还曾将一名回答不上问题来的比利时士兵双手浸到热水锅里烫熟，也曾经将同时俘获的另外两名士兵手脚捆绑之后用蛮力折断了他们的脖子；德军还将一名法国军官绑到树上之后，两腿上各拴上一匹快马，然后纵马将其分尸。

对待被俘伤兵，德军更是毫无半点怜悯之心，反倒是趁他们毫无还手之力时痛下杀手。在马尔比克附近的山林里曾经发现了二十二名士兵的尸体，除其中四人是被枪杀的之外，其余十八人所受枪伤较轻，而头部被刺刀砍刺的痕迹较明显。类似这样的例子数不胜数。更有甚者，德军在那慕尔曾经侵占了一家医院，将在此接受治疗的德军伤员转移之后放火焚烧了该医院。当法国和比利时伤兵从大火中踉踉跄跄地逃出来的时候，守在一旁的德军士兵便将他们一一杀死。这次战争前，无论是多么残忍的战争，敌对双方都会严格恪守红十字公约；然而到了更加文明的20世纪，红十字公约反倒被号称极有修养的德军完全无视了。德军不单对悬挂有红十字旗的医院毫不留情，甚至还会利用红十字旗伪装成救护队来攻击敌军或进行烧杀抢掠。

法军在戈梅利设有一家野战医院，其中收治了三百多名伤员。1914年8月22日，德军第四十七团的一个排占领了该医院所在的村庄。德军排长进入作为临时病房的民房中谎称要寻找翻译，这时医院的一名军医官作为翻译走了出来。这位军医官还没开口，就被德军用枪打死了。其余德军则以此为信号纷纷闯了进来，之后对医护人员及伤员们展开了大屠杀。在一个小时的时间里除了三分之一的人得以幸存，其余二百多名伤员全部遇害。也在这一天，德军还烧毁了戈梅利的另一个村庄和医院。狡猾的德军在露营时为防敌军偷袭，往往会悬挂起红十字旗，其实里面连一个德军伤员都没有。德军的狡诈还远不止于此，他们还会心安理得地利用比利时的国旗，其中有的德军部队还会悉数换上在布鲁塞尔弄到的比利时军服，以此欺骗比利时军队。

第5章

德军暴行（二）

第1节　农民贱如牛马

不仅是对敌方士兵，德军也同样对待当地农民，甚至还大肆杀戮村民取乐。有一队德军来到村公所要求村官为德军征集物资。不久后全体德军悉数进入村中，随后德军开始敲打各家各户的门窗要求村民开门。德军但凡遇到开门有所迟缓者，直接破门而入，并胁迫这家的主人提供酒食。德军甚至还会绑架村中德高望重者作为人质，如果村中有枪声或向德军缴纳财物有所延迟，则人质就会被德军斩首。仅将村中的教徒、公证人、医生等比较德高望重的人绑架为人质往往并不能达到德军想要的效果，于是德军常常索性将全村的男子全部扣为人质。德军还会在村中放上一两枪，然后诬蔑是村民开枪，以此为借口对各家各户进行洗劫和屠杀，最后还会将村子付之一炬。德军也曾将几千村民囚禁在运送牲畜用的火车车厢里，并试图饿死他们；也有村民在德军皮鞭的驱赶之下在墓穴中屈辱地爬来爬去；更有甚者，很多村民被德军用机关枪集体射杀。其中一位修道士曾在日记中记载了自己被虐待的全过程：

1914年8月18日，星期二。9时许，德军蜂拥而至，他们放火焚烧了一百九十户人家的房屋，共祸及一千多人，其中有二十二人被无辜杀害，另有两人，当着其妻女之面被德军活埋。我被抓之后双手被反捆，随即开始遭受德军各种虐待。其中一名德军一手抓住我的头发，一手硬生生地使劲扯拽我的鼻子和耳朵；另一名士兵则拔刀恐吓要砍掉我的四肢；此外，还让我双眼长时间凝视太阳。德军后来又先将我扔进着火的村官家中，然后又把我从火里拖了出来。到了下午，德军又把我拖拽到教堂，让我祈祷，并吓唬我说这是我最后一次祈祷的机会。到了1914年8月18日18时45分左右，德军突然开始用马鞭对我一顿乱抽，于是我鲜血淋漓地昏迷倒地。再后来当我意识有所恢复之后，一名德军上前将我拖拽起来让我滚蛋。在我踉踉跄跄向前才走了十来步的时候就听到身后有枪声传来，这才明白过来自己成了射击的靶子。我中枪倒地后静待德军痛下杀手。侥幸的是，或许德军认为我已经毙命，于是就径直离开了。我虽然受尽磨难但最终死里逃生。此外，我还目睹了一位铁匠与我同时被俘后，两手手腕被德军活生生砸碎并最终疼痛而死的悲惨过程。

第2节　悲惨的牧师

暴戾的德军甚至对神也完全丧失了敬畏之心，因此，凌辱牧师、焚烧教堂等事件层出不穷。当时德军一个指挥官在一个村庄发出恐吓，要把村里牧师全部处决。因为先前德军已经杀了其中五人，因此对剩下的牧师也没有必要大发慈悲。据统计，仅仅在那慕尔教区被杀害的牧师就多达二十六人。此外，德军在鲁汶烧杀抢掠之际残杀的宗教人士也数不胜数。德军占领鲁汶大学的时候，将该校教授兼主教艾鲁及其他牧师全部关到一间小屋内，随后德军在旁边的屋内商议如何处决全城的牧师。德军商议完毕后，随即就把牧师们驱赶到猪圈里，并将牧师们身上的衣服扒光、财物抢劫一空，并将他们的《圣经》扔到了粪尿之中。当时一位已经八十三岁高龄的老牧师由于不忍直视同村村民像畜生一样被德军对待，于是情不自禁地要求加入村民队伍中去。老牧师的要求激怒了德军，德军先是将他拴到炮身上，之后又将其拽倒在地。满脸是土的老牧师向德军高声祈求："快快杀我。"对此德军只是狂笑不已，此时的德军就如同禽兽一般冷酷无情。

德军为获取情报有时还会将村民的妻子儿女作为人质，以此来威胁男人们去侦察比利时军队的行踪。男人们稍有踟蹰便会被德军拿枪威胁。如果这些人没有带回有用情报，他们的妻儿将会性命不保。德军就是如此的卑鄙无耻。德军还曾经抓住一名乡村教师，要他拿出所藏地图并让其践踏比利时国旗。由于该教师拒不从命，于是德军就残忍地将这位教师连同其爱子一起杀害了。

第3节　妇女老幼未能幸免

德军还有一个惯用的伎俩，就是把捉来的老百姓排列到己方战线的最前面，让比利时军队进退两难。特别是在法兰德斯的战斗中，这一卑劣伎俩被德军发挥得淋漓尽致。1914年8月25日的利夫桥战斗中，德军将附近村落的女童悉数捉来，命令她们站到德军阵前；1914年8月29日，黑兰战斗中德军又故技重施，捉来五百名妇女儿童，将他们双手捆住之后，让教区的牧师牵头行走于德军部队前方。某日，在根特市近郊的一个村庄，一名农夫发狂般呼喊着狂奔而来，原来是他的妻子被德军抓住并扒光了衣服，德军以其妻子为掩护朝比利时军队阵地杀来。虽然比利时军队见状立刻停止了还击，可是农夫的妻子还是惨死于德军屠刀之下。德军对女性的暴行还远远不止于此。德军对比利时妇女儿童犯下的兽行真是罄竹难书。

即便那慕尔是比利时人口最稀少的省，惨遭德军杀害的男子也多达三千人。此外死于德军暴行的妇女儿童及老人更是数不胜数。后来比利时的侍从武官在视察霍夫斯塔特被害情况时，发现一名死亡的老妇人身上被刺刀刺穿多达十几处之多。另外还有一名妇女连同自己的儿子被叠穿刺死，还有一位妇女连同她的十一个儿子一起被活活烧死。此外还有一位九十八岁的老人为了保护自己的女儿免遭德军凌辱而被活活烧死，另有一位八十岁的老人被德军绑在椅子上砸碎头骨而死。类似此种惨不忍睹的德军暴行实在是不胜枚举。

比起上面来更让人气愤的是，德军连手无寸铁的儿童也不放过。德军一个侦察队队长在特尔纳特向一个站在路边的儿童询问去根特市的道路。由于不懂德语，小孩只能用比利时语表示听不懂。由于没有得到想要的答案，侦察队队长一怒之下命令士兵砍掉了这个儿童的双手，致其失血过多而死。后来在霍夫斯塔特还发现有一个十五岁少年双手被反绑、身上有多处刺伤；在同村还有一个小孩双手合十保持乞求饶命的姿态而亡；还有个小孩被绑在门上后，身体被浇上汽油活活烧死；另有五个在路边玩耍的儿童被德军挖去眼睛之后处死……类似种种令人发指的暴行对德军而言却如家常便饭一样再平常不过了。

禽兽般的德军连婴儿也不曾放过。1914年8月18日在特斯特尔发现的尸体中，有一个两岁的婴儿，头骨被子弹贯穿而死；在邻村的一口枯井中发现了一家三口的尸体，其中婴儿的父亲至死紧紧抱着爱子。此外，1914年10月月初的某一天，一个比利时侦察小分队在夜间侦察时活捉了一名德军士兵，在对这名德军士兵进行搜查时，从其行囊里发现了两三岁幼儿的双手。1914年10月20日埃塞尔河战斗结束，比利时军队在对六个德军俘虏进行检查时，从一个士兵行囊中也发现了两只小孩的手掌。以上也仅仅是一些粗略的统计，如果要仔细调查的话，德军所犯的类似种种兽行应该罄竹难书。

第6章

鲁汶惨状

第1节　废墟鲁汶

德军占领比利时后，在长达一个多月的时间里犯下的兽行是一个文明世界所不能接受的。德军对于人命的践踏自不必说，而原先很多雄伟壮丽的建筑也在德军手中变为瓦砾。昨天还华丽无比的繁华都市今天就在一瞬间变为废墟，实在让人扼腕叹息。城中居民也大多被劫掠一空，被迫过着颠沛流离的生活。偶有留下来的居民也如同丧家之犬一般，为了糊口，四处奔走乞食，惶惶不可终日。比利时受害最严重的六大城市中属鲁汶市最悲惨。1914年8月19日德军入侵鲁汶市时，鲁汶市民十分平静，并未采取任何抵抗行为，可以说对待敌人的入侵表现得十分温和。当然，掠夺银行、破坏房屋、大肆逮捕、征发劳役、凌辱妇女等德军行径都在鲁汶市民的预料之中，他们唯一期待的仅仅是保全自己的性命和赖以生存的城市。直到1914年8月25日白天双方倒也基本相安无事。但当天夜里，德军前进的道路被比利时军队所阻，由于夜色导致敌情不明，德军士兵之间误伤事件频频发生。陷入混乱的德军士兵怒不可遏，开始发狂般地朝向城市四周胡乱开枪发炮。在德军的枪炮射击之下整座城市瞬间引发连天大火。鲁汶大学连同其历史悠久的图书馆也在战火中化为灰烬。鲁汶大学建校已达五个世纪之久，被称作是知识、历史和美术的宝库。鲁汶大学图书

被炸毁的鲁汶大学图书馆

馆中藏书多达二十五万册之巨。此外，富丽堂皇的圣彼得大教堂也未能幸免于难。不仅如此，德军士兵又在破坏掉各家各户的门窗之后实施纵火，而为躲避火灾而纷纷上街避难的市民瞬间又遭受了德军炮火的猛烈袭击，许多躲到酒窖里避难的民众也未能幸免于难。据统计：约有一千七百一十四户人家的房屋破损严重，另有一千八百二十三户人家的房屋在当时化为灰烬。

第2节　市民惨状

鲁汶正值危难之际，有不少市民想通过山路逃到郊外。但他们之中的一些人被德军堵截下来，随后被驱赶到了火车站前的广场上。有十几人在德军的拳脚之下当场倒地而亡。此时德军将妻离子散的市民持有的财物也洗劫一空。最初被德军抓获的共有七十五人，其中包含一些名人、律师、医生等地位相对较高的人士，甚至还包括西班牙和美国的牧师。面对德军的残暴行径，这些外国人向德军出示自己的护照并根据国际法向德军提出抗议。但德军对此充耳不闻，仍旧一边大声恐吓一边拳脚相向。这些外国人自知多说无益，只能静候德军发落。比起外国人，比利时人的处境更加悲惨。一群人被德军驱赶到某个村庄并囚禁在一个教堂里。第二天4时左右，突然有个德军军官破门而入，并恶狠狠地声称将在半小时后将他们悉数枪决。然而幸运的是，半小时后他们非但没有被处决反倒被不可思议地释放了，据说是某个德军军官保护了他们。然而当这些人返回鲁汶市时又突然与另一群德军遭遇，他们再次成为俘虏，并被驱赶到梅林附近。

此外，还有一群人数众多的比利时俘虏被驱赶至火车站后，被装进了运送牲畜用的污秽不堪的列车车厢内。在随后的二十六个小时里，这些比利时俘虏在滴水未进的情况下被运往德国。火车到达科隆后，比利时俘虏们被命令下车，然后被驱赶到一个已经荒废的游乐场后方才得到了少量的水和面包。第二天早上，比利时俘虏们又被装进货运列车运到布鲁塞尔，至1914年8月30日的四天时间里，这些人每人一共只得到了约半磅面包。这期间有很多妇女儿童也被驱赶到车站广场上，让她们目睹自己的丈夫或父亲被装在车厢中如同牛马一样的惨状。1914年8月26日，这些俘虏非但一整天没有得到任何食物，反倒还遭到德军的威胁。德军逼迫这些比利时俘虏们为德军残忍杀害二十名市民的惨剧拍手喝彩。到了晚上，这些被拘留的市民全部被德军释放了。当这些俘虏回到已经被劫掠一空的家中时，饥饿难耐的他们才发现没有一点可以充饥的食物，最终只能在饥饿之中昏睡过去。到了1914年8月27日8时，德军又开始四处吆喝，威胁说要火烧全城，要求市民速速从城里退出。市民虽然已经身心俱疲、虚弱不堪，但为了保得一命也只好向市外逃去。没有食物的市民到了野外只能以野草充饥。其间有因疲劳过度而死者，还有因无法忍受接连的打击而自绝性命的妇女。

如此一来，没有市民碍手碍脚的鲁汶市成了德军大肆掠夺的好地方。失去约束的德军士兵开始肆意饮酒作乐。酩酊大醉而无所事事的德军士兵有时会为了自己的一时兴起，到处放火烧毁民宅。1914年8月29日，德军的另一个联队来到鲁汶市，并在接下来的五天内又将这里重新洗劫了一遍。历经两次劫难的鲁汶市内到处是断壁残垣，遍地都是破碎的玻璃和烧焦的、散乱的木头，破

被德军炮火严重毁坏的鲁汶

德军与鲁汶难民

损的电线从电线杆上低垂而下，光景十分凄凉。德军的野蛮行径并非因为战胜之后的一时兴起，而是德军计划的一部分。也正因为如此，德军的暴戾行径才让人无法原谅。然而，德军对此辩解称，由于鲁汶市民的抵抗致使许多德军士兵被杀伤，因此德军士兵才奋起自卫。但比利时方面的报告显示，德军攻占该市时两军进行了巷战，双方互相射杀是理所当然的，这绝非市民的反抗。因此，德军对市民的污蔑只不过是为大肆掠夺和屠杀找的借口而已。

第7章

瑟兰惨状

第1节　成为枪靶的市民

1914年8月23日，在兵不血刃地占领了瑟兰后，狂暴的德军士兵开始大开杀戒。先是射杀一个从窗户向外观望的市民，又击伤一人并威胁其高呼“德国皇帝万岁”，而第三个死者则是被德军用刺刀刺穿腹部身亡。此后德军士兵们进入一家酒吧，将所有酒类一饮而尽后，酩酊大醉的他们开始四处放火，很多房屋被焚毁，整个城市变得满目疮痍。当晚的暴行还仅仅是一个开始。1914年8月25日早上，一队德军袭击了一个教堂，将正在做礼拜的信徒分为妇女和男子两队，并将其中的五十个男子全部枪杀。在1914年8月25日当天7时到9时，这两个小时德军的抢掠最疯狂，他们肆意进入各家各户抢掠并纵火，被驱赶到屋外的市民但凡有逃跑之意，都立即成为德军的枪下鬼。9时许，德军士兵用枪托敲打着被俘的男女老幼，把他们往练兵场赶去。傍晚时分，德军威胁说要将这群被禁锢的市民悉数枪决。18时左右来了一名德军军官，下令将人群中的男子单独隔离出来，并命令他们面墙而站。随后收到命令的德军士兵做出跪射的姿势，只待一声令下，德军的子弹就将贯穿这群无辜男子的身体。通过德军的跪姿，妇女们明白了德军的意图，于是她们大惊失色，急忙纷纷大声乞求德军饶恕她们的丈夫、儿子或兄弟。冷酷的德军完全不为所动，只是幸灾乐祸地

战前的瑟兰

注视着妇女们惊恐不已的样子。不久后，德军军官下令开枪，顿时枪声大作，面壁而站的男子们开始纷纷倒地。其中大约有二十人当时只是受伤，并未立即毙命，德军见状又朝他们一顿乱射。幸运的是，有几名男子顺利躲过了两轮枪杀。在随后的两个小时里，他们一动不动地趴在同胞的尸体中装死。当夜色降临时，幸存者们乘着夜色逃到了山中，最终得以保全性命。

此外，德军在城内同样大开杀戒。在一家工厂，一群上夜班的工人们将自己的妻子儿女隐藏到了工厂的地下室里，同样知道工厂有地下室的附近居民和工厂主一家随后也纷纷赶来避难。因为某种原因，18时左右，这些避难的人打着白旗从地下室走了出来，不料正好遭遇了一队从此经过的德国士兵。这群避难的人最终被德军悉数枪杀。据说城市近郊的村民们也被枪杀殆尽。

第2节　悲惨的法官

瑟兰惨案中最悲壮的当属该地的法官艾德蒙·博尔顿。他为了保护他人而牺牲了自己。德军以市民使用武器抵抗德军为由，宣称要对全体市民实施报复。艾德蒙·博尔顿认为事实并非德军宣称的那样，抵抗是法军所为，因此同德军据理力争。然而，德军却对此毫不理会，于是艾德蒙·博尔顿提议由自己渡河前往对面法军阵地，要求法军将领开具是法军开枪的证明。德军允许了他的请求，于是艾德蒙·博尔顿乘坐自家破旧的小船来到法军营地，法军将领答应了他的请求并开具了证明。同时法军将领劝说道：如果返回德军阵地恐遭不测，不如就此留在法军军中以保性命。但艾德蒙·博尔顿自感身负拯救同胞性命之大义，于是将自身安危完全抛诸脑后，毅然决然地再次渡河而回。不守信用的德军朝正在渡河的艾德蒙·博尔顿不断开枪，子弹射穿了他的双腿，在其次子的救助下才好不容易得以上岸。

上岸后，艾德蒙·博尔顿将从法军那儿得来的证明呈送给了德军。但德军对此不屑一顾，一把将证明书撕为两半，并将艾德蒙·博尔顿和他的老婆孩子悉数驱赶到了练兵场的墙脚下。最终德军用机关枪将艾德蒙·博尔顿一家及其他八十多名群众一起扫射致死。根据统计：这期间约八百多名市民被德军枪杀，一千四百户中仅有二百户免遭德军破坏。

第3节　屠杀是命令

德军士兵就犯下的暴行没有任何惭愧悔改之意，之所以如此，是因为他们只是在执行上级的命令。德军的一位军官曾经在日记中写道：“要想理解我军的行为就有必要首先了解我军的战略。我军的第一战略就是以最快速度渡过默兹河，然后将敌军从默兹河左岸地区一扫而光。为顺利达成此目的，就有必要首先让胆敢直接与我军对抗的附近居民屈服。为此我们可以采取任何必要手段。我认为我军大肆射杀敌方人质的行为十分必要，且理由充分。”此外，按照另一名德军士兵的话说：“长官要求我们说‘士兵越残忍，胜利就来得越快’。我们在比利时的所作所为虽然罪大恶极，但也只是执行了一小部分的命令。”

在瑟兰，德军士兵发现一名老妇人正向自己家中逃跑，并在老妇人将要踏入自己家门口之际将其射杀。德军士兵为确认已匍倒在地的老妇人是否已经死亡，于是俯下身来查看她的脸。老妇人两眼圆睁，似乎正在注视着这名德军士兵。这名士兵在看到老妇人的眼睛之后，忽然就想起了出征前自己祖母的眼神。在村子的教堂里，在即将分别之际，祖母注视自己的眼神是那么慈祥和蔼，又满怀忧伤，那眼神和眼前这位老妇人的眼神一模一样。老妇人虽然已经气绝身亡，但眼睛仍然注视着这名士兵。此后这名士兵一直感觉这位老妇人的眼睛在一直注视着自己。不久后，这名士兵就战死了。临死之际，这名士兵曾悲伤地对自己的战友说："我肯定会下地狱的。"此外，有关瑟兰的大屠杀，该名士兵还曾写道："大屠杀绝非偶然，而是指挥部深思熟虑的结果。我们在长官的严密监视之下，不得不进行大肆屠杀及各种破坏行为，但由于士兵们饮酒过度也未能充分履行长官的命令。曾经有一个士兵抗命，不忍向可怜的比利时人开枪，于是他马上就被自己的长官枪杀了。"

由此可知：德军的暴行原本就是德军计划的一部分。

第8章

图尔奈与昂代讷惨状

第1节　图尔奈大屠杀

德军宣称，由于图尔奈市民的抗击，德军才被迫还击进行报复。然而，比利时方面的调查报告显示：向德军开枪的并非当地市民，而是法军的一个侦查小分队。总之，德军原本就打算进行大屠杀，只不过为此找了一个借口罢了。

德军把大约四百五十名当地市民集中到河岸附近的教堂前，本想只动用一个排的兵力将他们枪杀，但由于人数众多，最后决定使用机关枪进行扫射。随着机关枪响起，人群一排排倒下。有受轻伤的市民倒地后又顽强地站了起来，但随后又在枪声中再次倒地。很多伤者倒在尸体中或痛苦地呻吟着，或凄惨地呼叫着，乞求饶命之声不绝于耳。最后德军士兵又用刺刀将他们挨个捅了一遍。即便如此，还是有数人得以幸免于难，后来趁着夜色逃了出去。当时也有人在受伤后，由于忍受不了伤痛和惨不忍睹的场面的刺激而选择爬到河中自溺身亡，据说当时河中尸体多达百余具。德军还放火焚毁了二百六十多户人家的房屋。大火致使多数藏匿在家中的妇女儿童烧死或窒息。此外，在野外被德军杀害的市民也不在少数。

第2节　昂代讷市长之死

德军在昂代讷大屠杀中最让人气愤不过的是昂代讷老市长之死。当时昂代讷市长已是七十多岁的老者。德军到来前，老市长就谆谆教导自己的市民，要求大家不要对德军采取敌对行动，并为此在城市里的各个角落张贴了告示。为防万一，老市长还下令将民众手中的枪支弹药等武器悉数收缴到市政厅。不仅如此，老市长还命令各区区长到每一户居民家中拜访，向市民认真而仔细地说明了政府之所以如此做的缘由及所担负的职责。

德军占领昂代讷之后的第二天晚上，街上突然响起了枪响，在市民都认为此时的枪声来得过于蹊跷之际，突然又传来爆炸声。这一切都是德军所为。德军先用机关枪朝民宅中大肆扫射后又屡屡发炮，炮弹如雨点般落下。枪炮声停歇后，德军开始进行大肆掠夺。德军挨家挨户破门入户，并在劫掠一空后将其付之一炬。

第二天早晨，德军把城中的男女老幼悉数赶到街上，并命令他们保持投降姿势前行，但有不从者就会被拳脚相加，想逃者则会被立即枪杀。当时老市长也在人群之列，由于受了枪伤而无法行走。正在老市长痛苦不堪之际，德军残忍地用斧头将其杀害了。还有一位钟表师，为了搀扶自己已经年过八十的老父亲而无法举起双手。德军士兵见状走过来，一边怒斥其不遵守命令一边用手中的斧头朝他猛砍，钟表师最终被打死。

这些人将被赶往一个叫奇诺鲁斯的地方。老弱病残甚至半身不遂者都未能幸免，无法独立行走的人要么被人用婴儿车或小推车推着，要么被自己的家人或亲戚朋友搀扶着前行。当到达目的地后，所有男子全身均被检查，看有无携带兵器，但凡有藏匿武器者便会被德军抓出来。虽然没有一人携带武器，但其中还是有一人由于随身携带一个空弹夹而被隔离；还有一个手上负伤的鞋匠也被隔离；同时有一个机械师由于携带改锥而被认定为携带武器，也被隔离。还有人被德军诬蔑称，此人看德军检查时的眼神甚为不屑，因此被虐待。德军又从人群中拉出四十五人，均以煽动叛乱的借口将他们杀害。

还有一队德军在进行肆意烧杀抢掠时，将一家八口赶到距自家五十码外的牧场里，用枪和斧头将他们悉数杀死。后来德军军官现身，将妇女们集中起来，命令她们将散乱在路上的尸体集中起来，并让她们将墙壁上的血污清理干净。

第3节　德军军官下令屠杀

德军对昂代讷市进行了长达八天的烧杀抢掠。可以说，德军在昂代讷所犯兽行之残暴，是比利时其他城市的遭遇不能比的。通过后来对尸体的挖掘查验得知：能确认身份者仅有一百零三人，其余受害者由于面目全非等原因未能确认身份。受害者中有一个十四岁的少女被二十个德军轮奸后杀害；一名医校生在德军的威胁下，被迫将自己父亲和叔叔的尸体从地下室搬了出来；德军残忍地割下一位青年的头颅，并将头颅扔到了德军纵火的房屋之中进行焚烧；还有一位八十六岁的老人在高唱比利时国歌时被杀害了。

焚毁昂代讷市及屠杀市民的命令均来自卡尔·冯·比洛将军。屠杀过后，卡尔·冯·比洛在那慕尔宣称："街道要成为佑护德军士兵的街道，为此每条街道要安置十名人质。街中但凡有任何骚乱发生，这些人质将一律被枪杀。比利时人对德国士兵犯下的任何罪行都将以整个那慕尔来血偿。"这份警告书在德军看来当然是极其理所当然的，诸如此类蛮横无理的东西实在数不胜数。1914年8月27日，德军一名中将威胁瓦夫尔市市长称："马上交出两百万法郎，如若不然，整座城市将被焚毁，还将祸及普通民众。"后来瓦夫尔市果真有五十个人家的房屋被焚毁。当然，德军这么做的借口仍然是有市民向德军开枪，而据说当时真实的情况只不过是德军士兵之间的误射而已。

此外，威廉·利奥波德·科尔玛·冯·德·戈尔茨元帅在布鲁塞尔宣称："如果有人胆敢破坏德军的通信线路及铁路交通，附近居民将一并受罚，不管其是否无辜。"由此可见，德军将领从一开始就有计划有预谋地决定对包括无辜民众在内的比利时人进行大屠杀。德军士兵的狂暴残虐已经无法用言语来表达，要求稍未得到满足便会大开杀戒。1914年8月8日，一个叫比克曼的团长发了一纸命令。命令称："藏匿油料不出者杀；家中不点灯者杀。尔等互为人质，并以二十四小时为限。逾期不来替换人质，则人质将被处决。"其中的第八条有必要在此着重讲述一下，该条规定："全体市民应当脱帽并举手向德军军官致敬，如不能区分德军军官与士兵的差别，则应将德军官兵全部视为军官。如若不从，则德军会穷极所有手段直到其敬礼为止。"由此可知，为了让人服从自己的命令，德军会使用各种暴力手段。

第9章

阿尔斯霍特与那慕尔

第1节　阿尔斯霍特市长屈死

阿尔斯霍特市位于代默尔河河畔，是一座有着约八千人口的美丽又繁华的城市。德军于1914年8月19日夜占领此地时，驻守该城的比利时军已撤往安特卫普，因此，此城已是一座无人防守的空城。德军士兵一入城便急忙争先恐后地向各家各户的酒窖奔去，然后开始开怀畅饮。有个德军士兵在日记中写道："有生以来还未曾如此饮酒，今后这种事恐怕也不会再有了吧。"德军军官此时也正在市政厅里和参谋们大摆宴席，因酩酊大醉而军纪涣散的士兵来到大街上四处闲逛。在酒精的作用下，亢奋且意识不清的士兵开始胡乱开枪，其中一颗流弹射中了一名德军军官要害部位，致其当场毙命。德军诬告是藏在酒窖中的市长儿子所为，于是市长连同其十五岁的儿子被德军枪杀，之后市长的弟弟也惨遭德军杀害。

德军以此为契机开始了大屠杀。德军首先逮捕了全城所有男子，并将其中五十人驱赶至城市边的广场上。德军让他们四人一组先行奔跑，随后德军对他们进行射杀。其中四十人被当场射中身亡。剩余十人虽在当时免于枪杀，但最终还是死于德军兵刃之下。当时的阿尔斯霍特市在德军多种多样的屠杀之下宛如一座人间地狱。二十天后，比利时调查委员会的一名委员前来调查，所到之处仍然血迹斑斑，足见当时屠杀之惨烈。有幸脱逃的市民远远地望着自己居住多年的家园此时正被熊熊大火包围，却因自己的无能为力而抱头痛哭。德军撤出之后，死于非命的市民遗体才得以被生还的同胞掩埋。

当时德军曾想侵入一所教堂，无奈教堂大门坚固异常，德军先后五次放火也未能将其烧毁。最终德军以蛮力破门而入，随后从祭坛开始，凡是目所能及的所有值钱物品均被洗劫一空。德军在该市的掠夺前后持续了三周之久，所劫物品在装满整整一列火车后被运往德国。除德军留作宿营的之外，剩余的洗劫一空后的房屋全被德军放火焚毁。德军军营附近酒气熏天，各种物品也散乱不堪，其中光散乱的空酒瓶就多达几百个。光从酒瓶数量就不难想象出当时醉酒德军的种种丑态。

1919年9月10日，比利时军队收复此城。在一片狼藉的城市里只发现了几名脸色青灰、茫然的女子。此外，除了遇难者的尸体，其余市民早就像遇到虎狼的羊群一般四散而逃了。

第2节　那慕尔大屠杀

在德军猛烈的炮火攻击之下，那慕尔城陷落。德军占领该城之后的第二天就一把大火焚烧了该市的议会厅，许多名画连同壮丽的建筑都化为灰烬，着实让人扼腕叹息。城中的消防队虽然及时赶来灭火，但全部都变成了德军的俘虏。德军放火的理由仍然是有人向德军开枪，当然这只不过是德军的惯用伎俩而已。按照比利时政府的说法：在1914年8月15日之前，市民所持枪支弹药均已被政府收缴，并且政府发布公告让所有市民都已经知晓了战时法规。政府特别就其中的战时民众不可参战这一规定，已经通过民政或军政及牧师和报纸等多种渠道和方式向市民做了再三宣传与告诫，因此市民对此已经是耳熟能详。此外，比利时军队在德军到来之前已经撤离该市。因此，或许还有一两名市民持有武器，但他们是否有胆量向强大的德军开枪还是值得商榷的。此外，德军宣称的市民开枪的地点此时早已变成了德军的军营，而且里面也已经堆满了要在全城放火的材料。因此，德军所谓的枪声只不过是

德军炮轰那慕尔

他们要放火的信号而已。总之，德军在那慕尔的所作所为与前面德军的所作所为如出一辙。

德军在那慕尔的掠夺持续了好几天，其中有德军当着一个市民的面把他家的全部家当装车之后运走；另有多名妇女惨遭凌辱；还有七十五人在被关屋内后遭到放火和射杀，这些人要么被打死，要么就被活活烧死了。德军大肆烧杀抢掠后，还要求那慕尔市及附近的十七个县缴纳三千两百万法郎的罚款。据统计：在那慕尔地区，包括老人儿童在内共有两千多人遇害。其中在一个叫哈斯基尔的村庄，德军杀害了一个红十字会的医生，然后又侵入到路旁一位屠夫的家中，将其妻子赶出门外后在屋内将屠夫与其长子一并枪杀了；还有一位村夫连同他的女儿被德军从藏匿的地窖中揪出后枪杀。之后德军开始转向邻村进行抢掠，并将邻村的大部分房屋焚毁殆尽。德军在教堂里发现了一间地下室，并向里面开枪，迫使藏匿其中的一位牧师、一名大学教授的妻弟和妻女、村中

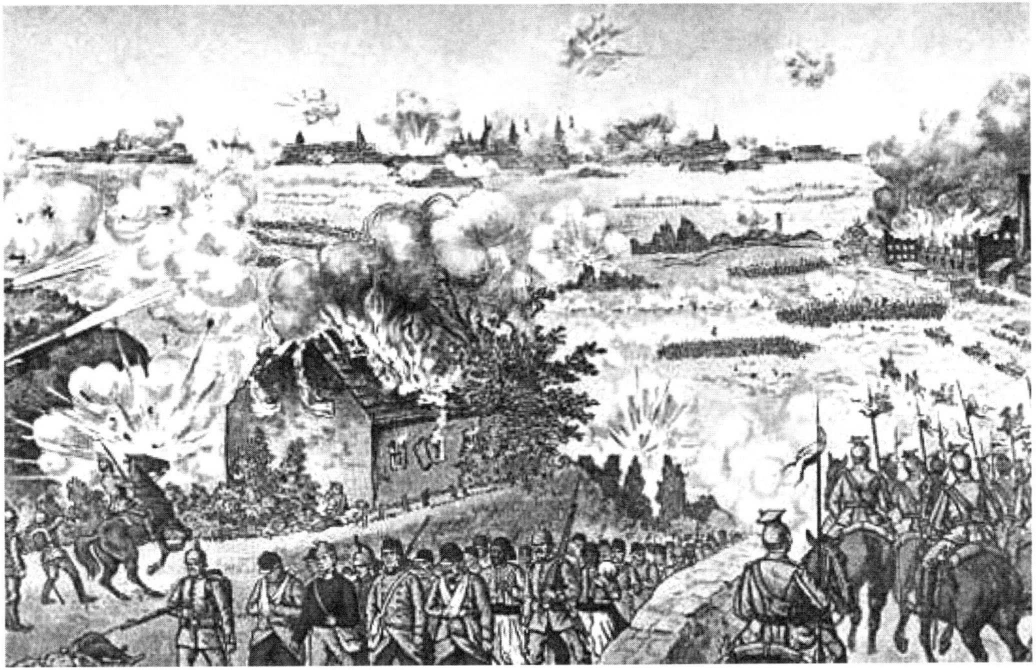

德军在那慕尔施暴

德军在那慕尔展开屠杀

学校的校长与其家人及其他数名村民从地窖里爬了出来。随后这些人被驱赶到了德军军官面前，其中很多军官已经处于大醉状态。这些军官将男性弄走后对剩余的女性进行了凌辱。

在其他村落里甚至还有很多顺从的村民被德军无辜地枪杀了。在某村，有一位八十八岁的老人在屋外站着时被无辜枪杀，之后又被裹上毯子焚烧；还有一人为了从被德军放火的家中救助自己的老母亲而被德军枪杀；还有一位妇女在自家院子里被枪杀，她的两个幼子则在尸体旁恸哭不已。粗略算来惨遭德军毒手者有五六十人之多。德军一名将领曾威胁道："尔等应当全部被枪毙。理由就是有一个十五岁的女人向我军开枪。经军法会议决定，我军将大发慈悲，只对男性处以极刑。"于是十八名男性被排成一列等待枪决，其中包括一个十六岁和一个十七岁的少年。一个年轻的德军士兵因不忍直视接下来将要发生的悲惨场面而默默流泪。此时被迫观刑的女性们情绪变得格外激动，她们朝向德军喊道："有本事连同我们也一起杀掉，我们要跟我们的丈夫一起死掉。"然而冷酷的德军不为所动，无情的子弹最终射向这十八人。枪响过后，德军用枪托击打伤而未死者的头颅，致使他们脑浆迸裂而亡，现场惨不忍睹。此后德军对死者的财物进行了搜刮，无论是手表、戒指还是钱包。德军在村中大肆掠夺后又进行了大肆破坏，全村一百三十多户的房屋仅八户幸免。

第10章

德军在比利时全境的暴行

第1节　牧师大屠杀

前面六个城市的惨状只不过是德军在比利时所制造惨案的一小部分，只因惨剧发生地点集中在市区而容易被人们注意到而已。如果将德军在比利时全境制造的所有惨无人道的惨案一一记述的话，那真就是罄竹难书了。德军在这次战争中表现出的非人道行为是过去三个世纪以来“文明国家”之间的战争中前所未有的。已知的这些德军暴行均出自德军士兵的书信、比利时战后调查委员会的调查或他人的亲历，因而都是确凿无疑的事实。

我们将在下文中摘录一部分最让人气愤不过的德军暴行二三事。

牧师作为神的使者，因为能帮助凡人超脱人世间的烦恼而受到人们的尊敬。但德军常对牧师下毒手。在科尔贝克，德军将一个年老的牧师和另外两三个牧师及其他信徒们的衣服扒光后，绑到猪圈里，并侮辱他们说：“猪群回家啦。”在布肯，德军将一个牧师的鼻子和耳朵切掉后枪杀。在霞菲尔，德军将一个牧师套在网中后高高地吊在树枝上，然后再砍断绳子，想要以此种方式来摔死牧师。牧师连摔三次仍然没有毙命，因受伤严重，痛苦呻吟不已。围观的德军见状，大肆拍手称快。在赫本，德军士兵爬到教堂的高塔上，由上而下朝民众射击取乐，还命令在塔下的牧师对民众说是牧师从塔上开枪射击的。牧师拒绝了德军的要求，于是就被德军枪杀了。在阿尔斯霍特，一个牧师被德军命令双手高举过头站在墙跟前，双手但凡稍有下落便会被德军用枪托击打双腿。

牧师保持这个姿势一共站了好几个小时，其间来往的德军士兵都会对他进行大肆辱骂。最终这个牧师被枪杀。

第2节　老弱病残概不放过

在森布斯特，德军先是砍断一个少年的双手后又割掉他的头颅，最后将他的尸体扔进熊熊燃烧的房子里；在霍夫斯塔特，曾发现一位老妇人手中拿着针线被兵刃刺杀而亡，在她旁边还有另一位老妇人和一个少年也均是被刺身亡的；在森布斯特曾发现一具被砍去四肢的尸体，还有一位工人被浇上汽油后投入火中被烧死。在另外一个地方，德军抓住了一个抱孩子逃跑的妇女，将她的孩子折磨致死后，还逼这名妇女挖坑埋掉了自己的孩子，德军则在一旁嬉笑不已。在贝特利克斯，德军将一名少年和一名青年当着他们父母的面枪杀后，将二人衣服扒光并捆在一起，然后铺上秸秆焚烧。德军还曾将抓获的部分民众绑到巨型攻城炮上，并从远处拉响炮栓。在大炮的轰鸣之下，不幸的他们因耳膜被震破而死。德军还在某个占领的村子里发布禁令，19时之后禁止外出。此外，德军还向村民征发大量军粮。村官为保全村民性命整日奔忙，极力劝说各家各户纳粮。由于忙中出错忘了禁令，19时过后才回家，大怒的德军将其杀害于自家大门外。村官十四岁的儿子为了救其父亲也挨了德军一枪。孩子母亲为了救治受伤的儿子想要夺门而出，而德军却锁上大门不让她出去。第二天早上少年气绝身亡，母亲则在门内无能为力地恸哭了整整一夜。这一家三口就这样隔着一扇薄薄的门板，阴阳相隔。

1914年10月9日，在兰登火车站，三名身负重伤的英国士兵被德军关押进运送牲畜的车厢里，多达三百名德军士兵先后尽情侮辱了他们。三名英军士兵是由于负伤才被德军俘虏的，被俘之后他们未能得到丝毫食物，已经饿得奄奄一息了。德军士兵故意将热气腾腾的肉汤靠近他们鼻子说："想吃吧？"有些德军士兵不仅用言语侮辱三名俘虏，而且还朝他们吐唾沫，最终三人被德军用枪托敲击致死。

第11章

德军无视战争公约

第1节　以妇女儿童为盾牌

德军一向无视战争公约，屡次将手无寸铁的比利时民众作为人肉盾牌驱赶到己方队伍前面。在埃珀海姆，几乎所有男子都成为德军的肉盾。1914年8月25日，德军故技重施，将许多妇女作为人肉盾牌；1914年8月29日，在盖特，德军又将约五百名妇女儿童及两名牧师作为肉盾，试图阻止比利时军队的攻击。据说在某地，德军曾将一名妇女扒光后，以性命相威胁，让其走在德军队伍的前面，朝着比利时军队的阵地进发。同样，1914年8月16日，德军也曾将一位少女扒个精光，并让她和她的父亲跑在德军队伍的前面追击比利时军队。《海牙和平条约》第二十三条就规定禁止杀戮或伤害敌国平民，因此，德军对比利时平民百姓的杀伤行为完全是对该条约赤裸裸的侵犯。

不仅如此，德军也严重虐待俘虏和伤兵。德军不但完全无视理应得到尊重的红十字会旗，甚至还经常滥用白旗来欺骗敌军。有德军士兵曾在书信中表示："我们没有必要让医生医治法军的伤兵，于是将他们一个不留全部刺死。一个法军士兵曾乞求饶命，我们还是用刺刀将其捅死在地。我军一个士兵曾用枪托砸碎了一个法军俘虏的光头。当然，为了防止自己的步枪枪托染上血，这个士兵使用的是法军的步枪。法军的伤兵无论怎么哀求我们饶命都无济于事。

我们英勇的士兵心中只有国家，只想为德国节省给养，于是就将他们悉数处决了。”类似这种充斥着血腥残暴内容的书信在德军内部数不胜数，他们对待敌方的伤员和俘虏毫无慈悲之心，一律赶尽杀绝，这再次证明了德军是多么残暴无耻。1914年8月26日，德军下令称：“从今往后，我军不再抓俘虏，敌军俘虏一律处决。敌军伤兵无论是否持有武器一律处决，正运往我国途中的俘虏也一并处决，我军后方不容敌军一人存在。”

德军之所以采取屠杀俘兵政策，主要是因为看守俘虏既麻烦又浪费给养与钱财。德军所到之处尽可能地将有用物品悉数掠夺并运回德国，其中包括比利时百姓的马匹、各种机械、货物及各种原材料。不仅如此，德军还绑架并强迫比利时百姓到德国为德军制造军需用品。以上种种都足以说明，德军的行为完全有违文明社会的行为准则，特别是对英国女子卡贝尔的暴行最令人发指。

第2节　卡贝尔之死

第一次世界大战在欧洲爆发之际，卡贝尔和她母亲正在英国。当听闻比利时的中立地位遭到德国侵犯之后，卡贝尔慷慨激昂地表示“我的任务在比利时”，随后毅然只身赶赴比利时。原来，卡贝尔曾在布鲁塞尔有过一段留学生涯，对比利时有一种特别的亲近感，曾于1906年成为布鲁塞尔看护学校的校长。卡贝尔一直将战地医疗事业的开拓者弗洛伦斯·南丁格尔作为自己的偶像，并决意效仿自己的偶像，投身于战地医护事业。在德军即将攻进布鲁塞尔之际，卡贝尔向自己手下的护士们明确表示：但凡伤兵，无论国籍，一视同仁进行救治。卡贝尔和护士们的救助对象多数都是德国伤兵，其中还包括许多生命垂危者，因此，德军伤兵对她们分外感激。卡贝尔和护士们这种崇高的仁爱精神不久后却被迫变成了对抗德军入侵的盾牌。

布鲁塞尔被德军占领后，德军重新任命了一名德国人做市长。德国市长想让卡贝尔做出书面保证，要求所有护士等医护人员在救治法比两国伤兵时，要严格看守以防逃走。卡贝尔断然拒绝了他的无理要求，称：“我们会全心全意地投入到伤兵救治工作中去，但我们绝不会成为监视法比两国士兵的看守。”

卡贝尔在工作时得知，德军想要将几名法比两国的伤兵作为战俘押往德国，于是卡贝尔帮助他们逃到了荷兰。德国陆军军法规定，将士兵诱导至敌军者处以死刑。比如，假如有敌兵逃入某个农夫家，在熟知四周道路的农夫的帮助下，敌兵又去了敌营，按照德军军法规定，该农夫应被处以极刑。然而，由于此时的荷兰属于中立国，若硬要将卡贝尔的行为按照该法进行处罚，又显得过于牵强。而且，由于卡贝尔她们对包括德军在内的伤兵一视同仁，与其牵强附会地把她们的行为解释为资敌行为，倒不如说是她们的医者仁心所使。卡贝尔对德国法官表示：“我坚信，当时如果不帮这些伤兵逃往荷兰，他们必会被德军杀害，因此才不得已而为之。”所谓的卡贝尔“犯罪行为”因为发生在非战斗区域，因此，对她的审判也只能在战区之外进行。当时的布鲁塞尔距离战斗区域最前线还有数英里，由军事法庭来审判显然不符合国际法法理。卡贝尔被德军囚禁在狱中一个月后，德军准备开始对她进行第二轮审判，当然这都是秘密进行的。当时，美国公使被授权保护在比利时的英国国民的生命与财产安全。当美国公使知晓卡贝尔被捕一事后大为吃惊，于是向德国市长紧急求证此事。虽然两周后德方就此事给出了明确答复，但还是拒绝了美国公使要为卡贝尔雇用律师一事。1914年10月11日，美国公使得知德方将要对卡贝尔进行最终判决，于是以书面形势请求德国总督及军政长官冯·比辛进行宽大处理。冯·比辛回复称“要进行最终宣判大概还需要迁延一两日”，并明确保证将就此事的进展情况向美国做详细报告。1914年10月11日18时30分，德方再次向美国公使报告称尚未正式宣判。其实这只不过是德军的诈术而已，实际上德方已于17时做出了最终判决，并决定在同日夜晚行刑。冯·比辛不顾美国公使的再三申辩、提议和哀求，执意于1914年10月12日2时对卡贝尔执行了死刑。在当时，作为文明国家的惯例，即便犯有重罪也要在宣判九个小时后方可行刑，而德方的做法完全无视这一惯例。后来据行刑前曾与卡贝尔有过面谈的牧师说：卡贝尔是从容赴死，脸上没有任何惧色和怨色。

以上只是德军在比利时所犯暴行的九牛之一毛。要想将德军所有暴行全部记述下来，不知道得写成多么厚重的一本书，并且内容之惨烈必将会超出一般人的承受能力。面对残暴的德军，比利时人进行了顽强的抵抗并付出了巨大的代价，诸多要塞没有轻易落入德军之手。当然，英法两国军队在比法边境对德军的大力牵制也发挥了重要作用。德军原本以为，法军要完成军事动员至少需要二十日之久，而德军却只需十日，因此，在法国完成军事动员前德军就可以一举拿下法国，然后再转而东进俄国。然而，比利时军队抵抗之顽强远远超出了德军想象，仅攻陷列日、那慕尔、布鲁塞尔三座要塞德军就花费了二十多天。在此期间法国已然完成了战争准备，而且法国边境防守之严密也大大超出了德军想象。1914年8月下旬，德军终于攻入法国，但此时的安特卫普仍未陷落。比利时军队虽然整体处于德军的包围之下，但比利时军队仍以安特卫普为基地进行顽强抵抗，甚至在与英法联军遥相呼应之下对德军形成了夹击之势。德军在留下部分兵力继续攻打安特卫普的同时，抽调了大多数兵力用于进攻法国，一时间形成了德军主力与英法联军针锋相对的态势。

第四篇

惨不忍睹的西线战场

第1章

法军的作战计划

第1节 统一国内争论决定开战

由于攻占布鲁塞尔花费的时间比预定计划多出许多，德军为挽回时间上的损失，开始实施闪电战。德军从布鲁塞尔方面约两个军的兵力中抽调出一部分派往安特卫普方向追击比利时军队，企图隔断比利时四个野战师的会合。同时，德军分兵三路朝比利时与法国的边境进军，向英法联军发动攻击。第一路军即德军右翼掉转方向，由布鲁塞尔西北方向的德根特市向比利时沿岸的奥斯坦德和法国的里尔进发；第二路由列日和那慕尔的中间地带向法国的莫伯日进军；第三路军由那慕尔西侧向法比边境进军，与英法联军展开会战。德军的强攻计划遭到了法军的顽强抵抗，损失惨重。德军第一军军长战死，第二军军长负伤，并丢失了诸多武器弹药，而且至少伤亡两三万人。

面对德军的大举进犯，英法联军早就做好了周密的防御准备。法军首先在其边境要冲地带配备了三个师，一路安排在凡尔登正前方，一路安排在色当背面，另一路则安排在比利时的希迈和沙勒罗瓦的中间地带。法军依托多年来苦心经营的攻守兼备的坚固堡垒做顽强抵抗，让德军无懈可击。同时，英军以多佛尔海峡对面的法国布洛涅为大本营，派出了一个军的兵力前插到法军战线以北，与法军互为犄角之势，夹击冒进的德军。此时，德军与英法联军兵力大致相当，各有约三十五万人。

我们先回头看一下开战之前英法两国的国内状况与其作战计划。奥塞两国关系在1914年7月下旬风云突变之际，法国总统雷蒙·普恩加莱与部长会议主席兼外务大臣的勒内·维维亚尼正在俄国首都莫斯科访问，两人与沙皇尼古拉二世进行了友好而深入的会谈，协商加强法俄两国间的协作。此次访问奠定了法国对奥塞之争的基本认识和态度。在雷蒙·普恩加莱回国之前奥塞危机已经一触即发，德国要求法国政府立即停止对俄国煽风点火。与此同时，英国提议由法国、德国、意大利及英国在伦敦召开调停会议，以解决奥塞之间的矛盾。法国留守政府将英国的提议通过电报转发给了正在海上航行的雷蒙·普恩加莱和勒内·维维亚尼，雷蒙·普恩加莱接到电报后大为吃惊，立即终止了原本要访问丹麦和挪威的计划，直接回国。1914年7月29日，雷蒙·普恩加莱一行回到巴黎。不久后奥塞两国发生战端；紧接着俄德两国断交。法国国内上上下下要求参战之声日益强大，法国国民想借此良机一雪当年被德国割取阿尔萨斯和洛林的深仇大恨。

1914年8月1日，雷蒙·普恩加莱下达了战争动员令，并为此做了解释说明，想以此来唤起国民的爱国之心。随后，在全国发布戒严令的同时，法国政府对德国的挑衅行为发出了抗议，并对德国正式宣战。虽然法国的战争动员令落后德国好几天，但由于国民意见一致，所有事情进展得非常顺利。当时法国国内主战热情高涨，社会党的反战领袖让·饶勒斯被暗杀后，该党党员们也开始转变态度，并发表声明表示要与德国为敌，全力支持国防。于是议会的开战法案在得到全体同意之下顺利通过。

议会没了平时开会时那样的争论不休。开战法案顺利通过之后，军籍在身的议员们就立即赶赴前线，其中包括一些有军籍的政府高官等。普通民众此时对待德国的态度也异常激动，甚至可以说到了癫狂的程度。此时法国到处都是示威活动，更有甚者还破坏了德国人的店铺，对德国侨民大加迫害。让人称奇的是，从来一贯强烈主张个人自由主义的法国人，此时突然开始集体转变，成为狂热的国家集权主义分子。

第2节　法国边境要塞的建设

为防范宿敌德国，法国仅在东部法德边境地区，即阿尔萨斯和洛林方面构筑了攻守兼备的防御工事。法国之所以如此重视该地区是因为卢森堡和比利时这两个中立国横亘在法德之间，法国盲目地以为德国无论如何不会经由这两国进攻法国。由于法国根本没想到德军会从凡尔登以北的边境地区入侵法国，因此，法军的作战计划主要是围绕卢森堡以南的东部法德边境地区做防御。此次战争发生前，法国一直将德国作为假想敌，但法国认为两国都不会侵犯其他的中立国。在这种假定的基础上，法国着力建设了德法边境防御线，即法国所预想的战场仅是北部的卢森堡到南部的瑞士之间的法德边境地区，这一区域的边境线长度仅二百公里。自1870年普法战争后，失利的法国在此开始大力修筑防御工事。法国首先在这一区域的南部，即靠近瑞士一侧建设了贝尔福要塞，以此来阻断德国由孚日山脉和侏罗山脉之间向南通往法国的交通要道。1871年以来法国对此要塞进行了多次修整加固，可以说此要塞是现今屈指可数的最坚固的要塞之一。此要塞和瑞士之间的空隙由建在德洛蒙特的要塞来弥补，其主要作用是防备德军向南迂回攻击贝尔福要塞。贝尔福北部有吉罗马尼要塞。该要塞是一处位于吉罗马尼高地的大型堡垒，其主要作用是防范德军从北侧迂回攻击贝尔福要塞，该要塞与建在摩泽尔河上游的工事遥相呼应。由四个要塞及中间的两个炮台组成的防御线，不但可以随时封锁贝尔福要塞和埃皮纳勒要塞之间的地带，还可以同时扼守经由阿尔萨斯地区翻越孚日山脉的多条道路。北部的埃皮纳勒要塞是横跨摩泽尔河的一大要塞，1871年以来已历经数次扩建；该要塞北方约四十公里处有圣万森要塞，并且有战时在此筑城的打算；圣万森要塞北方还有图勒要塞。图勒要塞横跨摩泽尔河，其外国防线里三层外三层，周长约五十公里，是第一等要塞。图勒要塞与圣万森要塞及埃皮纳勒要塞共同构成一个直径约三十一公里，周长约九十公里的要塞群。图勒要塞不仅是法国对德防御线的重心所在，也是其野战部队的重要根据地。凡尔登要塞是法国东部边境防御线左翼

凡尔登要塞

部分的重要据点，该要塞占据默兹河两岸要地，其周围被两重堡垒和炮台拱卫，周长约五十四公里，也是一个坚固无比的一等要塞。凡尔登要塞和图勒要塞都是利用易守难攻的天然地形所建，两者距离约五十公里。两座要塞中间有上千门大炮。这条防线牢牢地扼守住了德军的进攻路线，在有效防御敌军进攻的同时，也可以为越过默兹河向前进攻的法军提供良好的掩护。

第3节　法国失算

法国为了防范德国倾尽国力，不只在边境线地区进行大规模的要塞建设，还在后方建设了第二和第三道防线。从凡尔登向北还有两三座要塞；此外在瓦兹河上游数条铁道交汇处的伊尔松也建有坚固的堡垒。第二道防线主要由兰斯、拉昂、拉费尔等小要塞构成，此外在法国北方靠近比利时一侧，自1870

年普法战争之后也开始构筑了不少要塞，其中鲁贝和里尔要塞相对比较坚固，其周围还有两三个小要塞互相拱卫。在沿海地区的敦刻尔克、格拉沃利讷和加来也筑有坚固的城池。英军将这些地方作为登陆地点进行了周密的准备。

从以上要塞的配置来看，法军最初设想的战场就是法德边境地带。在大战开始之前法军作战计划的主要内容是：首先等待英国援军于1914年8月20日前完成登陆，随后两军联手进行战略展开，并先于德军展开攻势。法军吸取了当年普法战争中的诸多失败经验，在摩泽尔河与默兹河两岸新建或扩建了许多要塞，以加强对东部边境地区的严防死守。其中就包括上述的贝尔福、埃皮纳勒等要塞。这些要塞不但要起到防御德军进攻的作用，还要成为对德国发起反攻的支点。战争之初由于法军没有料想到德军会侵犯中立国比利时，并经比利时从法国北部进攻，因而其防御重点仅是放在法国东部的法德边境地区。当时法军将第一军屯驻于贝尔福和沙尔姆之间，第二军集结于沙尔姆和图勒之间，第三军屯驻图勒和凡尔登之间，第四军集结于科梅尔西以西作为预备力量，第五军集结于凡尔登至梅济耶尔的西北方向。从法军兵力配置来看，法国只关心其东部边境地区，而对默兹河以西的比利时方向完全没有防备。因此，当德军以四路大军从凡尔登以北冲杀过来时，法军只有一路大军可以迎敌，这就导致法军很快陷入被动局面。

大战开始后，法军才觉察到德军将要从比利时方向进攻法国，因此，法军总参谋部迅速调整了战略部署，将除第二军以外的军队全部左移，将原来作为预备军的第四军调整为先头部队，最终将大部队移至莫伯日南面的福尔米附近。

作战计划变更后的法军阵型为：第一军由贝尔福运动到沙尔姆附近；第二军由沙尔姆向凡尔登移动并横跨凡尔登；第三和第四军由凡尔登移动至梅济耶尔以西地区；第五军与第四军的左翼会合后，运动至莫伯日南方的福尔米地区。此外，法军计划把1914年8月20日抵达的英军部队配备到第五军的左翼方向。

由于法国人的个人自由主义思想一向超前，导致法国人过于重视法律或国际条约，因而忽视了德军通过中立国比利时来犯的可能性。然而，实际上德国这招早有预兆。德军事先早已着手整备通往比利时的莱茵铁道，法国在当时就应该给予足够重视。事实上，法国一部分军事专家已经觉察到德军在作战计划上的变化，并警告当局称德军将要借道比利时进犯法国。然而，法国当局竟对此不以为然，仍然按照既定对策行事，对法比边境地区仍不加以重视。法国的第一次战争动员令发出后，仍然将战略重心向东部边境地区倾斜，对北部边境完全没有进行考虑。如此一来法国就被德国抢得了先机。在第一阶段的战争中，法军大败于德军，致使巴黎岌岌可危，被迫匆忙迁都波尔多。法军之所以陷入被动，主要是因为法国没能及时洞察到列国对峙之下国际形势的变化，并且过于相信国际条约，同时还欠缺发现敌人真正意图的战略眼光。

第2章

战幕拉开及英国的动向

第1节　法军进攻阿尔萨斯

此次世界大战主要在德法两国之间展开。德法两国在阿尔萨斯地区的交火为此次大战正式拉开序幕。法军于1914年8月2日开始进行战争动员，然后计划从法德边境一侧对集中在梅斯、斯特拉斯堡一线的德军展开攻击。法军取道贝尔福，彻夜进军，在越过阿尔萨斯地区的国境线之后到达阿尔特基克。阿尔特基克市的防御工事异常坚固，德军也准备死守。然而，由于法军将士对四十年前德国割取阿尔萨斯和洛林之恨已经深入骨髓，因此一心只想复仇的法军竟完全置德军猛烈炮火和阵前铁丝网于不顾，奋勇向前。强攻之下，法军最终获胜并占领阿尔特基克。败下阵来的德军逃到米卢斯。1914年8月7日，追击而至的法军又将米卢斯收入囊中。至此，欣喜不已的法军终于在他们的故土阿尔萨斯插上了法国的国旗，四十年来梦寐以求的夙愿终于得以实现。

法军占领米卢斯后，德军发起了数次反攻，在法军的奋力还击之下均告失败。此时德法两国空军在空中也进行了激烈的空战。1914年8月13日，德军最终取得大捷，夺回了米卢斯。德军俘获了法军十名军官、五百名士兵及四门大炮和无数枪支弹药。不甘失败的法军大怒，在随后的战争中，法军用两天的时间与德军展开激烈的争夺战，并最终再次将德军击退。此役全歼了包括龙骑兵联队在内的千余名德国官兵，同时还占领了科尔马。1914年8月15日，法军在孚日山脉的山谷又再次击溃德军，致使德军士气更加萎靡。连战连捷的法军此时士气正旺，因此，想趁势一鼓作气地收复整个阿尔萨斯和洛林地区。然而从1914年8月23日、24日两天开始，德军开始转入全面反攻。法军一触即溃，将一度占领的米卢斯又拱手让给德军。随后法军全线溃退，被迫撤回法国境内。此次德法边境之战对法国而言，只是空欢喜一场。不过由于法军曾一度攻入阿尔萨斯和洛林地区，因此对提升法国的士气还是有积极作用的，而且前期的胜利也有效地牵制住了计划向法比边境进军的德军部队。此外，德法边境之战还为协约国一方进行战争准备争取了时间。

其实，这场战役法军本来的目的也是牵制德军，因为法军只有五个军的兵力。即便法军能孤军深入顺利攻入德国境内，也存在被德军切断后路的危险，因此，法军的最终目的并不是要与德军一决胜负。因此可以说，败退实际上也是法军预定作战计划的一部分，其根本目的就是拖延时间，为英法联军顺利完成战争总动员和部队集结提供时间。从这一点来说，法军的计划是成功的。

第2节　英国统一国内争论

此次大战开始前，因关于阿尔斯特地位的爱尔兰自治法案引发英国国内纷争不断。此事不仅事关赫伯特·亨利·阿斯奎斯内阁的生死存亡，而且关乎英国将来的安危。因此如果纷争不能得到妥善解决，英国就有可能出现大的动乱。三年前，阿尔斯特地区的居民和爱尔兰国民党都在积极发展军事力量，想通过武力解决这一纷争。好在阿尔斯特地区的居民和爱尔兰国民党都很好地受到本组织领导人的管控，没有诉诸武力。1914年7月，奥塞两国的尖锐对立致使整个欧洲形势波诡云谲，此时阿尔斯特地区的居民和爱尔兰国民党之间的矛盾也达到了顶点。英王乔治五世虽然做出了一些让步，但没能实质性地改变现状。爱尔兰国民党企图通过德国商人走私军火，结果被驻扎在爱尔兰的英军发

乔治五世

现，随后爆发了非常大的冲突。此后爱尔兰境内气氛紧张，内战大有一触即发之势。就在英国政府和人民束手无策之际，不知是幸运还是不幸，德国的跋扈行径使德国与英法之间的宿怨再次被激化，并直接影响了英国的国家利益。虽然英德之间为此进行了直接交涉，但无果而终。最终，德国对比利时的侵犯给了英国对德国宣战的借口。在内乱即将爆发之际，阿尔斯特民众与爱尔兰国民党之间的纷争也因德国的行为暂时停止。此外，平时一有机会就提出内阁不信任案、让现行政府难堪不已且在暗中支持阿尔斯特民众进行叛乱的统一党此时竟然也改弦更张，与政府达成了和解。因此，在英国国内出现了全民一致共赴国难的大好形势。总体而言，英国人有大局观大智慧，他们会在国家利益面前抛弃一些地方或内政纷争。

此外，一直以来让赫伯特·亨利·阿斯奎斯政府头疼不已的另一个问题是女性的参政权问题。以埃米琳·潘克赫斯特为代表的女权团体，为争取妇女的参政权，经常采取过激行为。一旦未能满足她们的主张，她们便会在公园或剧场进行集会演说，甚至会采取激进的行动。其中包括对首相和其他反对人士进行袭击。这些女权人士虽然屡次因此入狱却毫不退缩，反而使得该运动越来越有声有色。当然，该运动背后无论是政府内部还是民间都有许多支持者。然

埃米琳·潘克赫斯特

而，即便如此如火如荼的运动，当碰到对德开战这样的大是大非的问题时，女权人士也转而与政府结成了统一战线，甚至开始积极招募义勇军来对抗德国。与此同时，英国还有一个由相对温和的女权运动家费塞特率领的、由两个团体组成的全国妇女选举权联盟，也将自己主张的女权运动暂时中止，转而与其他各种团体一起积极合作，共同参与属于皇室计划的失业妇女救济活动、红十字会救护活动及比利时人救助等各种公益活动中去。她们在活动中无私奉献，为英国的参战做出了积极的贡献。随着资本主义的发展，英国国内资本家和工人之间的矛盾也日益尖锐，政府对此也是没有好对策。好在随着战争的发生，这一问题也得以暂时缓解。

因此，英国政府以“早晚要与德国开战”为契机，既达到了战争动员的目的，又灵活地将国内矛盾向外转嫁，从而实现了一石二鸟的良好效果。

第3节　英国的要塞防御

由于英国是个四面环海的岛国，因此其要塞也都是沿海岸线而建，甚至在内陆没有建设一个要塞。英国的要塞主要有：

一、英吉利海峡一侧有普利茅斯、朴次茅斯、多佛尔、查姆、哈里奇五个海岸要塞。

二、北海方面有纽卡斯尔和爱丁堡要塞。

三、大西洋方面有利物浦要塞。

此外在北海方面，近年来在苏格兰的福斯河河口的罗塞斯港也新建了一个大要塞。其中的普利茅斯、朴次茅斯及查姆是英国海军的三大基地，因此其要塞防御也极其坚固。普利茅斯和朴次茅斯要塞同时可进行海陆双向攻防作战。

如前文所述，当时英国国内主战派已远远占据上风，并决定要对俄法两国进行援助。1914年8月3日，当英国接到德军已入侵中立国卢森堡并进而侵犯比利时的消息后，英国国民义愤填膺，无数伦敦市民集结到伦敦西区及白金汉宫前举行集会。人们一起高唱英国国歌，大肆声讨德国，大有要生吞德国之势。在此情形之下，英国立即对海军、陆军发出战争动员令。1914年8月4日，英国对德国宣战的同时，当局还任命霍雷肖・赫伯特・基奇纳元帅为陆军大臣，约翰・弗伦奇元帅为陆军总司令，杰里克中将为英国舰队司令，马登少将为参谋总长，并为此出动了北海和地中海两大舰队。同时，为了协助法国和比利时抗击德国，英国决定向欧洲大陆派遣远征军。英国在确保北海及英吉利海峡制海权的同时，一部分英国陆军于1914年8月9日在比利时奥斯坦德和法国加来登陆，随后英法军队会合，一起向比利时的那慕尔方向进发。

第3章

巴黎危急

第1节　德军长驱直入

英法两国从完成战争动员到将部队运送至比利时战场至少需要三周时间，也就是说，最早要到1914年8月20日后才能完成这一系列动作。在这期间德军已经攻陷了列日要塞，并于1914年8月23日攻陷了那慕尔要塞。随后，德军又在占领了布鲁塞尔后，将比利时军队残部牢牢地钳制在安特卫普，使其动弹不得。与此同时，德军在击退英法联军的先头部队后，将英法联军的战线压缩至比利时南部的法比边境地区。随后，德军除留下部分兵力继续围攻安特卫普之外，将其余兵力全部用于进攻法国。当时德军兵分七路，其中第一军至第五军向法比边境进发；第六和第七军与驻扎在法国南锡的法军第一军进行对峙。德军右翼部队从法军第一道防线的里尔方面进行大回旋之后，从比利时的蒙斯、沙勒罗瓦、瑟兰经凡尔登北部最终到达吕内维勒，如此一来德军就能以凡尔登为中心钳制英法联军两翼。1914年8月24日，德军第一军分别与蒙斯附近的英军和沙勒罗瓦附近的法军展开激烈战斗。英法两军苦战无果，在蒙受巨大损失后被迫退至西起布律埃拉比西埃、东至莫伯日的第一道防线内。此役仅英军就死伤两千余人，法军损失应该更加惨重。

德军将英法联军压迫至法国第一道防线后仍旧马不停蹄地全力追击。德军部队行动之灵活与大胆让人叹为观止。历史上，拿破仑·波拿巴也曾从柏林南部一路马不停歇地对敌展开追击，并于二十天后将反法联军压缩至但泽到托伦一线，且最终迫使对方投降。一个世纪后的此时，武器装备日新月异，进步神速，五万德军星夜兼程如潮水般不断向前奔涌。德军为了赶时间甚至来不及为同伴收尸，只能踏着战友的尸体不断向前奔袭。随着时间的推移，战线越拉越长，武器弹药和给养逐渐匮乏。但德军对此全然不顾，仍然持续向前追击了两个星期之久。德军的行动可以说到了狂暴的程度。由于速度过快，德军在行动中在所难免地出现了一些失误或失算，但德军对此依旧全然不顾。因为按照威廉二世的计划，德军应速战速决，尽快降服法国，之后还要迅速掉转枪口攻打俄国。然而，由于受到比利时军队的顽强阻击，德军的行动比预定计划滞后了二十多天；同时，德军接到战报称俄军已经逼近德国边境。慌了阵脚的威廉二世因此一再强令西线德军速战速决，尽快兵临巴黎，降服法军。

1914年8月25日起，德军将右翼精锐部队全部配置到布鲁塞尔至巴黎的通道的要害之处，摆出要全力攻击巴黎的态势。亚历山大·冯·克鲁克将军率领的德军右翼第一军于1914年8月26日在莫伯日击败英军；卡尔·冯·比洛将军的第二军和马克斯·冯·豪森将军的第三军于那慕尔西南方向大败法比联军大约八个军之后，迅速通过莫伯日的东部地区追击逃跑的法比联军；符腾堡大公阿尔布雷希特率领的第四军和德国皇储威廉率领的第五军也开始按照既定计划向前运动。1914年8月28日，德军仍在继续不停地向前追击，亚历山大·冯·克鲁克的第一军把配合法军第三师行动的英军围困至圣康坦以北地区后展开攻击。此役共俘获数千俘虏及野战重炮部队的第八中队。卡尔·冯·比洛将军及马克斯·冯·豪森将军率领部队前插至伊尔松；符腾堡大公阿尔布雷希特部从梅济耶尔东南方向渡过默兹河后向法国进军；德国皇储威廉率部击败了从凡尔登方面出动的法军之后，对法军残部展开全面追击。

英法比联军在遭受一连串打击后，士兵身体困乏、士气低沉。节节败退的联军只好将兵力集结到梅济耶尔以南地区，力求保住亚眠至拉费尔的第二道防线。1914年8月30日，联军在遭到德军的猛烈攻击后再次全线溃败。联军左翼由巴黎北部的瓦兹河左岸经苏瓦松南部与兰斯北部接壤的地带，最终到达阿

亚历山大·冯·克鲁克

符腾堡大公阿尔布雷希特

尔贡森林北部及凡尔登方向。随后，联军以此为据点控制住了埃纳河的后方地区。至此，联军总算再次形成了防守阵型。

第2节　法国的中流砥柱约瑟夫·霞飞将军

此时如果法军第二道防线被德军突破的话，则巴黎将陷入万劫不复之地。巴黎的防御阵型终于在1914年8月末全部成型。曾闻名于世的花都巴黎是世界时尚的最前线，又是华丽无比的社交大舞台。如今巴黎四周却被防御工事包围，美丽的塞纳河河畔也将变成修罗场。在法国命运岌岌可危之际，以沉稳且机智而著称的约瑟夫·霞飞将军临危受命，力挽狂澜。名将之所以

约瑟夫·霞飞

是名将，看的就是其如何在沧海横流之际再造乾坤。其实，1914年8月24日以来英法联军的节节败退也是有意为之，这皆是出自约瑟夫·霞飞之手。约瑟夫·霞飞之所以这么干，是源于其以多年来丰富的实战经验及清晰的头脑，以及对形势的准确判断。如果约瑟夫·霞飞将军是平庸之辈的话，即便知道没有胜算，也必定会命令部队死守第一道防线。然而，已经攻占比利时全境的德军此时正乘胜一路向南朝法国杀将而来。此时的德军势如破竹锐不可当，而当时法国还未做好防御准备。因此，如果法军在这个时候与德军硬抗，恐怕只有惨败。老成持重且深谋远虑的约瑟夫·霞飞将军与世上那些每临大事犹豫不决且不顾大局的泛泛之辈决然不同。威廉二世也认为法国军人之中最让人忌惮的是有殖民战争经验之人。果不其然，德军此次遇到的最顽强的对手就是曾经在法国殖民地摸爬滚打过多年的将领们。其中，在后来的马恩河战役中，重创并击退二百万如洪水猛兽般袭来的德军的，正是有着殖民地从军经验的约瑟夫·霞飞将军。

约瑟夫·霞飞出生于1852年，十七岁进入巴黎一家有名的学校学习，才上了一年就赶上了普法战争。于是约瑟夫·霞飞以工兵少尉的身份出征参战，因后来在巴黎北部的昂吉安莱班修建炮台有功，二十四岁升任大尉。后来，约瑟夫·霞飞又被派往越南、马达加斯加等地，前后在海外历练共达二十年。其间，约瑟夫·霞飞曾屡次率军与原住民交战，取得了丰富的实战经验，这些经历也最终令他获益匪浅。约瑟夫·霞飞生性沉默寡言，完全不像个热情洋溢的法国人，反倒更像个内敛持重的东方军人。约瑟夫·霞飞于1911年就任法军总参谋长，此次大战又被任命为法军总司令。在法国生死存亡之际，约瑟夫·霞飞采取了一个异常大胆的计划，那就是命令前线部队整体撤退至巴黎附近。该命令于1914年8月24日下达。

根据命令，法军开始逐步南撤。一部分兵力通过铁路运输得以迅速后撤，而大部分士兵只能依靠步行南撤。要想在1914年8月24日到1914年9月4日这短短十二天内指挥超过百万人的大军全部有序撤退十分困难，因此，法军的撤退现场十分混乱。为保密起见，法军士兵并未被告知撤退的理由，因此部分法军部队在撤退时还尝试对德军展开攻击，并取得了一些胜利。也正因不知缘由，很多法军军官对撤退命令有很大怨言。其中法军第四军就曾在吉斯大胜德军。第四军司令在向约瑟夫·霞飞报捷的同时请求约瑟夫·霞飞终止撤退命令。约瑟夫·霞飞为了不打击第四军的士气，特意准许其修整一天后继续撤退。

最终法军依次撤退到巴黎、凡尔登一线，在进行休整之后全体进入了战略防御态势。

第3节　巴黎市民坚守巴黎

法国政府的战争动员令一下达，大批青壮年就开始踊跃参军，以至于当时巴黎市内基本上就只剩下一些老弱妇孺。老弱妇孺们时刻都在焦急地等待着战场上的消息。最初法国政府多少还能及时发布一些比利时或洛林地区的战报，这让巴黎市民在忧虑之中或多或少得到一些安慰。后来由于法国政府断绝了一切消息，这使人们的疑惑和恐惧之情达到了顶点。1914年8月29日，法国政府又开始突然发布战报称：从索姆河到孚日山脉一线没有任何形势变化。索姆河距离巴黎仅约二百五十公里，因此，德军已经越过边境侵入到法国腹地的事实已非常清楚，由此可以推测出法国边境的守军必然已经溃败。法国国民得知此消息后大惊失色，愤愤不平地指责政府为何对之前的战况瞒而不报。此时的法国国民像曾经在普法战争时那样，已经做好了坚守巴黎的思想准备。当然，有财力者已经将自家贵重财物悉数搬离巴黎，而且很多外国人也都离开巴黎。

此时战争部部长亚历山大·米勒兰重新起用了已经归隐田园的老将约瑟夫·西蒙·加利埃尼，让其担负防守巴黎的重任。约瑟夫·西蒙·加利埃尼比约瑟夫·霞飞年长三岁，他也是在普法战争时从士官学校参军，后来跟随殖民地远征军参加了征服非洲西岸的塞内加尔战争，之后又在越南、马达加斯加等地前后度过了三十年军旅生涯。服役期间，约瑟夫·西蒙·加利埃尼曾屡次参

亚历山大·米勒兰

加与当地原住民的战斗并取得了不少战果。比起军事才能，约瑟夫·西蒙·加利埃尼更加擅长的是作为统帅的政治才能。约瑟夫·西蒙·加利埃尼认为：与其以武力降服他人，不如用高超的外交技巧等和平方式让人心悦诚服地归顺。于是在约瑟夫·西蒙·加利埃尼所到之处，殖民当局都以盖医院、修学校、开市场等体现现代文明的方式使当地民众的生活面目焕然一新。海外服役三十年后，当约瑟夫·西蒙·加利埃尼回到法国之时，开始担任里昂卫戍总督一职，并最终功成名就光荣退休。在如今法国形势风云突变、危如累卵之际，战争部部长亚历山大·米勒兰认为，只有约瑟夫·西蒙·加利埃尼能堪防守巴黎的大任，于是将约瑟夫·西蒙·加利埃尼任命为巴黎卫戍总督。从结果来看，约瑟夫·西蒙·加利埃尼的确拯救了整个巴黎甚至法国。当然，我们也必须说亚历山大·米勒兰的眼光真是独特又老到。总之，这为后来法军在马恩河战役中取得胜利做了良好的前期铺垫。

第4章

法国迁都波尔多

第1节　约瑟夫·西蒙·加利埃尼将军发布公告

约瑟夫·霞飞将军既然已经决定要全军战略撤退，就必然会彻底贯彻这一战略。只要法国整体命运无虞，无论付出何种代价都在所不惜，即便让巴黎变成人间地狱。当然，在实施上述战略前，有必要先将法国政府迁移到一个安全的地带。于是约瑟夫·霞飞向内阁提议迁都波尔多。雷蒙·普恩加莱总统在内阁会议上对这一提议表示反对，司法部部长阿里斯蒂德·白里安和外交部部长泰奥菲勒·德尔卡塞也同样表示反对。而战争部部长亚历山大·米勒兰则对约瑟夫·霞飞提案表示支持。亚历山大·米勒兰认为：“事到如今，能堪当救国大任者唯有约瑟夫·霞飞将军，我们应该接受将军的提案，至少应该优先将陆军军部迁移至安全地带。”得益于亚历山大·米勒兰的强烈坚持，内阁会议最终同意了这一提案。1914年9月2日，总统、政府及各国使节离开巴黎迁往波尔多。政府发布公告称：“今日迁都波尔多并非因为担心巴黎会受到敌人的攻击，而是要将巴黎作为主战场。”为帮助市民撤离，政府还准备了免费的列车。

法国政府迁移的前一天，约瑟夫·西蒙·加利埃尼将军问战争部部长亚历山大·米勒兰说：“巴黎的防御是否意味着一区一街乃至一家一户都不能陷入敌人之手？”亚历山大·米勒兰坚定地回答说：“是。”1914年9月3日，约

约瑟夫·西蒙·加利埃尼

瑟夫·西蒙·加利埃尼将军发表公告，要求巴黎市民于1914年9月4日之前全部撤出巴黎，并宣誓：“我受命抵御敌军守卫巴黎，必将抗战到底。”约瑟夫·西蒙·加利埃尼将军虽然言语简短，但态度异常坚决，因而受到了性格直爽的巴黎市民们的热烈欢迎。大家一致对老将军的英豪之气赞赏有加。

如今巴黎城内的市民基本只剩下土生土长的巴黎人。他们因为热爱这片故土而誓与巴黎共存亡。此时巴黎市民仍在谈笑风生，将视死如归的巴黎大无畏精神发挥到了极致。市民回忆起以前普法战争时巴黎因被围困而食品匮乏的情形，说道：“我们终于又可以品尝到美味的老鼠肉了。”市民谈笑之间似乎急切地期待着隆隆炮声赶紧响起来。

第2节　德军长驱直入法国境内

四十三年前的普法战争时，波尔多就曾在巴黎被围困之际做过一次陪都。巴黎在地理位置上过于靠近法国北部边境，距北部边境仅二百公里，距东部德法边境也仅三百余公里。德军一旦越过边境，则巴黎的生死存亡就在弹指之间。战争一开始，德军就在突破法国第一道防线后，迅速迫近法军的第二道防线，此时德军距巴黎仅一百多公里。因此，为防万一，法国政府迁都至远离巴黎的法国南部的波尔多是有必要的。总之，当时的巴黎已经失去了其作为政治中心的地位，这时仅仅是一座要塞。据估算，凶猛的德军要想攻陷巴黎至少需要四十万大军和三四个月的时间。尽管占领巴黎对德国来讲意义非凡，但所需要的兵力和时间也是德国无法承受的。由于德军原本计划是尽早降服法国然后东进俄国，因此，德军并不想围困巴黎和法国打持久战。德军右翼主力部队还一度摆出要进攻布鲁塞尔至巴黎一线的架势。此举的真正目的是想要牵制英法联军南撤，并意图将联军一半的兵力围困在巴黎市内，同时将另一半联军围困在凡尔登和图勒两大要塞中，从而达到切割联军的目的。然而，由于法国政府果断地采取了迁都波尔多的措施，使法军抢得了先机。此时的巴黎纯粹只是一座普通的要塞，这也为后来联军的作战解除了顾虑。

虽然英法联军的败退到底还是不敌德军所致，但这与生死攸关之际需要全力以赴发起大决战时遭遇大溃败并不是同一个概念。英法联军的败退是有意为之，其目的就是暂时躲避德军锋芒，迅速撤退至有利地形后以逸待劳，伺机迎头痛击冒进的德军。当然，德军对联军追击之凶猛让人咂舌；同样，联军左翼部队依托巴黎要塞而进行的撤退行动也是巧妙异常。

1914年8月30日，将英法联军击退至埃纳河左岸的德军左翼和中路部队已连续追击了十二天，此时德军将士都已经十分疲惫，弹药和给养也难以为继。因此德军决定全军于1914年8月31日至9月1日两天进行停战休整。英法联军得以趁此空当从容地继续后撤，并在巴黎到凡尔登一线构筑起了最后一道防御阵地。经过两天休整、元气也有所恢复的德军右翼部队从瓦兹河北部地区继续向前推进。德军第二军占据了瓦兹河和埃纳河之间的中间地带；第三、第四、第五军从梅济耶尔南方继续向前推进，占领了阿尔贡森林北部地区。

早前由于英法联军左翼部分兵力稍显薄弱，于是法国将南锡方面守将保罗·马里·萨塞尔·吉拉德·包将军任命为中央部队兼左翼部队司令官。1914年9月3日，一直朝巴黎方向突进的德军第一军突然掉转方向，转而向巴黎东北部进军。其余德军部队也于4日、5日依次向巴黎和凡尔登之间的中间地带集结，开始挤压英法联军的防线。这一系列动作都表明，不愿打要塞围攻战的德军企图通过野战的方式来绞杀联军。英法联军则顺势而为，将己方左翼部队巧

保罗·马里·萨塞尔·吉拉德·包

妙地让出一个口子，依托巴黎东部地区向巴黎南部进行总撤退。联军的撤退致使德军的企图没能得逞，反倒使自己冒进到了英法联军的口袋里。德军左翼部队顿时陷入了极其危险的境地。

此时在东部俄德边境战场上俄军大败奥匈军队，惊慌失措的威廉二世急忙抽调八支军队的兵力奔赴东方战场进行驰援，并将德国皇储威廉任命为东普鲁士方面军总司令。威廉二世甚至还亲自督军，命令西路大军向凡尔登、沙隆的中间地带进发，企图以中部开花的方式展开猛烈攻势，一举歼灭英法联军。

第3节　法军反击

当时德军与英法联军人数旗鼓相当，双方共计三百多万人。随着双方的你进我退，两军阵型逐渐形成一个弓形。一路如洪水般不断猛烈追击英军而来的德军第一军的一部，此时已先期抵达巴黎北部约四十公里的地方。再有一日，德军就完全有可能进入巴黎市中心。此时的巴黎守将约瑟夫·西蒙·加利埃尼一边处心积虑地忙于在巴黎构筑防御工事，一边又要及时寻找战机，给予德军迎头痛击。1914年9月3日，约瑟夫·西蒙·加利埃尼在和部下开会时，一名侦察机飞行员突然出现要求面见约瑟夫·西蒙·加利埃尼。因为约瑟夫·西蒙·加利埃尼正在聚精会神地开会，于是就让参谋长代为接见。然而，该飞行员称有要事相告，执意要求面见约瑟夫·西蒙·加利埃尼，最终约瑟夫·西蒙·加利埃尼与其在另一个房间进行了会面。该飞行员称，德军第一军亚历山大·冯·克鲁克部向东南方向突然急转之后，迂回到了巴黎东部，现正在南下途中。约瑟夫·西蒙·加利埃尼对此十分吃惊，急令飞行侦察部队对该情报进行核实，三小时后侦察部队确认了此条情报。约瑟夫·西蒙·加利埃尼顿时陷入了沉思。不久，约瑟夫·西蒙·加利埃尼便眉开眼笑地对一旁的参谋长说："好，大事定矣。"德军第一军向东南方向急转冒进，致使其右翼完全暴露在了法军面前。约瑟夫·西蒙·加利埃尼的策略正是抓住这个时机突袭德军。

随后，约瑟夫·西蒙·加利埃尼通过电话和约瑟夫·霞飞讨论了此事。在取得一致意见后向法军下达了反击命令。1914年9月4日，约瑟夫·霞飞向全军发布命令，要求停止撤退立即转为全面反攻。命令称：“如今是德军自投罗网，我们不应放过此天赐良机。英法联军要集中左翼全部力量全力攻击敌军侧翼。1914年9月5日进行战略反攻准备，1914年9月6日发动全面攻击。”同时约瑟夫·霞飞在确定了联军各部队的行动部署后，命令各部迅速各就其位，同时向全军发布了战斗檄文：“如今之计关乎国家命运，我等不可再瞻前顾后，只管勠力同心，一致向前，退敌于国门之外。各部队如果不能向前破敌，则必须死守阵地，不得后退半步，要有死守阵地之觉悟。”法军将士们对此命令备感振奋。

法军自比利时边境撤退以来，十天行军，行程已经接近四百千米，其中甚至有些部队还没有跟德军交过火。由于这些士兵不知道撤退原因，致使他们士气逐渐消磨殆尽。当他们渡过马恩河南撤的时候，望着被璀璨灯火映照出满天虹彩的巴黎时，担心、绝望等复杂的感情在他们心中不断地交织着、混杂着，他们一想到自己的祖国现在正遭受着宿敌德国的百般蹂躏，而且还将要陷入万劫不复之地时，沮丧与悲愤之情便涌上心头。在这十天的撤退过程中，士兵们领到的给养也严重不足。不少士兵只能靠生吃野菜充饥，导致不少人已经奄奄一息。当士兵们遇见运送面包的车辆时就会纷纷上前索要，如果要求未能得到满足，甚至还会强行哄抢。当已经陷入绝望的士兵们突然听到反攻的命令后，个个开始精神抖擞了起来，大有起死回生之感。当初如同羔羊遇到饿狼般畏缩胆小的法军，如今摇身一变，成了一头血脉偾张的公牛，并开始摩拳擦掌跃跃欲试，准备反攻。

第5章

马恩河大战

第1节　拿破仑·波拿巴的古战场

马恩河曾经是拿破仑·波拿巴指挥作战的古战场。当时拿破仑·波拿巴在马恩河战役中表现出的高超的战略艺术受到各方的高度评价。拿破仑·波拿巴在莫斯科战败之后，俄国、普鲁士、奥地利三国联合攻入法国，三十万联军势不可当，如同大雪崩山一般不日就迫近巴黎。而当时只有十七万兵力的拿破仑·波拿巴利用其所擅长的集团作战策略，将联军分割开来并各个击破。当时一共产生了大大小小几十个古战场，这些战场的名称流传至今，仍为一般法国人熟知。大英雄拿破仑·波拿巴最后勇猛奋战的古战场在百年之后再次担负起了抵御德军入侵的历史使命，这种巧合实在是让人称奇。

马恩河大战的战场位于巴黎和凡尔登之间、约两百多公里宽的地域内，此地属于香槟地区，是法国有名的香槟酒产地。从德国的孚日山脉到西班牙之间，地势逐渐由高变低并在中间地带形成了一片大平原，其中巴黎就建于该平原地带的塞纳河河谷之中。有一条弓状河流流经该平原后，在巴黎附近汇入塞纳河，此河便是马恩河。马恩河河道弯曲，就如同一条蜿蜒爬行的长蛇。马恩河作为塞纳河的一条支流，可以灌溉整个香槟地区的土地。香槟地区的土壤多为白垩质土壤，越靠近巴黎地区，土地就越肥沃。越过巴黎再往凡尔登和阿尔贡森林方向去的话，沼泽或湿地就会变多。

法军于1914年9月5日做好了反攻准备。法军第六军首先奉命以预备役部队一个军的兵力袭击德军右翼亚历山大·冯·克鲁克的第一军右侧。此前，法军第六军一直被德军第一军紧追不放，一退再退，在睡眠不足和给养匮乏的情况下每天还要行军几十公里。如今第六军上下已经困乏到了极点，甚至其中一些士兵由于体力不支而倒在路旁，还有些气力的战友则会替他们扛起枪支和背囊，互相搀扶着继续后撤。撤退期间德军的炮弹还不时地呼啸而来，导致法军伤亡惨重。士兵们由于不知道撤退是法军的一个战略，还误以为和1870年法军完败时的大撤退一样。加之士兵们看到沿途逃难的百姓们流离失所的惨状后，就变得更加沮丧。1914年9月3日，当他们撤退到巴黎附近时，从沿途的路标上得知此地距离巴黎仅二十公里，突然意识到巴黎已危在旦夕。士兵们在感到绝望的同时，还从心底油然而生了一种无论如何都要拼死一搏的勇气。当他们从巴黎的援军那里得到了武器及给养后，队伍渐渐开始恢复了元气。

一名法国士兵曾在日记中记述过经过巴黎附近时的这段经历，他写道："连日来的悲观失望情绪有所消散，我们突然感到一种神秘的力量注入体内。危险反倒刺激了我们，使我们豁然觉醒。巴黎，这里有我们的父母妻子。野兽一般的德军正用尖牙利爪想要夺走我们最珍贵的东西，我们将拼死保卫我们的家庭，还有我们自己。"还有一名士兵写道："如果最终难免一死，那我就选择光荣地战死在保卫巴黎的战场上。"正在此时，约瑟夫·霞飞将军慷慨激昂地向全军下达了反攻命令。接到命令后，法军将士个个血脉偾张，连日来的萎靡气息一扫而光。法军将士们慷慨激昂地决意以拳拳爱国之心与德军决一死战。

法军第六军的预备役部队于1914年9月5日下午向德国第一军右翼发起猛烈攻击。此时亚历山大·冯·克鲁克手头上仅剩战役预备队第四军留在了马恩河右岸地区，其余的四个军已悉数南渡马恩河，向法国南方深入。因此，德军现在只有一支军队对抗法军的反攻，而当时德军这一军队的任务是负责看护巴黎的右翼。十天以来，德军对法军一路穷追猛打，如入无人之境，因此德军各级对法军都非常藐视，误以为法军已经没有任何还手之力。甚至对巴黎要塞内的法军精锐第六军也十分不屑，想趁此机会将第六军一举歼灭之后进驻

马恩河战役中等待攻击的法军士兵

巴黎。这种想法当然是亚历山大·冯·克鲁克的一厢情愿，并没有得到威廉二世的赞同。因为德国的赫尔穆特·卡尔·贝恩哈特·冯·毛奇元帅曾留有遗训称：“欲占领巴黎必先克敌于巴黎郊外。”很明显，威廉二世没有采纳亚历山大·冯·克鲁克的意见，而是听信了赫尔穆特·卡尔·贝恩哈特·冯·毛奇的忠告。

本来亚历山大·冯·克鲁克在马恩河地区留下预备役军进行防守，用意就是为了以防万一。德军占据了莫城西北方向的蒙热一带的丘陵，并隐藏在附近的森林里准备守株待兔。德军在森林边缘架好大炮并算好标尺，瞄准眼前的平原地带，只待法军入瓮。当法军向德军发起攻击时，德军的炮火准确命中，给法军造成了巨大伤亡。当时在法军中已很有名气的文学家查尔斯·贝格中尉在此役中作为连长带领士兵向德军猛烈冲锋，不幸中弹身亡。

下一节我们将以查尔斯·贝格中尉战斗至死的经过为基线，详细描述一下当日的战况。

第2节　查尔斯·贝格中尉战死

查尔斯·贝格中尉所在的部队驻扎在达马尔坦到莫城之间的一个有着茂密丛林的丘陵地带。德军在此构筑战壕并潜伏其中，准备伺机给法军以迎头痛击。当天天气酷暑难耐，法军士兵们拖着疲惫的身躯不断向前进军。当他们来到一个叫南特希尔的地方时收到命令，上级准许他们可以在原地休息十分钟。于是士兵们聚集到房屋的背阴处乘凉休息。此时的查尔斯·贝格中尉不顾尘土飞扬，坐在路边向阳的石头上，从怀中掏出前几天收到的家书，双眼透过架在鼻梁上的眼镜聚精会神地读了起来。一个士兵见状问道：“中尉先生，您还真是百看不厌啊！”查尔斯·贝格微微一笑回答道：“是啊，家书抵万金嘛！”正在聚精会神地阅读家信的查尔斯·贝格中尉此时全然不顾自己或许正暴露在敌人的枪口之下，已全然徜徉在来信的字里行间。

大约过了一个小时，此时已经是日上中天。当查尔斯·贝格中尉所属部队渐渐接近当天预定宿营地的一个小山村时，突然一声炮响，一枚炮弹从天而降。法军大惊失色，队伍瞬间混乱不堪。这一声炮响为查尔斯·贝格中尉的悲剧拉开了序幕。战斗随后在两军之间展开。法军也立即整顿好炮兵阵地，将炮弹向德军阵地投射而去。一时间双方炮火冲天，地动山摇。突然，一发炮弹落在了临时安置在一棵柳树旁的法军弹药库，引发了大爆炸。爆炸产生的气浪瞬间让附近的士兵和马匹化为乌有。此情此景让法军士兵怒火中烧，他们以更加猛烈的炮火将炮弹向德军阵地投射。几小时后，法军炮兵将德军炮兵压制得鸦雀无声。其间，查尔斯·贝格中尉所属连队迅速调整队形，将其中四个中队分为四组进行分散突围。查尔斯·贝格中尉率领的一个小队负责向右前方突击，中途他们经过了一片刚收割完毕的燕麦地。查尔斯·贝格中尉根据战场形势不断向士兵们下达“卧倒”“匍匐前进”等命令，以躲避德军的袭击。

法军士兵不断往前推进，突破到了德军火炮的最佳射程之外。法军士兵寻找洼地作为掩体并隐蔽起来，等待着向德军发起突击的命令。太阳西下，暑气逐渐消退，神情紧张且浑身是汗水与泥土的法军士兵随后收到了攻击的命令。于是全体士兵从掩体中一跃而出，他们一边保持着互相联络，一边四散开来向前攻击。当时这些法军士兵要攻占的地点叫蒙热，是德军防守最坚固的一个要塞。1914年9月15日17时许，德军大炮大多已被法军大炮摧毁，只能零星发炮，已经难以对法军形成威胁。法军在不断攻击之下逐渐迫近高地的制高点，德军见状开始集中炮火攻击这股法军。此时查尔斯·贝格中尉和另一个大尉手持手枪，肩并肩地不断向前突击，并不时命令法军士兵注意保持攻击队形。法军士兵们迎着大风在燕麦地里躲躲跳跳以躲避德军的攻击，但还是有越来越多的士兵中弹倒地。此时法军距德军阵地已仅有五百米之遥，德军躲藏在小河后面树林中的战壕里，不断向法军射击。由于德军军装近似土色，因此如不仔细辨别，一时难以分辨德军所在。

查尔斯·贝格中尉高声命令士兵们猛烈还击，他自己则冒着弹雨，在阵地上来回奔跑、爬行，一边大声激励法军士兵，一边指挥他们向德军阵地射击。

法军在马恩河战役中发起冲锋

法军在马恩河战役中追击德军

在法军的猛烈攻击之下，德军士兵开始逐渐丧失抵抗的勇气。从远处已经可以隐约看到德军士兵正以树木为掩护，向身后的山腰处爬去。此时法军队伍中有人大喊一声“德军正在撤退”，查尔斯·贝格中尉见状立即下令全力进攻。法军士兵按照命令匍匐着身子，一边躲避枪弹一边向前爬去。此时，原本与查尔斯·贝格中尉并肩战斗的大尉已经负伤，但他仍坚持向前攻击。最终，大尉在一棵树旁被德军射来的一颗子弹贯穿胸部，当场死亡。其余法军士兵伤亡者也不在少数。经过两轮的攻击后，法军又向前推进了约二百米。然而，法军每人配发的五十发子弹此时已消耗殆尽，而且法军士兵处在一个没有什么掩体的斜坡上。德军居高临下，且法军士兵又穿着醒目的军服，因而形势对法军极其不利。如果法军想要强行进行集体冲锋，无异于集体自杀，必将全体覆灭。

此时与查尔斯·贝格中尉并肩作战的另一名中尉也被德军炮火击中。临死前这名中尉曾用尽最后的力气对蜂拥而来想要救治自己的战友们说道：“不要管我，继续射击。”说完就光荣战死了。查尔斯·贝格中尉目睹了战友惨死，怒不可遏。他发狂般一跃而起，对战友们的劝阻充耳不闻，冒着弹雨强行在阵地中来回穿行，并不断大声地命令法军士兵射击。然而，此时法军士兵们唯一可以用来作为掩护的背包也大多遗失，没有掩护的士兵们丧失了起身向前攻击的勇气。当士兵们向查尔斯·贝格中尉表明了不能冲锋的理由时，查尔斯·贝格中尉激动地说道：“背包是干什么的？我早已把背包扔掉了，子弹要来便来，何惧之有？”说完，就像挑衅一般，朝着德军的机关枪毅然地飞奔而去。德军见状朝查尔斯·贝格中尉打来一梭子子弹，其中一颗子弹贯穿了查尔斯·贝格中尉的头部。勇猛无比的查尔斯·贝格中尉倒在了一大堆尸体中气绝身亡。此时，夕阳的光辉挥洒在查尔斯·贝格中尉的身上，将他的脸颊映照得如同晚霞般亮丽。忽然一阵风袭来，裹挟着一些沙尘飘然而去。

第 6 章

德军大败退

第1节　亚历山大·冯·克鲁克有意撤退

1914年9月5日的大战还只不过是序幕而已，真正的大决战到1914年9月6日才正式开演。约瑟夫·霞飞将军曾向法军士兵发表过的有名训示——“与其后退不如光荣战死”——正是发表于这天早上。1914年9月6日，法军第六军再次向德军发动进攻，一大早就把德军压迫到乌尔克河河口附近，并俘获德军数百人及大炮数门。随后该部继续向前推进至达莫城北部地区。至1914年9月6日10时许，德军两支军队迫于法军的猛烈攻势开始向北撤退。这两支德军军队之前渡过乌尔克河向南一路追着英军而来，由于战场形势的变化，其右翼已面临法军的严重威胁，被迫迅速掉头北撤。如果此时英军能够及时对德军发起反击并进行追击的话，就一定会在德军渡过乌尔克河之前重创德军。只可惜由于英军行动迟缓，德军顺利通过了乌尔克河。

亚历山大·冯·克鲁克将军仔细观察了这几天法军第六军的攻击态势后，认为现在德军右翼的处境十分危险。遂急调第一和第九军从巴黎方向回撤，以攻击法军侧翼。然而在1914年9月6日的战斗中，法军大显身手，将德军压迫到法国东部。当日傍晚，法军在马尔希至尚贝里一线站稳了脚跟。与此同时，法军第五军也取得了胜利。在这大好形势之下，约瑟夫·霞飞下令要求法军于1914年9月7日彻底攻破德军左翼。

第2节　法军速射炮大显神威

1914年9月7日，法军第六军战况不利，逐渐陷入与德军的苦战之中。面对困境，约瑟夫·西蒙·加利埃尼又发挥了其天才指挥家的一面，再次以前所未有的非常之法挽救法军于危难之中。约瑟夫·西蒙·加利埃尼当时的办法是用几百台民用汽车将整个第七军运送至战场。1914年9月8日，战场形势对法军第六军愈加不利。约瑟夫·霞飞急忙从第三军抽调部分兵力对第六军进行增援，帮助第六军稳住了形势。德军亚历山大·冯·克鲁克将军此时已经觉察到此役已毫无胜算可言，于是命其左翼部队后撤。德军在炸毁马恩河上的桥梁之后开始撤退。英军在法军炮兵的支援下，对后撤的德军穷追猛打，德军损失惨重。

1914年9月9日两军将展开决战。觉察到形势已经向对联军有利的方向逆转的约瑟夫·西蒙·加利埃尼将军在1914年9月8日晚上，又开始动员巴黎的民用汽车满载兵员驰援第六军左翼。约瑟夫·西蒙·加利埃尼的这一举动厥功至伟，成功解除了德军对巴黎的围困。此次运送的兵员主要是阿尔及利亚士兵。他们头戴土耳其帽，下着红色裤子，装束十分怪异。据说德军对此装扮感到十分惊诧，甚至影响了士气。

1914年9月9日8时许，亚历山大·冯·克鲁克从残留在马恩河南面的骑兵部队得到消息称：英军加快了追击速度，想以此来切断德军右翼掩护部队第一军和其他德军的联系，并将第一军一举歼灭。亚历山大·冯·克鲁克为化解这一险情，急忙命令部队集中兵力攻击法军左翼。法军左翼在德军的攻击之下难以招架，被迫暂时后撤。此时法军在其他战斗中均处于优势，其中贝茨要塞已落入法军之手。德军的败象已经越来越明显。德军想殊死一搏挽回劣势，于是让处于后方的预备役部队紧急驰援德军右翼，想以此来包围法军左翼，并切断法军左翼与巴黎之间的联系。如果德军此计得逞，法军必将大败。在此危急关头，挽救法军于危难之中的竟是法军的速射炮部队。

法军的速射炮部队训练有素，动作神速，据说一门炮可在一分钟之内连射二十枚炮弹。当时已是太阳西下，斜阳将通往巴黎大道两旁的树木染红。正在此时，法军炮兵部队突然发现前方有法军士兵败逃而回，并且自己后方也开始枪声大作。大为吃惊的法军炮兵经过确认得知，原来是德军想要将己方部队孤立之后进行围歼。果然，在通向巴黎的大道和铁路线之间不断冲出德军，德军骑兵部队也列队完毕并逐渐围将过来。此时陷入包围之中的法军第四军能够撤退的路线只剩东南方向的一条狭窄小路，于是炮兵队长急令法军掉转炮口，向后背之敌发动炮击。

法军的速射炮朝德军阵地一顿怒射，火炮犹如吐火的黑龙，朝着太阳方向不停地喷着怒火。不一会儿弹夹就已经堆积如山，而且四周也是烟尘滚滚。在法军大炮的攻击之下，远处的德军阵型大乱，士兵们左奔右跑四处躲藏。在法军强大的炮火压制之下，德军大炮基本哑火，并且德军的身影也消失殆尽。经过一段时间的速射之后，德军阵地基本上已被扫荡一空。当时德军阵地尸横遍野，就如同经历过一场大屠杀一般，其惨烈程度让人不忍直视。当目的达到后，法军炮兵指挥官下令停止射击。此时的法军士兵个个满脸通红，额头上大汗淋漓，浑身沾满了汗水和烟尘，因胜利而得意扬扬的双眼显得更加炯炯有神。他们在大炮后面久久地凝视着前方那片刚刚弹如雨下的平原。

第3节　德军惨状

1914年9月10日，法军开始追击德军。当法军经过昨天遭受猛烈炮击的平原时，四周一片死寂，通往巴黎的大路和铁道线之间布满了穿着灰色军服的德军尸体。在一片玉米地的旁边有六具德军尸体重叠在一起。其中最上面的一个士兵脸朝天空双眼圆睁，其双腿也僵直地指向天空；脖子因为身体的压迫而弯曲，使下巴与胸部紧紧贴合在一起；嘴巴也歪斜着，看起来十分痛苦。该名士兵圆睁的双眼看起来就好像在注视自己的肚脐一样，这使其死状看起来十分滑

马恩河战场上冲锋的德军士兵

马恩河战役中押送德军战俘的法国骑兵

稽，而事实又是极其悲惨的。由于多具尸体叠加在一起，因此有的只能看到肩部，有的只能看到头部，还有的只能看到长筒战靴的脚跟。其中有名士兵虽身负重伤，但仍一息尚存。他埋没在其他尸体中间，只有半个身子露在外面，由于气力耗尽而无法爬起来，看起来已经痛苦地保持这个姿势度过了整整一个晚上。这名士兵张开嘴巴发出了一阵怪叫，手紧紧握拳，指向法军炮兵部队行驶而来的山岗方向，似乎是在通过这种方式向敌人宣泄自己的怨恨。稍后，这名德军也气绝而亡。

法军一名工兵少尉为了埋葬德军尸体，对死亡的德军人数进行了清点，随后对法军炮兵说："这些都是你们的杰作，我现在统计的是一千七百多人，全部人数估计要超过两千人。"闻听此言，原本还因战胜而兴高采烈的法军士兵们，也顿时感到毛骨悚然。

总之，亚历山大·冯·克鲁克已经对1914年9月9日的战斗尽了最大努力。亚历山大·冯·克鲁克认为遭受巨大损失的德军已经难以长期抗敌，并且此时英军第五军已经严重威胁德军后方安全，因此，亚历山大·冯·克鲁克于1914年9月9日20时被迫向德军第一军下达了全体撤退的命令。

第 7 章

德军莽汉对法军智多星

第1节　英军约翰·弗伦奇部建功

马恩河之战中，英军指挥官约翰·弗伦奇将军率领的英军第五军表现优异。该部的主要任务是配合法军第六军作战，当法军第六军攻击德军第一军侧翼时，英军要从背面威胁德军并切断德军第一军与其他德军的联系。当德军败

约翰·弗伦奇

退时英军也要乘胜追击，并力图将该部德军全部擒获。在实施该计划前，英军的主要任务是给在右翼展开行动的法军第九军提供支援。如果德军想要从中路突破，必然要对法军第九军进行猛烈攻击。当法军陷入被动时，英军就要挺身而出，与德军展开恶战并设法解救法军。

约翰·弗伦奇率领的英军此时已经与增援部队会合完毕。1914年9月6日一早英军第五军就遭到了德国第二和第四军的猛烈攻击，陷入苦战。而1914年9月6日10时许德军突然停止了进攻，原来此时法军第六军开始从侧翼对德军展开攻击，德军为避免两线作战而选择撤退。此时的英军兵力占优，如果对撤退的德军展开穷追猛打将取得重大战果。然而，由于英军自比利时战场败退以来，一直处于德军的追击之下，疲于奔命，攻击能力不足，这致使德军顺利逃过马恩河。

1914年9月7日，英军对德军展开全面追击。英军先是渡过大莫兰河，向位于偏北方向的德军进行追击。但后来行动起来非常迟缓，反倒是与英军第五

马恩河战场上的德军

军并肩作战的法军第五军以疾风劲草之势追击德军。1914年9月8日，英军逐渐加大了追击力度，渡过小莫兰河后立即对德军穷追猛打，迫使后撤的德军陷入一片混乱。1914年9月9日，英军渡过马恩河后，准备从背面袭击德军第一军并切断其与其他德军之间的联系。此时德军亚历山大·冯·克鲁克所部正集中全部兵力向巴黎方面集结，企图包围法军第六军。英军计划利用德军这一行动，伺机偷袭德军。英军第五军和法军第五军的行动基本按照预定计划稳步推进。1914年9月9日夜，对联军攻势难以招架的德军开始总撤退。

第2节　德军的中路突破战略

马恩河战役可以说是德军蛮力与法军智慧之间的较量。德国人从来认为力量即真理，凡事都想以暴力解决，甚至其很多哲学家也持有这种观点。因此，为何德国的政治家及军人们如此迷恋武力也就不难理解了。德国人的长处和短处都来源于其对武力的认识。以此次战争来看，德军最初的计划便是通过武力一个月之内拿下巴黎。在此计划之下，德军摧枯拉朽般地推进到了巴黎城下。可以说，德军的武力运用能力还是不容小觑的。相反，面对德军的蛮力，法军采取的是四两拨千斤的应对方式。法军在避其锋芒之后，瞅准时机并以迅雷不及掩耳之势由侧面发起反击，将德军一举击溃。法军将德军压迫到马恩河外围的战斗就是法军智慧的明证。总体而言，马恩河战役完美地体现了法军的智谋和德军的蛮力之间的对决情况。亚历山大·冯·克鲁克率领的德军第一军由于过于深入，其右翼刚一受到攻击就立即进行兵力收缩，并向巴黎北部全面集中，并欲通过蛮力强行压倒法军第六军，这完全体现了德军的蛮力主义。当然，最能显现德军蛮力与法军智慧二者之间高下的，其实是德军第二和第三军与法国第九军之间的战斗。

负责德军右翼的第一军的侧翼在受到法军第六军的攻击之后形势危急。亚历山大·冯·克鲁克当即做出了一个非常大胆的计划，想以此殊死一搏。亚历山大·冯·克鲁克此时不管不顾地只想按照最初设想将全部力量集中到一处，然后采取中路突破的方式来突破法军防线，将法军战线一分为二，切割法军并从中杀出一条活路。这就是自古以来为人熟知的中路突破战略，也是拿破仑·波拿巴最擅长的战法。有意思的是，今天反倒是德国人开始抄起昔日的法国英雄的作业。具体负责实施这一战略的是德军卡尔·冯·比洛的第二军和马克斯·冯·豪森的第三军。特别是第二军中有德军精锐的普鲁士近卫团，并且第三军中也有丝毫不逊于该近卫团的、由萨克森人组成的部队，它们二者之间为争取头功，互不相让，均以排山倒海之势朝法军中路冲杀过来。

负责迎敌的法军第九军由两个军和一个师组成，是战争开始之前才临时组建的，实力较弱。然而，统领他们的却是大名鼎鼎的法国军事战术学大师斐迪南·福煦将军。现任参谋总长的斐迪南·福煦将军曾在法国陆军大学执教，

斐迪南·福煦

其智谋与指挥才能均远胜同僚，谋略高深，排兵布阵更是无懈可击。当只懂蛮力且形势已危如累卵的德军遇上运筹帷幄、老谋深算的斐迪南·福煦之后，斐迪南·福煦的智谋终于得到了畅快淋漓的发挥。

第3节 法军陷入圣贡森林危机

蛮勇与智谋两者之间孰优孰劣，从法德中路战役打响之初就已经十分明朗了。1914年9月5日，德军第二军一路追击法军第九军南下，德军先头骑兵部队已经先期抵达圣贡沼泽的西端。从德军的角度来看，此时的德军应该迅速渡过架设在小莫兰河上的咽喉——圣布里桥。而此时的法军也正在犹豫是否要放弃圣贡沼泽继续南撤。如果当时德军能及时洞察到这一绝佳战机的话，就应该迅速扼住圣贡沼泽的咽喉，从而致法军于死地。圣贡沼泽是一个长近二十公里、宽约四公里的湿地。据说以前面积更大，在5世纪匈人王阿提拉横扫欧洲入侵高卢之际，匈人就是在这个沼泽地带被法兰克人打败的。此外，拿破仑·波拿巴也曾经在这里击败过普鲁士军队，因此这里也被法国人看作是风水宝地。从周围的地形来看，沼泽的北端到南端是一片蜿蜒起伏的丘陵，沼泽以南则是一片广阔的平原。无论哪方，若能占领沼泽西面的高地，不仅能俯瞰整个沼泽地带，还能在通过南部的平原地带并渡过塞纳河之后，一马平川地推进到特鲁瓦市。上述丘陵地带有一座重要关卡——蒙代芒城。沼泽中有多条道路且互相通达。在这些道路之中，圣布里桥是咽喉所在，战略地位最重要。因此，如果德军能够占领沼泽西南部的丘陵的话，法军无论怎么努力都将无法突破德军防线重返北方。然而，行动迟缓的德军错失了这一千载难逢的好机会。反观动作迅速的法军，1914年9月5日约瑟夫·霞飞下达命令终止撤退之后，法军第九军迅速命令位于沼泽南部的部队掉头北向，并且法军炮兵部队也在丘陵迅速构筑起防御工事严阵以待。

1914年9月6日，德军第二、第三军同时到来并迅速向法军第九军展开攻击。由于法军左翼占据了丘陵的有利地形，因此无论德军攻势多么猛烈都未能成功。同时，中路的法军部队已经退至沼泽南部，并牢牢地扼住了沼泽的出口。当时只有法军的右翼部队还处在一个易攻难守的广阔平原地带，面对德军第三军的猛烈攻势，一时难以招架。沼泽东面有一个叫小莫兰村的村庄里有法军驻扎，而该村于1914年9月6日夜遭到德军攻击并化为焦土，这严重地打击了法军的士气。

德军于1914年9月7日加强了攻势。德军重炮部队大显神威致使法军两翼受损严重。法军的左翼和中路部队虽然经过苦战守住了阵地，但其右翼部队已招架不住越来越猛烈的攻势。在此危急时刻，法军一个预备役师前来增援，帮助法军右翼挽回了颓势。1914年9月8日，法军左翼部队越战越勇，形势大好，将德军一部击退至圣布里桥以北；法军中路部队也在经过苦战之后固守住了沼泽南部的出口；只有法军右翼部队在德军的猛烈攻击之下被迫后撤十五公里。此役的胜负对于法军来讲十分重要，甚至可以说关系到整个法军的生死存亡。

第8章

法国骑兵脱围

第1节　孤军陷入重围

法军第九军由于苦战不胜，形势十分被动，队伍也被打散，甚至还有不少部队在不知不觉中陷入了德军的包围。其中一个骑兵纵队在与大部队失去联系后，一直在森林外围的不远处徘徊。正在这股骑兵不知该何去何从之际，夜色逐渐降临，这让敌我双方的态势更加不明朗。于是他们只好凑在一起商量下一步的打算。

1914年9月8日22时左右，骑兵们四周一片漆黑，连方向也无法辨别。骑兵们根据白天的情形判断己方应该已经陷入了敌人的包围之中，因为他们发现身后有德军在前进，而且德军的辎重部队就位于他们前方。不过，骑兵们既没有受到德军的追击，也没有被德军包围起来，因此，他们判断德军并不知道自己的阵型内混入了法国骑兵。骑兵们统一了一下意见，认为与其在此坐以待毙，不如殊死一搏，成败听天由命。于是他们决意乘着夜色突围，与自己的大部队会合。

很快，骑兵队开始鼓足勇气，打算进入森林。为防打草惊蛇，骑兵们钳马衔枚，不发出任何声音，周遭的漆黑与寂寥更让他们恐怖不已。骑兵们中途经过了一个村庄。为避免暴露行踪，骑兵们没敢穿越村庄，而是选择走野道或直接穿田而过。突然从后方闪现点点灯光，好像是汽车在缓慢行驶。骑兵们惊

英法联军的炮兵

恐不已，担心难免要遭遇不测了。为避免暴露，即便有人马鞍松弛摇摇欲坠也没人敢下马绑紧马鞍。此时恰巧一阵夜风袭来，伴随着猫头鹰的凄厉叫声，让人更加毛骨悚然。甚至有人产生幻觉，以为这是敌人发出的进攻信号。此时的法军骑兵已经恐惧到了极点，甚至错以为德国骑兵部队已经追赶而来。胆战心惊的他们丧失了所有的主观判断能力，盲目前行。

突然队伍后方传来一阵响动及绝望的求救声，原来是一个骑兵由于战马受惊而被甩到了旁边的沟里。但其他人误以为队伍被德军侦察兵发现了。于是整整一队人马没有一个人敢回马救人，都一心只想赶紧逃命，逃出死神之手。午夜时分，周围又恢复一片死寂。骑兵们已经心慌到了极点，猫头鹰的每一声鸣叫都像是在催命一般。恐惧到极点的他们现在反而觉得，比起这无边的恐惧，尽快死在敌人的屠刀之下反倒更加好受些。不知道是不是战马也受到了这种恐惧情绪的感染，也都目不斜视地只管向东而去。终于，骑兵们逃进了黑暗无边的森林里，在一只又一只猫头鹰的凄厉叫声中朝尚布尔方向摸去。

第2节　拼死一搏突出重围

此时恐惧已渐渐离他们远去，希望之花又开始重新绽放，甚至有的士兵由于心情突然放松，难以抵抗过度的疲劳，竟在马上睡着了。忽然一声枪响传来。原来德军早已察觉到这队法军骑兵脱逃，当发现了这队骑兵行踪之后，很快就从四面八方包围了过来。此时透过云间的月光可以隐约看到德军已近在眼前。突然，黑暗的森林里迸发出万道火光——德军发动攻击了。在声势浩大的刺耳喊叫声中，弹丸如暴雨般朝法军倾泻而来。法军战马纷纷中弹，非死即伤，连人带马像一堵墙般接连倒塌下来。受惊的战马则拖拽着坠马的骑兵和散落的马鞍四处狂奔。在这紧要的关口，法军之间却无法互相照应，只能通过大声呼喊的方式一边互相联络一边拼命策马狂奔。当他们逃到距森林边缘二百米左右的时候，大家又聚集在了一起，重新恢复了编队。此时有一中士中弹之后瘫伏在马上，不一会儿就因力竭而坠马。由于中士的一只脚还挂在马镫上，战马就这样一直拖着他前行。有一个骑兵实在看不下去了，就下马把中士的脚从马镫上放了下来，扶起他，大声鼓励他道："再不快走就要被俘虏了！"由于中士伤在要处，已经没有多少气力了。中士只是一个劲儿地喘粗气，眼看就要不行了。不一会儿，其他骑兵渐渐走远了，但这个骑兵抱着濒死的中士没有任何办法。突然中士用尽全力使劲地抱了抱这个骑兵后气绝而亡。骑兵郑重地将中士的尸体摆放到草地上，算是尽到了自己的战友之谊。当骑兵站起来环顾四周时，猛然发现敌军已经距自己仅有五十米。骑兵蓦然感到自己末日将近，但随后涌出的绝地求生欲望战胜了一切，于是他决意拼死一搏，进行突围。

骑兵沉着冷静地跃上战马，左手紧握缰绳，右手持枪，并在心中默默请求神灵庇佑，然后策马如闪电般向敌军冲将过来。枪弹如雨般射来，但他果真如有神助一般，子弹都与他擦身而过。甚至后来骑兵的周围突然升起一团雾气，将骑兵包裹了起来。借着雾气，这个骑兵竟突出了敌围，在向前狂奔二百多米后终于赶上了大部队。此时不少法军骑兵已经失去了自己的战马，只能徒步逃跑。突然，前方的战壕里又开始枪声大作，法军骑兵纷纷中弹倒地。

这支队伍变得越来越稀疏，如果此时德军追兵能及时赶来的话，这队法军骑兵必将全军覆没。已经没有退路的法军骑兵只得硬着头皮继续往前冲。他们在强烈求生欲望的引导之下，簇成一团大声嘶喊着向前冲去。没见过这等阵仗的德军士兵一时竟惊诧不已、不知所措，只是眼看着敌兵骑着战马从自己头上一跃而去。法军骑兵如梦似幻般通过了德军战壕。在长舒一口气之后，法军骑兵仰望了一下天空，此时皎白的月光正漫洒在浓雾笼罩的田野之上。骑兵们借着雾色，发狂般策马向前狂奔而去。无论是铁丝网还是其他什么障碍物都统统一跃而过。终于，骑兵们在天亮时赶上了自己的大部队。此时这群人已经人困马乏到了极点，个个都昏昏然如同梦游一般。

这队法军骑兵用自己的勇敢拯救了自己，他们的事迹后来流传到了整个法军部队。大家一致认为，他们能够脱围肯定是受到了神灵的庇护。法军士气也因此高涨了起来。

第9章

法国名誉

第1节　英勇善战的格鲁中士

此时法军第九军和德军中路突击部队面临的形势基本相同。当时德军左翼获胜而右翼吃紧；同样，法军左翼占优而右翼连战连败。法军第九军司令官斐迪南·福煦将军向约瑟夫·霞飞总司令报告称："我方形势甚好。"然后又对外宣称："敌军像没头苍蝇一样尝试各种突击，这无非就是想把在别处受到的损失从这里找补回来，看来他们是急红了眼。"斐迪南·福煦曾在陆军大学执教时常说："但凡战争，如果不事先预想失败，则绝不可能不败。"当时法军的处境其实已经很危急，但斐迪南·福煦一直坚守这一理论，坚定地认为自己必将获胜。

1914年9月8日斐迪南·福煦军大败，弗尔、尚珀努瓦斯两地陷入德军之手，惊恐不安的部分法军部队甚至不战而逃。德军趾高气扬地入城，并在占据了市政厅等高大华丽的建筑后向南发起追击。此时斐迪南·福煦被迫将其司令部南移。法军各基层部队在混乱中与德军交战。其中有两个连队在指挥官战死后，所剩的二百多名士兵被德军包围在了森林里。此时法军士兵们推举一个叫格鲁的中士担当临时指挥官，因为此人平日里以英勇无比而著称。

此时德军已经逐渐朝他们包围起来。格鲁面无惧色，决意为守卫战旗光荣战死。格鲁将手下士兵分为四部分，并将战旗撕成四份，每部一份，让他们负责防守森林的四角。格鲁对大家说："这是我们的滑铁卢之战，我们要誓死保卫战旗，直到最后一人！"听闻此言，士兵们个个精神振奋，大声回答道："至死方休！"此时德军的包围圈越来越小，格鲁再次向大家喊道："不要盲目射击，听我指挥！"当敌人迫近到数十步之内时，格鲁下令一起开枪扫射。德军被打了个出其不意，败下阵来。随后德军又卷土重来，并拉来了数门火炮进行攻击，难以招架的法军决定突围。格鲁说："我先率部杀出一条血路，大家紧随在后，一起突围。"于是格鲁一马当先，首先率队突围。面对英勇顽强而殊死突围的法军，德军一时难以抵挡，只能用大炮攻击，其中一发炮弹就炸倒了数十名法军。不久，法军就已经损失过半，最终成功突围者仅三十人。突围后的他们将战旗返还给了上级指挥官，这些士兵也因此名声大振。可以说，格鲁的有关滑铁卢之言对此次突围士兵的士气起到了极大的激励作用。

第2节　法军第七十七联队英勇奋战

1914年9月9日是法军第九军最艰难的一天。在其左翼的法军第五军第十军已经推进到圣贡森林北侧。负责指挥左翼摩洛哥师的是无论身处何种险境都能泰然处之且勇猛无比的乔治·路易·安贝尔将军。连日来，该师一直固守蒙代芒要塞。德军为了夺取蒙代芒要塞发动了猛烈的炮击，但收效不佳。此时法军的中路和右翼方面的形势反倒紧张起来。一直据守圣贡沼泽南部的第九军迫于德军压力开始逐渐后撤，如今已经退守到阿尔曼山的森林地带。法军右翼的形势则更加严重，甚至全军整体向南远撤。

蒙代芒争夺战异常激烈。1914年9月9日当天德军大举进犯，志在必得，想要一举拿下该要塞。守城的摩洛哥师寡不敌众弃城而逃。德军占领此城后，在城墙上凿出射击孔并配上机关枪，以防法军夺城。法军在得到增援后重整旗鼓，欲重新夺回该城，但结果只是徒增伤亡而已。在这种情况下，法军从中路方面借来增援，又从其他师借来六个炮兵中队，再加上摩洛哥师的三个炮兵中队，随后开始向蒙代芒城发起了猛烈的攻击。当时负责指挥炮兵作战的是后来被称为“雷霆先生”的博纳瑟上校。当时在速射炮操纵领域，博纳瑟上校的操炮能力首屈一指，射击精度之高令人叹为观止。当时的法国速射炮可以在一分钟内发射十五到二十发炮弹，如果连续射击一个小时，一门炮周围就可以堆积出一个小山包似的弹壳堆。法军炮兵向蒙代芒城上空无间隙地发射着地狱烈火，大有夷平该城之势。在法军炮兵的强大攻势之下，德军难以抵挡，陷入了进退两难的境地。

炮战正酣之际，法军第七十七联队又前来增援。1914年9月9日8时许，正好雨过天晴。就在该联队刚刚煮上咖啡，正准备杀羊改善伙食大快朵颐之际，接到了增援命令。这近在咫尺的幸福时刻被突然下达的行军命令打断，瞬间化为泡影。与美食擦肩而过的士兵们只能饥肠辘辘地前去增援。这些士兵自反攻开始以来已经连续三天靠啃甜菜充饥了，正在饥饿难耐之际放弃到嘴边的美食实属迫不得已。但知耻而后勇的法军士兵们对此没有任何抱怨，反而立即按照命令整装出发。此时一名军官向兵士们高声喊道：“形势非常严峻，蒙代芒城陷入敌手是我军的重大失误。不过现在我们胜券在握，今日便是决定国运之时，我等必将生死与共，共赴国难！”

第3节　夺取蒙代芒城

不管前面是什么地形，七十七联队队长只是命令部队急速向前直线推进。1914年9月9日11时左右，部队稍事休息，并做好了进攻的战略部署。此时队内已经开始传闻德军已弃城而逃，但联队队长并没有轻信这一传言，而是派出了三名侦察兵前去侦察。为保险起见，随后又增派了几人。最先被派出的三人中途死于德军的枪弹，而后续的侦察兵则成功摸到城墙附近进行侦察。经观察得知，德军非但没有弃城，反倒在加固工事。德军在要塞四周构筑起了炮兵阵地，防御工事遍布城墙内外。根据侦察情报，法军部队悄悄推进至距城五百米的地带潜伏下来，准备通过三面夹击的方式一举夺取该城。此时的德军并不知道法军已经摸到了自己眼皮底下，还只是按照既定标尺朝南远远地开炮射击。

已经做好进攻准备的法军在联队队长的“冲啊!为了祖国，冲啊!”的高声呼喊下，从三面向德军发动集团进攻。法军士兵口中或高呼或高唱，在不断吹响的进攻号角下猛烈向前冲去。觉察到情况不妙的德军此时调转枪口，开始朝不断冲击而来的法军进行射击。在子弹与空气摩擦产生的呼啸声中，法军士兵纷纷倒地。法军加快了进攻节奏，同时德军也加快了射击速度。突然，面向菜地一侧的城墙被法军炮弹炸出一个大洞。法军一名排长想利用这个缺口做点文章，于是朝洞口径直奔去。当他跑到一棵树下正在思考破敌之策时，不料被德军一颗子弹射中前额，当场毙命。激战正酣的士兵们此时无暇为其收尸，只是一心想要全力杀敌为其报仇雪恨。法军朝城墙上的缺口不断发起冲击；德军则利用城墙上的射击孔猛烈射击，给不断朝缺口涌来的法军造成巨大杀伤。法军伤亡惨重，其中包括法国大思想家夏尔·德·塞孔达·孟德斯鸠的后裔孟德斯鸠大尉，就在此战中壮烈殉国。事已至此，后退虽然可得一时苟且偷生，但大家还是选择勇往直前光荣战死。法军士兵们高声呼喊着，争前恐后地向前冲击，并不惜一切代价向城墙爬去。登顶的法军士兵开始居高临下狙杀德军。当时有一个法军士兵躲到一棵大树下，从容不迫且弹无虚发地狙杀了不少德军。然而，还是有更多的法军士兵不断地倒在了德军的枪口之下。在伤亡惨重的情况之下法军只好暂时鸣金收兵。

法军并没有气馁。当天13时，法军组织了一支敢死队，想将两门大炮推进至距城墙三百五十米的地带。由于没有马匹助力，只能通过人力向前推进。经过不懈努力，大炮最终被安放到距城墙四百米处。此时夜色已经降临，城中的德军一时难以判断法军所在。于是法军趁机向城内连续发射了三十六枚燃烧弹。在燃烧弹的巨大威力下，德军似乎丧失了抵抗能力，没有发炮还击。认为时机已到的第七十七联队队长身先士卒地向城头冲去，其余士兵见状也纷纷发起突击。最终，无力招架的德军弃城而逃。1914年9月9日19时许，城池再度落入法军之手。此次战斗极其惨烈，两军伤亡十分惨重，据说仅死在城头上的德军就多达三千人。

1914年9月10日，法军打扫战场时发现，城内和城墙下的德军多为二三十人一起毙命，且身上都没有伤口，应该都是窒息死亡。这当然都是拜法军的燃烧弹所赐。

第4节 德军总撤退

斐迪南·福煦以智勇双全闻名于世。1914年9月5日以来法军能以少数兵力成功阻止德军从中线突破主要就得益于他的谋略。1914年9月4日夜，斐迪南·福煦下令将第四十二师从前线战场调回，让其驻扎在塞扎讷。当时在整个法军里，第四十二师的损失是最小的，因此，斐迪南·福煦想让该部担当从侧面攻击德军禁卫军的任务。德军的禁卫军部队一路追击法军右翼而来，并已深入法国南部腹地。眼看德军就要实现其中路突破的战略之时，法军第四十二师及时东进并向德军右翼发起攻击，成功阻止了德军这一战略。经过数日激战，法军伤亡惨重，多数军官壮烈殉国。一名失去指挥官的法军下士转而担当起指挥大任，继续与德军进行战斗。此时的法军在必胜信念的指引下，以百倍的勇气持续不断地向德军右翼发起猛烈攻击。之前还曾摧枯拉朽般一路追击法军而来的德军此时竟然难以招架法军的攻势，突然全体向法国北部撤去。此时法军右翼的压力终于得到了缓解，同时也说明德军的中路突破战略彻底破产。

德军败退的命运从1914年9月9日起就变得更加明显了。1914年9月10日，法军左翼部队顺势转入全面反攻，第九军不断向北追击德军。法军第四、第三军在1914年9月10日继续与德军展开鏖战。德军的中路突破战略虽然受阻，但与法军第三军顽强对抗的德国皇储威廉率部死战不退。双方大战至1914年9月11日仍不分胜负，当夜德军发动三次突围均未能成功。在损失惨重的情况下，德国皇储威廉丢下了七千名士兵和数十门野炮落荒而逃。即便如此，德军余部还是巧妙地退到阿尔贡森林，并通过殿后部队的英勇抵抗使该部德军得以保存实力。该部德军能够在法军重重包围之下成功撤退，其战术之高明也受到了敌对双方的高度评价。此外，德军第一军由于早已于1914年9月9日夜晚就撤出战场，因而损失也较小。相反，第二和第三军据说损失十分惨重。

总之，德法双方共投入三百万兵力，在方圆三百公里的范围内进行的为期一周的鏖战就此宣告结束。德国五十年来一直梦寐以求的巴黎攻占计划在约瑟夫·霞飞将军的智谋及法国人民的英勇抵抗面前化为泡影。后来德国一位教授对此表示："德军后来的所有计划都因马恩河之战而破产了。"

法军大获全胜，也使法国国民的爱国热情更加高涨了。

第 10 章

安特卫普陷落

第1节　德军迫近安特卫普

德军在马恩河的失败标志着德国五十年来一直谋划的闪击巴黎计划彻底破产。当初面对一触即溃的英法联军，德军以为自己的计划可以轻而易举地实现，于是对敌军一味不依不饶地穷追猛打。而最终结果就像只顾追击猎物反而迷失方向的猎人一般，最终也没能抓住这个千载难逢的机会，反而让到手的猎物从自己手头逃掉了。相反，如果站到英法联军立场来看的话，无疑可以说，联军一方受到了幸运之神的眷顾。

事已至此，德军只得放弃攻占巴黎的计划，转而将兵力集中后撤到香槟地区，并以最快速度修筑战壕，意图全力固守埃纳河以防敌军追击。追击德军而来的法军也立即开始挖筑战壕，于是德法两军相隔数公里形成战壕对峙的局面。当时的对峙局面为：从巴黎向其东北部延伸约八十公里到贡比涅，并以此为拐角继续向东连接至凡尔登，再以此往北一直延伸到比利时方面。此外，从香槟地区到北海之间的广袤平原也是德法两军争夺的重要地带，双方都在拼命构筑战壕等工事，以求抢占先机，从而率先对敌人形成合围。慌乱之中的德军发现，英法联军的左翼战线逐渐朝比利时方面延伸，因此德军感到有必要强化对比利时的占领以确保自己侧翼的安全。于是德军开始向围而不打的安特卫普要塞集中兵力。1914年9月下旬开始，德军以四十二厘米口径的重炮为主力，向安特卫普发起全面攻击。在此情况万分危急之际，英国政府向法国政府提议分兵对安特卫普实施救援。英国政府认为，一旦安特卫普落入德军之手，并且一旦德军在此建造海军基地的话，将有可能威胁到与安特卫普隔海相望的英国本土的安全。从当时的形势来看，要保卫比利时就必须先确保安特卫普不落入敌手。然而，当时的法军总司令约瑟夫·霞飞及英军司令约翰·弗伦奇都一致认为：英法联军的当务之急是维持法国的安全，此时没有能力分兵解救安特卫普。于是英法联军决定先让防守安特卫普的比利时军队撤退，并与在法比边境进行防守的英法联军合兵一处共同行动。至此，安特卫普的命运已经不言自明。

如前文所述，比利时皇室及其政府机构撤离首都布鲁塞尔来到安特卫普是1914年8月17日的事，当时各大报刊事先也已对此事进行了广泛报道。当时安特卫普市民从开战之初就已经预测到这一结果，因此非但没感到什么吃惊，反倒为安特卫普能成为国家首都而感到高兴。迁都当日，安特卫普市内一片热情洋溢，大道上站满了欢呼的人群，特别是离宫前的广场上更是人山人海。比利时国王阿贝尔一世曾屡次行幸这座离宫，但以往在此顶多停留一天。而此次情况不同往日，阿贝尔一世将要在此长期停留。市民虽然很清楚安特卫普不久将要面临炮火之灾，但还是对阿贝尔一世的到来感到欢欣雀跃。大家都涌向大街，恭迎阿贝尔一世大驾光临。

第2节　德军空袭

1914年8月17日，比利时国王阿贝尔一世驾临安特卫普，紧接着，安特卫普进驻了大批比利时军队，并开始构筑防御工事。自比利时国王阿贝尔一世来到安特卫普之后，比利时报刊连日来均对王室的行踪大加报道，特别是对其中几位王子的言行特别关心。王室来到安特卫普的第二天就有报道称王子们将要参观动物园，随后又详细报道了王子们参观动物园时的各种新闻。而媒体对于将要大难临头之事缄口不言，就这样过了十几天。一天夜里，夜深人静之时，从安特卫普市中心传来了轰隆隆的爆炸声。市民被爆炸惊醒，顿时睡意皆无，纷纷起身侧耳倾听，仔细辨认爆炸声传来的方向。大家有一点是确信无疑的，那就是当天晚上德军肯定还没有推进到了城外。于是大家又转而怀疑，是否是最近流传的德国飞艇前来偷袭？大家纷纷打开窗户向外一探究竟，然而，黑洞洞的天空不见一物，只是从空中不断传来发动机的轰鸣声，随后又远远地传来爆炸声。

当天夜里德军投下的其中一枚炸弹落在了市中的一个葡萄温室内，并将温室的玻璃震了个粉碎。其实，当时德军的真正目标是温室附近的一家汽车制造厂。虽然没有命中目标，但还是有几名市民因此受伤。王宫也是德军飞艇的目标之一，所幸炸弹同样没有命中目标，只是落在了附近的空地上。有鉴于此，诸位王子被限制外出，后来王后巴伐利亚的伊丽莎白就带他们去英国避难了。德军的空袭给市民带来了巨大的恐惧。为防止德军轰炸，每到晚上八点大家都自觉熄灯，安特卫普就成了一座黑暗之城。

1914年9月4日，有消息称鲁汶市也遭到了德军破坏。鲁汶市市民已经明白，自己即将大难临头。安特卫普的中产家庭大多让其子弟在鲁汶市著名的鲁汶大学接受教育，因此，许多安特卫普人将鲁汶看作是自己的第二故乡，大家对鲁汶惨遭敌人破坏感到十分痛心。

1914年9月中旬，又有消息传来，称梅赫伦又遭到了德军的攻击。梅赫伦市位于安特卫普和布鲁塞尔的中间地带，城市建设异常优美，但军事防御十分薄弱。梅赫伦陷落后，很多市民逃难到了佛兰德斯，也有不少市民流落到了根特市。比利时军队向他们发放了面包和咖啡等物资。

1914年9月20日前后，安特卫普就整日能听到从远处传来的隆隆炮声，人们天天揣测正在被德军攻击的是梅赫伦还是登德尔蒙德。当时比利时军队在鲁汶附近大败德军，安特卫普市民欢欣不已，以为不久后比军就能收复整个布鲁塞尔。就在此时，有一支原本正向法国进军的德军突然调转方向朝鲁汶而来。面对来势汹汹的德军，比利时军大败，于是比利时人民的希望又瞬间化为泡影。倒是安特卫普在德军的猛烈攻击之下仍岿然不动。安特卫普市民相信，安特卫普在城市要塞的铜墙铁壁、天险和双重炮台的护佑之下，必能安然无恙，因此大家并不十分慌乱。

然而，1914年9月25日下午，一架德国飞机飞临安特卫普上空。市民们开始紧张不已。比利时军队向德机频频开炮但均未命中，德军飞机就这样飞出了比军射程。

第3节　惨烈的城市保卫战

随着德军的炮声逐渐临近，安特卫普的市民们也开始慌张起来。大家甚至开始怀疑安特卫普要塞外围的炮台是否已经落入敌手。果不其然，传来的战报表明，第一道防线上的五座炮台全部失守，但安特卫普的中心地带暂时还未受到直接威胁。先期陷落的这五座炮台后面是一条河，因此德军要想炮击安特卫普的中心地带还必须先跨过该河。攻守双方隔着这条河激战数日。德军虽损失巨大却仍然如潮水般不断涌来。德军在二百门大炮的助威下，打得比军陷入苦战。当时比军的大炮威力远不如德军的大炮。比军眼看就要顶不住德军的攻势了，就在比军即将退却之际，有消息传来称英军正在赶来救援。听到英军来援的消息之后，安特卫普市民又重新振奋了起来。果然，1914年10月3日下午，英军终于抵达，但为时已晚。此时德军已经向安特卫普城下推进了不少，德军大炮已经可以直接炮击到比军第一和第二道防线之间的中间地带。

在形势越来越危急的情况下，1914年10月7日15时，比利时政府和其他外国使团决定通过水路撤退到奥斯坦德。此前的1914年10月6日下午，安特卫普市长曾向市民们发布公告称：“明天敌人的炮弹的落点将会越来越接近市中心，因此诸位市民应当迅速撤离到安全地带，如有市民想继续留在市内，则务必要认真遵守各项规定。”此公告一出市内瞬间乱作一团。1914年10月7日早上，各商家关闭店门停止买卖，电报、电话等业务也全部陷入瘫痪。政府的重要文件和军需品及伤病员被紧急运送到了奥斯坦德。其间，德军炮弹源源不断

安特卫普保卫战中的难民与溃败的军队

地呼啸而来，房子被炸塌、玻璃被炸碎的声音不绝于耳。到当天下午，大部分市民都已经出城避难。

原本安特卫普与荷兰之间有三条铁道相通，而现在只剩下一条可用，此时乘车已经不需要车票，因此男女老幼都争先恐后地直奔列车而来。车厢内人满为患，甚至毫无立锥之地。好在青壮年们发扬风格自己爬到车顶，将车厢让给了老弱妇女和儿童。平时从这里到荷兰只需三十分钟，但现在由于是在晚上行车，而且还要时刻防备德军的偷袭，因此列车关闭了所有灯火。同时列车还要随时侦查铁路沿线的敌情，因此到达目的地竟花费了近五个小时。

1914年10月7日22时许，德军开始向安特卫普市内发动攻击，子弹、炮弹如雨滴般倾泻而下。尤其是德军的四十二厘米口径重炮，发挥了巨大的威力，炮响之处摩天大楼瞬间化为废墟，同时楼内的人也随即灰飞烟灭。德军的飞艇和飞机也不断投下各种炸弹，使地面上的人无处躲藏。这光景与其说是两国之间的战争，倒不如说是人肉与炮弹之间的对决。随着各式炮弹的不断袭来，到处地动山摇，滚滚烟尘遮天蔽日。无论比利时士兵如何英勇，在此情此景下也毫无还手之力。特别是从德军的齐柏林飞艇上投掷下来的炸弹，一次就可以炸死一二十名市民，有的炸弹还引爆了不少汽油桶，引发了熊熊大火，使整个城市瞬间就被滚滚烈焰吞噬。据说当天的冲天大火从两百公里之外都能远远望见。

如此惨烈的城市保卫战持续到1914年10月9日早晨，形势对比利时军队更加不利。眼看守城无望的守军开始破坏炮台及其他重要建筑物。破坏产生的滚滚黑烟遮天蔽日，如同日食一般让四周变得一片昏暗。此后，比利时军队和八千名英军撤退到了根特及奥斯坦德两地。其中部分英军从安特卫普西面搭乘火车顺利到达了奥斯坦德，但另有两千名英军则在洛克伦北部地区被德军截断了退路，只好逃到了中立国荷兰并被解除了武装。比利时军队没有公布在此次战役中遭受的损失，但从德军没有俘虏几个比利时士兵这一情况来推测，大部分比利时士兵应该是英勇奋战到了生命的最后一刻。

第11章

伊瑟河之战

第1节　德军觊觎加来港

英法联军为了保护从安特卫普撤出的比利时军队顺利撤退，专门派出了部分军队进行支援，其中法国派出的是海军陆战队。法军这支海军陆战队仅六千人，开战伊始他们被派驻到巴黎。马恩河战役之时，他们负责在巴黎维持秩序并担任警戒任务。后来他们奉命北上负责守卫敦刻尔克，随后又突然接到命令，要求他们前去接应从安特卫普撤下来的比利时军队。此次比利时军队的撤退行动非常困难，首先要保证在不损失一兵一卒的情况下撤退到法国海岸，然后再转而和英法联军会合，随后再奔赴伊瑟河河畔的阵地。

此时德军已经席卷整个比利时，正想着乘攻陷安特卫普的胜利余威，突破联军左翼防线，并打算占领多佛尔海峡的重要港口加来港。如果加来港落入德军之手，则德军就能以加来为阵地，轻而易举地将炮弹发射到海峡对岸距此仅三十公里的英国多佛尔港。不仅如此，如果德国以此为潜艇基地，则英法海岸线将全部处于德军的威胁之下，并且英法两国的海上联络通道也会被切断。更加严重的是，英法联军之间陆上联系也将因此而中断，从而使英法联军陷入孤立无援的境地。如今，英法联军好不容易从巴黎脱困，却再次遇上了被德军切断海岸线的难题。不久的将来，在德军异常凶猛的攻击之下，联军顽强抵抗，伊瑟河河畔将尸横遍野，血流成河。

当时联军采取的防御战略是：从北海海岸线到特尔维特市以北的伊瑟河一线由比利时军负责防守，兵力为八万人。而在马恩河战役的圣贡沼泽南岸之战第五天的战斗中负责袭击普鲁士禁卫军及萨克森军侧翼，并成功将德军击退的法军第四十二师，在此次行动中作为预备力量陈兵纽普特后方的科克赛德地区。特尔维特市位于伊瑟河的东岸，是一个人口不足三千的小城市，由法国海军陆战队负责守卫。由于该市处于伊瑟河沿岸防线的凸出地带，自然会成为德军的重点进攻地点，因此法国海军陆战队在此次任务中责任重大。法国海军陆战队在特尔维特市前方五百米处构筑了半圆形的战壕用于防御，同时让五千名比利时士兵负责防守战壕的正东面，左右两侧则由六千名海军陆战队士兵负责防御。海军陆战队将指挥所设在了伊瑟河的西岸。特尔维特市以南的地区则由法军其余的几个师负责防守。此外，以伊珀尔市为中心的南北几十公里的区域，由英军第三军及英军骑兵部队负责防御；另外还有几支法军军队以战场预备队的形式作为后援。

第2节　特尔维特保卫战

如前文所述，特尔维特市位于伊瑟河东岸，且孤悬于联军战线之外，因此看起来似乎是一座孤城。前来攻打此城的是德军符腾堡大公阿尔布雷希特部及巴伐利亚王储普鲁雷希特部，二者共拥兵约六万人。而此时法比联军只有区区不足一万人，面对六倍于己的敌人，其压力之大可想而知。特尔维特城内既没有重炮也没有飞机，甚至连铁丝网都没有，要想守住阵地更是难上加难。即便在这种不利形势之下，联军还执意固守此城的目的就在于牵制敌军并等待援军的到来。比利时国王阿尔贝一世向守军下令说：“希望众将士们勠力同心，但凡擅自后退者，即是对祖国的背叛！”法军海军陆战队司令也下令称：“我相信大家的勇气，在我方援军到来之前，至少我们要死守此城四十八小时！”然而，援军并没有按照预定计划来援，四十八小时很快就过去了，甚至过去了四天还是没有等来援兵。就这样，一周过去了，两周又过去了。从1914年10月

16日到1914年11月10日，共二十六天时间内，城内的一万将士以血肉之躯拼死抵抗住了敌人六万大军的不断进攻。

法国海军陆战队在1914年10月15日刚做好防御特尔维特的准备，德军第二天就兵临城下了，并迅速对特尔维特展开猛烈的攻击。德军为了破坏守军的铁道线，在一辆火车上装满了炸药，想要炸毁火车站。不料火车仅仅撞到一辆货运列车，并没有给守军造成多大损失。但守军还是从以防万一的角度出发，主动破坏了铁道线。

当时德军在重炮没有运达的情况下，手头上的七十七毫米炮发挥出了巨大的威力。1914年10月16日15时到17时，德军不断炮击特尔维特，市中的大教堂及其他建筑多数被破坏。在炮火掩护之下，德军步兵开始攻城。德军以人海战术想要一举攻入城内，等待多时的联军用各种武器向攻城的德军猛烈开火。德军虽然不断倒下，但仍不断涌来，最终迫近到了联军面前，双方展开肉搏战。最终德军因损失惨重被迫于1914年10月17日拂晓暂时退兵。

或许是1914年10月17日、18日两天的战斗让德军元气大伤，他们没有再猛烈攻城。1914年10月19日，德军转而攻击特尔维特北方不远处伊瑟河右岸的一个叫贝鲁斯特的村庄。由于防守此处的比利时军队难以做出有效抵抗，因此，法国海军陆战队紧急抽调两个连队的兵力前去驰援，并最终得以保全此地。不过比利时指挥部认为此处难以固守，据守伊瑟河反而比较有利，于是最终还是下令撤出了该地。

第3节　“血井”大战

1914年10月20日，德军转而采取更加大胆的方式，决意一举拔掉特尔维特后再攻占加来港。德军从安特卫普运来重炮，开始攻城。巨型炮弹不断落到市内，致使教堂起火，其他各式建筑也纷纷倒塌。尽管法比联军动用了七十二门野炮进行了还击，但无奈威力太小，无法与德军重炮相抗衡。在战斗中，眼看负责右翼的比利时军队情况告急，法军陆战队急忙分兵前去救援。德军则顺势加强了攻击力度。志在必得的德军在重机枪的掩护下再次动用人海战术。德军将久经沙场的老兵配置在两翼，中心则由少壮士兵组成进攻队形。进击之前，德军进行了军国主义教育，之后德军士兵高唱国歌，步调一致且心无旁骛地朝城墙冲击而去，其中不乏十五六岁的少年兵。当这些少年兵跳进战壕与法军进行肉搏时，由于体力等原因导致进退两难，据说下跪求饶者也不在少数。最终德军逼近至离城墙仅百米之遥的距离。城上的守军见状开始用机关枪猛烈扫射。子弹几乎弹无虚发，德军纷纷倒下。联军想趁机将攻城的德军一举全歼，于是加强了射击的强度和密度。而德军并没有屈服，反而继续加强了攻势，双方之间的战斗越来越惨烈。到1914年10月20日20时左右，德军突然鸣金收兵了。

这场惨烈无比的战斗发生在特尔维特北部的一个叫“血井”的地方，当时进攻的德军已经尸横遍野伤亡惨重。冲锋的呼喊声与伤员的呻吟声夹杂在一起，有些受了伤的德军士兵在举手求救时，手臂竟被联军射来的密集子弹打断又垂了下去。最终，德军的猛攻还是被守军击退，停止战斗后的战场上尸横遍野，运河和沟渠里的水都被染成了红色，绝对可以称得上流血漂橹了。当然，“血井”之名也“名副其实”了。

第12章

各有胜负的持久战

第1节　特尔维特之战

德军于1914年10月20日发起的强攻以失败告终，但炮声一直持续到了深夜。1914年10月21日一早德军卷土重来，以同样的模式再度攻城，依旧没能取得成功。1914年10月22日，德军在伊瑟河下游的特尔维特北部突破了比利时军的防线，随后渡河西进。1914年10月23日，比利时军队重整旗鼓，想要夺回此地，结果无功而返。法军陆战队虽然也及时赶来救急，但在德军猛烈的炮击之下没能达到目的，只是徒增伤亡。经此一战，德军认为拿下加来指日可待。所幸此时驻扎在纽波特附近的是法军著名的第四十二师下属的一个旅，该部及时赶来增援并最终遏止了德军的进攻。1914年10月24日，德军再次大举进攻特尔维特，其进攻势头较1914年10月20日有过之而无不及。德军连续发动了十五次进攻但都无功而返，不过是又重现了一次“血井”而已。

1914年10月25日7时，法军海军陆战队的一个中队在前往特尔维特南面的战壕换防的途中遭遇一群实力相当的德军，法军在大惊失色之余与德军展开了肉搏战。法军士兵用刺刀和枪托消灭了德军四十余人后，难以招架的德军败退而逃。1914年10月25日14时许，伊瑟河西面的车站附近频频传来枪声，法军感到十分吃惊，以为德军已经攻了进来。驻扎在该车站附近的法军司令部急忙下令要求法军不得开枪，但命令下达之后枪声仍然不断。备感奇怪的法军指挥部派遣一位海军上校带兵前去一探究竟。上校出发后不久枪声就戛然而止了。于是上校打算返回司令部。在返回途中，上校一行遇到了一辆疾驶而来的汽车。备感奇怪的上校截停了该车，并上前一探究竟。司机自称是红十字医护人员，但由于其言语非常可疑，于是法军对车辆进行了检查。果然，车中藏匿了数名德军士兵。于是法军当场俘虏了这些德军士兵。然而，当天晚上法军指挥部附近再次响起莫名其妙的枪声。法军军医长打算出门一探究竟，才刚走出门外两三步就被德军击毙。闻声而来的一名牧师也中弹身亡。急忙赶来救人的几名比利时医护人员也被德军抓住了。执行此次偷袭的德军敢死队共约一百五十人，他们巧妙地躲过了哨兵的耳目并趁着夜色潜伏进来。听到枪声的海军上校贾尼奥以为是自己的士兵胡闹开枪，于是就想前去教育一番。海军上校贾尼奥没带武器就出了营门，被隐藏在附近的德军抓了个正着。恰好此时法军打开了探照灯，及时发现了敌情并迅速用机关枪一顿扫射。不少德军当场毙命，剩余的德军押着俘虏匆忙渡河而逃。第二天拂晓，海军上校贾尼奥被德军枪杀。

这一小股德军引起的骚乱让整个法军很没面子。法军全体出动，截断了德军的退路，并最终将他们悉数俘虏。带头的三名德军军官被枪决，其余的德军俘虏悉数被囚禁在法军军营之中。

第2节　德军惨败

1914年10月26日到27日，德军再次对特尔维特发起攻击。1914年10月28日，得到增援之后的德军开始威胁到纽波特及伊瑟河附近的铁路线。1914年10月29日，法军主动对德军发起了攻势。

法德两军在伊瑟河河畔的战斗逐渐发展成为白刃战。双方的炮兵由于害怕伤及己方战友，都不敢对陷入肉搏战的敌军开炮。同样，机关枪也派不上用场。双方只能眼睁睁地用手枪或刺刀进行厮杀。后来德军手持木板一边防弹一边向法军阵地冲击而来，冲到河边后就利用木板的浮力渡河。德军的想法看起来非常大胆。当然法军也是寸步不让，朝渡河的德军猛烈开火。当德军近在眼前后，刺刀派上了用场。德军整晚都在进行大规模渡河，法军则列队岸边朝渡河德军猛烈射击。据说第二天早上伊瑟河河岸的德军尸体多达两千五百具，其中大部分死于法军的刺刀之下，溺死于河中的也不在少数，整条河流全被鲜血染成了红色。据传特尔维特西面在两军决战后，德军的尸体多到堵塞了河道，甚至河水都溢到了岸堤之外。

德军此役共伤亡九万人，而负责防守的法国海军陆战队仅六千余人。当普鲁士的一名被俘军官听到法军人数如此之少后非常懊恼，后悔德军当初为何没与法军展开全力肉搏。当然，随着战争的进行，这支海军陆战队的人数也逐渐由六千人减员到三千人。

第3节　引海水御敌

伊瑟河流域在四五百年前本是一片海滩，几个世纪以来，经填海造地后终于成为今天沃野千里的农耕区。当法军最高指挥部得知德军攻占加来的计划后，随即向比利时最高指挥部建议通过截留海水的方式破坏德军的计划。比利时方面一开始十分犹豫，因为一旦实施该计划就意味着比利时的千里沃野将被淹没，但这与比利时的生死存亡相比毕竟不值一提，因此比利时政府最终下定决心听从法国的建议。计划虽然有了，但还要研究海水漫灌的方式。当时正好有一老者负责看管河上的水门，老人按照自己的多年经验提出了具体实施步骤。具体是这样的：首先伊珀尔与纽波特之间有着长长的铁路，铁路的路基高约两米，可以用作堤防；然后再将横跨河流的铁路桥下方的河水截留；最后引入海水，便大事可成。比利时采纳了这一建议。比利时工兵部队冒着德军的猛烈炮火昼夜施工，最终修成了一条长约四十公里的长堤。1914年10月28日涨潮时比军打开了纽波特方向的水门开始蓄水，退潮时比军关闭闸门防止海水回流。通过这一操作大量的海水被截留下来。或许是苍天保佑比军，起初德军并未察觉敌军的这一计划，因此并不知道战壕里为何积水越来越多，只是一味通过水泵不断向外排水。如果当时德军知道了这一计划，只需一发炮弹摧毁河上的水门便可轻易地破坏敌人的计划。1914年10月30日，德军对战壕里积水越来越多一事终于起了疑心，于是派出侦察兵前去一探究竟，最终知晓了比军的计划。德军大为吃惊，于是急忙发起攻击，企图夺取铁道线。比利时军队自知一旦铁道线归于敌手，计划必然化为泡影，于是进行了殊死抵抗。然而，面对德军的猛烈攻击，比利时军队逐渐难以招架，开始向法军求援。法军紧急派出骁勇善战的第四十二师进行驰援。最终法军击退了德军并缴获了大量武器弹药及给养。1914年11月11日，水淹计划大功告成，德军攻取加来的计划永久泡汤。然而，在1914年11月10日的战斗中，法军海军陆战队败北，特尔维特落于德军之手。尽管如此，法军海军陆战队能以区区六千兵员坚守此城足足一个月之久，并创下歼敌近十万的辉煌战绩，也完全可以说是虽败犹荣。

在伊瑟河方面没有取得成功的德军转而想通过突破英军把守的伊珀尔市南北几十公里的战线进攻加来，于是德军对英军的阵地发起了强攻。但在英军的顽强抵抗下，德军的计划又没能实现。

经过一系列的战斗，双方形成了对峙局面。北起北海之滨的纽波特，南至南面遥远的瑞士，在这中间长约近八百公里的战线上，双方不断挖掘战壕进行防御。欧洲大地也因此出现了两条蜿蜒的巨蛇。对峙双方在后来一年多的时间里不断进行攻防，虽然战斗十分激烈，但对战局没有产生多大影响。1915年8月中旬以后，英国的新军部队陆续到达法国北部战场。与此同时，法军在兵力及军需供应上也逐渐得到改善。1915年9月上旬，元气得到极大恢复的英法联军计划于1915年9月25日向德军展开攻势。此时联军方面以多出德军五成的兵力在香槟地区及其他方向对德军展开全面反攻，但收效甚微，只迫使德军后撤了几公里。德军不敢轻敌，很快从俄国战场抽调若干师进行驰援。实力相当的两军之间又陷入了拉锯战。

以上就是战争初期的基本战况，之后我们将视野从西部战场转移至东部战场，看看俄国与德国之间的较量。

第五篇

东欧俄德之战

第1章

泛斯拉夫主义

第1节　斯拉夫民族的由来

起初德国的计划是迅速拿下法国后转而东进俄国，但该计划因比利时的顽强抵抗而受阻，实际情况比预定计划多花费了不少时日。就在德国与法国作战时，俄国已经完成了战争动员并大举派兵压向德国边境。如此一来，德国就陷入了腹背受敌的危险境地。俄国在对德国宣战的同时，还于1914年7月31日向全军发布战争动员令。当时俄国国内的意见出奇地一致，全体国民一致同意对德开战。原本俄国国内正如火如荼地开展着带有革命色彩的大罢工运动，这时也突然偃旗息鼓了。工人们都自觉地回到工作岗位认真工作，举国上下转而热衷于对德奥两国的排斥运动。原本沙皇尼古拉二世对奥匈帝国兼并波斯尼亚和黑塞哥维那之事就极其不满，时至今日已忍耐七年之久。忍无可忍的沙皇尼古拉二世最终到了无须再忍的地步，他在下令对德宣战的同时，向议员们传达了自己的决心。此时俄国各个政党之间也都开始摒弃前嫌握手言和，其中犹太人排斥派也暂时收敛了自己的主张。一时间俄国境内出现了举国上下意见统一国民团结的良好局面。沙皇尼古拉二世为了显示自己的决心，在明知酒税是俄国政府的重要财政来源的情况下，断然发布了禁酒令。此外，沙皇尼古拉二世还表明要打破传统的专制体制，要更多倾听人民大众的心声，甚至还公开允诺犹太人及波兰人在俄国境内的自治请求。在这决定斯拉夫民族命运的重大时刻，俄国国内上下一心，团结一致，四处洋溢着爱国之情。

德国国内盛行的泛日耳曼主义主要针对的就是泛斯拉夫主义。泛斯拉夫主义在斯拉夫民族为主体的国家——俄国国内也是大行其道。斯拉夫人有着丝毫不逊于日耳曼人的宏大抱负，而且人数也远超日耳曼人。通常认为斯拉夫人属于印欧人种，但关于其真正起源，在学术界尚无定论。斯拉夫人在上古时期就已经遍布欧洲各地，据说在德国的汉诺威也曾发现过他们的生活痕迹，因此可以推断出他们的活动区域曾深入欧洲腹地。然而，随着日耳曼人从北方的迁

泛斯拉夫主义的明信片

入并在中欧地区不断发展壮大，原本居住于此的斯拉夫人被迫迁到了欧洲东部地区，并最终在俄罗斯北部，特别是第聂伯河沿岸地区站稳了脚跟。斯拉夫人原本是一个血统单一的民族，在后来的数次迁徙过程中与其他民族融合了。特别是在中世纪，斯拉夫人与从亚洲方向打过来的蒙古人有过深入的融合，后来斯拉夫人又被鞑靼人征服并被鞑靼人统治了二百五十年之久。在鞑靼人的统治之下，斯拉夫人的血统也受到了鞑靼人的影响。比如彼得大帝的母亲——黑发美人娜塔莉·基里尔洛夫娜·纳雷什金娜就出身鞑靼贵族。因此，既然连俄国皇室都有蒙古血统，那么在其他平民百姓中拥有蒙古血统的人就更多了。

黑发美人娜塔莉·基里尔洛夫娜·纳雷什金娜

单从人口数量来看，斯拉夫人在欧洲占有很大优势，至少有大约一亿四千万人。此外，其所占地域也非常广阔，从俄国到巴尔干半岛，以及奥地利、匈牙利等地都是斯拉夫人的主要聚居地。人类学学者将这些地区划分为东斯拉夫、西斯拉夫及南斯拉夫三个主要区域。其中东欧地区的东斯拉夫人数最多，主要聚集在俄国，约有一亿人口。其次是中欧地区的西斯拉夫。其中波兰人占大多数，约一千五百万人；然后是居住在奥匈帝国北部地区的波希米亚的捷克人和摩拉维亚人，共有约六百万。其他则主要是住在德国边境附近的卡舒比人（约二十万）、维纳蒂人（约十八万人）及居住在匈牙利北部的斯洛伐克人（约二百五十万）。由于长期与日耳曼人接触，在文化等方面中欧地区的西斯拉夫人受日耳曼人的影响较深，因此，与东欧地区的东斯拉夫人差异较大。南欧的南斯拉夫人主要居住在巴尔干半岛，即现今的塞尔

身着传统服饰的捷克人

维亚、黑山、波斯尼亚、黑塞哥维那、克罗地亚等地，人数约九百多万。此外还有约五百万保加利亚人。

第2节　泛斯拉夫主义的起源

一般认为的泛斯拉夫主义的起源是：在以其他民族为主体的国家里，斯拉夫人长久以来一直备受压迫。无法继续忍受这种压迫的斯拉夫人逐渐开始觉醒，他们想要通过民族统一的方式来摆脱这种压制。泛斯拉夫主义和泛日耳曼主义在发展的最初阶段基本上是一致的，都具有非常浓厚的文艺色彩。泛斯拉夫主义的首倡者是一个居住在奥地利的克罗地亚人，叫克里贾维奇。克里贾维奇经常目睹自己的同胞无力反抗被奥地利人欺压的惨状，对此他异常气愤，号召大家都聚集到斯拉夫人的发祥地——俄国，并接受沙皇的领导。作为斯拉夫人民族统一的先决条件，他认为应首先发起泛斯拉夫主义文学运动，因此泛斯拉夫主义文学应运而生。

克里贾维奇死后，其发起的文学运动一时间偃旗息鼓。两个世纪之后的19世纪，此运动又开始繁荣起来。此次泛斯拉夫主义文学运动的核心人物是斯洛伐克人贾恩科尔。他最初也只是单纯地想要复兴泛斯拉夫主义文学运动，在政治方面并没有任何诉求。后来贾恩科尔的思想发生了转变，并因诗集《斯拉夫姑娘》而名声大噪。贾恩科尔在诗集中委婉而含蓄地表示：所有斯拉夫人应该在斯拉夫民族统一的大旗下，收回被日耳曼人掠夺的土地。以此为代表，贾恩科尔思想中的政治色彩开始浓厚起来。1870年贾恩科尔又出版了另一本具有浓重的泛斯拉夫主义色彩的书籍，该书为泛斯拉夫主义思想史开辟了新的纪元，贾恩科尔本人也因此书的出版而声名远播。

第3节　政治发轫

泛斯拉夫主义真正开始成为一股政治势力得益于俄国的“中兴明主”彼

得大帝时期。当时的俄国政府正式采纳了这一主义。不过泛斯拉夫主义成为俄国的国策还是19世纪以后的事情，即尼古拉一世时期。在1830年至1840年，民族主义意识开始逐渐在俄国崛起。以在莫斯科成立的斯拉夫党为中心，全国上下开始掀起轰轰烈烈的政治运动。斯拉夫党主张：从南方的希腊群岛到北方的白海、从西面的亚得里亚海到东面的太平洋都属于俄国；此外还要力图让俄国成为世界强国，并且将整个亚细亚地区都要收归俄国所有。此外，斯拉夫党还以斯洛伐克人为中心，在波希米亚的布拉格市召开斯拉夫大会，意图在全世界建立统一的泛斯拉夫主义国家，甚至都开始制定未来的国家政策了。大肆鼓吹发展泛斯拉夫主义文学也是该会议的一大议题。不过，由于当时大部分斯拉夫人的整体文化知识水平不高，鼓吹泛斯拉夫主义文学未能取得很大成效。

到19世纪后半叶，在波希米亚的捷克人中出现了一些支持泛斯拉夫主义的所谓“爱国诗人”，他们作品中的文学色彩逐渐暗淡，政治色彩愈加鲜明。1860年以后，这些捷克人主要主张改换国语和制度改革。这些人中的代表人物叫弗兰蒂泽克·巴拉克。弗兰蒂泽克·巴拉克是一位有名的历史学家，他认为民族独立的先决条件应该是获得政治上的自由，并认为奥地利的衰落正是由于日耳曼人在该国占主导地位所致。不过，弗兰蒂泽克·巴拉克这一派的观点并不赞同斯拉夫人应当全部隶属于斯拉夫人居多的俄国，而仅仅主张捷克人应当获得独立与自由。

后来，俄国的泛斯拉夫主义思潮尽管在克里米亚战争期间有所收敛，但德国的崛起又刺激了泛斯拉夫主义思潮的再次泛滥。1867年，斯拉夫人声势浩大地在莫斯科召开大会。1869年，泛斯拉夫主义者又利用俄罗斯帝国成立一千周年大典之机，给居住在奥地利的斯拉夫人的著名人士赠送了荣誉勋章；同时各大报刊也步调一致地对泛斯拉夫主义进行大肆鼓吹和宣传。这一系列动作极大地伤害了奥匈帝国的国家感情。1870年至1880年，泛斯拉夫主义者甚至开始谋划颠覆奥匈帝国哈布斯堡皇室。泛斯拉夫主义者们大大加强了泛斯拉夫主义宣传，甚至派出了许多人进行煽动活动。这些人或召开集会或著书立说，其目的只有一个——从内部瓦解奥匈帝国的民心。当时一名俄国将军就曾公开表示：要挽救俄罗斯，首先要分裂奥地利；要想到达君士坦丁堡就必须马踏维也纳。同时这些人还掀起了改教运动，意图让居住在俄国和奥地利境内信奉罗马天主教的斯拉夫人改信俄国人信奉的希腊东正教。

1890年前后，泛斯拉夫主义宣传和改教运动开始从匈牙利扩展到波兰的加利西亚地区，经过自身的不断努力并最终获得了显著成果。奥地利国内的部分塞尔维亚人开始发生革命暴动；匈牙利的塞尔维亚人开始改信希腊东正教；越来越多的斯拉夫人开始学习并使用俄语。

第4节　两种主义的斗争

1908年，在布拉格召开了新一届的斯拉夫大会。由俄国人、波兰人、捷克人、克罗地亚人、塞尔维亚人组成的五十五名委员，代表一亿四千万斯拉夫人出席大会。由于其中多数委员来自奥地利，因此该会议也为后来在奥地利开展的泛斯拉夫主义运动打开了新局面。会议期间，委员们制订了各种计划，例如计划以农业实习为名，将斯拉夫农民迁往斯拉夫人为主体的国家。另外还计划于1911年在莫斯科召开斯拉夫博览会，其中根本的一条便是泛斯拉夫主义者们想以经济实力为后盾实现自己的各种主张。总之，泛斯拉夫主义者的所作所为主要是为了对抗近来越发严重的德意志民族主义扩张，同时也表达了对这种扩张的厌恶之情。

泛斯拉夫主义运动还在欧洲南部持续发酵。1903年斯拉夫党俱乐部成立，其主要目的是整合与改革欧洲南部的泛斯拉夫主义运动。该党的成立极大地鼓舞了欧洲南部的斯拉夫人，很多有权有势的政界人物纷纷加盟该组织，并最终成立了“南部斯拉夫党”。该党首先在波斯尼亚、黑塞哥维那及匈牙利的斯拉夫人聚居区设立了领导革命运动的中心组织。这些组织之间经常互相串联，也会利用出版物的影响力来尝试各种比较平和的运动。不过，在必要时，他们也会提供金钱与武器对泛斯拉夫运动进行支援。

愈演愈烈的泛斯拉夫运动开始具有颠覆奥地利国家政权的浓厚政治色

彩，但当时还并未对奥匈帝国产生多大实际危害，因为奥匈帝国境内的斯拉夫人并不全都希望归于俄国治下。此外，奥匈帝国境内的两千五百万斯拉夫人中，有一半人信仰罗马天主教而非俄国的东正教。因此，无论俄国如何煽风点火，要想一统奥匈帝国境内的斯拉夫人还是非常困难的。站在奥地利角度来看，奥匈帝国政府应该按照境内各斯拉夫派系的政治要求给予他们一定的自治权，并将奥匈帝国建成一个联邦制国家。但对于匈牙利而言，并不希望出现一个新的联邦体。匈牙利人根本不愿与斯拉夫人平起平坐。总之，奥匈帝国境内的民族问题错综复杂，一时难以解决。

1911年巴尔干战争之后，塞尔维亚的领土面积倍增，黑山的领土也得以扩张。如此一来，在欧洲南部，泛斯拉夫主义——大塞尔维亚主义得到了空前发展，并最终成了第一次世界大战爆发的直接原因。

同时，近年来泛斯拉夫主义运动在俄国也愈演愈烈。沙皇尼古拉二世本人也是泛斯拉夫主义的拥护者，虽然俄国不愿公然与德国对抗，但这种想法在一般的国家舆论特别是在决策层中大有市场。受此影响，沙皇尼古拉二世也逐渐开始越来越鲜明地支持这一运动。比如，在此次大战开始后，沙皇尼古拉二世就将带有德语色彩的圣彼得堡改为纯俄语的彼得格勒，这就非常明显地表明了其反德立场。总之，有一点让人确信无疑：这次欧洲大乱的根源就是泛日耳曼主义与泛斯拉夫主义之间的对决。

第2章

俄国军备情况

第1节　西部边境的要塞建设

如上所述，此次世界大战的根源是泛日耳曼主义和泛斯拉夫主义之间的斗争。因此，当俄国决定对德国宣战时，俄国民众空前团结，并表现出了高度的无私奉献精神，因此，俄国的战争动员速度之快大大超出了原有预想。俄国调兵遣将，首先将兵力向华沙一带集中。俄军先头部队为骁勇善战的哥萨克骑兵，该部率先跨越国境并逐渐向东普鲁士的核心地带推进。当时的俄军总司令是日俄战争中威名显赫的保罗・冯・伦宁坎普将军，当时已经六十一岁，仍然老当益壮，风采不减当年。

在地理上，俄国与诸多国家接壤，加之俄国地域广阔，因此，从战略防御角度来讲，俄国需要建造许多要塞。于是俄国在波罗的海沿岸、黑海沿岸、高加索山脉、中亚及远东的要冲之地都建设了许多坚固无比的要塞。当俄国与德国、奥匈帝国之间战争骤起时，俄国西部边境的诸多要塞就变得非常重要。一直以来，有关要塞建设问题在俄国国内一直争议不断。其中一派认为应当废弃边境地区的所有要塞，只需在大后方加强新要塞建设。如此一来，当德、奥从东普鲁士、博尔扎诺或者加利西亚方面攻过来时，俄国就能迅速集中自己的优势兵力与之抗衡。而另一派则主张按照既定方针继续在边境第一线进行要塞建设。在不同的历史时期双方主张曾各占上风，当内陆建设派得势时就停掉边境一线的要塞建设，或废弃掉已经建成的要塞转而加强内陆纵深的要塞建设。然而，随着形势的发展，俄军逐渐采取了攻防兼备的作战策略，在不断增加兵员的同时在西部各州加强骑兵、炮兵及铁路建设。为了能在西部边境突发战事时快速做出反应，俄国不断强化西部边境地区的要塞建设，其中就包括将曾经荒废掉的诸多要塞进行翻新改造，例如华沙要塞及其各个附属要塞。此外还有维瓦斯河上的各要塞。纳雷夫河、布布尔河等流域的诸多要塞，因具有防御德军从东普鲁士进攻的重要作用而得到了加固，由原来的临时工事改建成了半永久性的阵地防御工事。此外，俄国还加强了其北方的圣彼得堡附近核心地带的堡垒建设，并配备了数量众多的火炮。

此外，俄国还加强了波兰中心地带的要塞建设，其中布列斯特要塞的改建工作就花费了两年时间和巨额费用，建成后一举成为波兰一线防御工事中的重中之重。同样，俄国加强了加利西亚方面的要塞建设，也对其中一些原有的要塞堡垒进行了加固，其中有的要塞里边甚至还建有大型仓库、面包房及飞艇库。

俄国边境的要塞建设在日后与德奥的战争中发挥了重要作用。

第2节　俄军的素质

俄国的军队主要分为常备军和国民军两种，其常备军又分为正规军和哥萨克兵。哥萨克兵的前身是俄国各属国作为自身的警备力量而设立的一种非正规军队。后来俄国进行了一系列军事变革，到了近代，哥萨克兵逐渐成为一支重要的军事力量。

俄国士兵十分纯朴，服从命令，有着极强的忍耐力，当然也有着军纪涣散、缺乏灵活性等缺点。俄国的军官大多缺乏专业的军事技能与才能，因而军官能力良莠不齐，差别很大。造成这一现象的主要原因是俄国军官大多没有上过正规的军校，仅仅参加过一些军事速成班。这些青年军官们的整体文化水平甚至还没有达到中等教育的水准。不过，近年来随着学校教育水平的提高，这

哥萨克军官

些问题正在逐渐得到改善。总之，外界普遍认为，俄国的军官除陆军大学毕业的学员之外，大部分素质不高。不过应该承认一点，俄军的整体素质在日俄战争之后有了长足进步。

第3章

俄军攻入东普鲁士

第1节　俄国兵力中心的转移

俄国与德国不同，不会像德国那样为了主动挑起战争而提前进行充分的战争准备，因此，俄国的战争动员相较德国而言有所滞后。当俄国发现与德国的战争不可避免时，俄国制订的战争计划为：在全部军力集结完毕前，先用部分兵力对德国采取攻势，并务必对德军兵力进行牵制，为在欧洲西部与德军作战的协约国军队减轻压力，然后再根据形势的发展对德军展开全面反攻；与此同时，对奥匈帝国一方则尽量采取守势。

俄国领土面积大，因此必然对俄国的兵力调配产生重大影响。日俄交战时，俄军的兵力配置主要偏重于远东地区。随着日俄战争的结束及欧洲形势的变化，俄国外交政策的中轴线再次向欧洲地区倾斜，因此其兵力配置的重心也开始向西偏移。然而，俄国根据以往的战争经验及军队编制等原因，仍将前些年新创建的几支军队配备在其内陆的核心地带，并未西调。

大战爆发后，俄国西部的波兰地区就成了俄国军事战略上的核心地带。然而，此时俄国的兵力配置重心却远在俄国腹地，距离波兰甚远。由于距离过远及交通运输不完备等原因，俄国在军事动员及兵力集中上与他国相比速度过慢。反观此时的德军正全力从法比边境地区大举进军，并以风卷残云之势横扫整个英法联军。在此情形之下，如果俄军非要等到完成全部的战争动员及兵力集结之后再对德开战的话，则极有可能让德国找到机会先发制人，从而陷于被动。因此，俄国决定先发制人，首先以两支军队的力量从俄德两国边境地区对德国展开攻击，并对德军进行有效牵制。

第2节　俄国西部边境的地形地势

俄国西部边境地区的地形地貌对此次大战中交战各方作战计划的制订产生了很大影响。波兰北部地区与东普鲁士接壤，南部则沿奥地利治下的喀尔巴阡山脉远远地向西延伸，如果将来俄军以波兰为前出阵地向西进军的话，则德军就有可能从东普鲁士方向，也就是俄军进军主力的右后方袭击俄军，并且奥匈帝国军队也可以从喀尔巴阡山脉突袭俄军左后方。因此，如果俄军想进军柏林，就必须先占领东普鲁士与喀尔巴阡山脉，或者至少要占领其中之一，这样才能确保自己的后方安全。然而，东普鲁士东部及东南部地区遍布河流、沼泽及森林，非常不利于大军通行，且德国早已将这些地区作为重点防御对象。例如德国在柯尼斯堡就建有新型大要塞，在东普鲁士西部地区的维斯瓦河河畔建有托伦、格鲁琼兹、马尔堡等坚固的要塞群。其中托伦要塞为最新式的堡垒，负责看守维斯瓦河。如果德奥两国转守为攻的话，这些堡垒又将由防守堡垒转变为前进基地。

在这样的形势下，俄军如果想采取攻势就必须首先攻占东普鲁士以确保自己后方的安全。尤其是当俄军进入波兰以西的地区时，俄军与俄国首都莫斯科之间的联系就会面临来自东普鲁士方向的威胁。此外，即便俄国已占领东普鲁士，也仍然会面对已经掌握波罗的海制海权的德国海军从右侧威胁俄军安全的问题。对此，俄军采取的对策是：命令保罗·冯·伦宁坎普的第一军向柯尼斯堡方向进军的同时，让亚历山大·瓦西里耶维奇·萨姆索洛夫的第二军沿纳雷夫河逆流而上向奥尔什丁进军。从德国角度来看，东普鲁士对德国也同样是具有攻守兼备功能的战略地带。如果俄军从此进军的话将会对德军起到牵制作

保罗·冯·伦宁坎普

亚历山大·瓦西里耶维奇·萨姆索洛夫

用，这比法军在西部战场上通过进攻阿尔萨斯和洛林地区来牵制德军产生的危害要严重得多。

第3节　哥萨克骑兵建功

在保罗·冯·伦宁坎普被任命为总司令的同时，俄军开始从华沙出发，以百万大军兵分四路急速扑向东普鲁士。1914年8月20日，俄军与德军在贡比楠[1]地区展开激烈交锋并大败德军。1914年8月21日，俄军中路部队再次向德军展开猛烈攻击，德军战败并损失惨重，其中有三十门大炮被俄军缴获。此外，切尔尼亚霍夫斯克也落入俄军之手。切尔尼亚霍夫斯克约有九万人，是德国在东普鲁士的重要铁路交通枢纽，具有十分重要的战略价值。切尔尼亚霍夫斯克接近俄国边境，且距离德军的重要军事要塞柯尼斯堡也不远。俄德两军一

贡比楠战役

① 当时位于东普鲁士，今俄罗斯联邦加里宁格勒州古谢夫市。

直激战到1914年8月21日日落之前，最终德军落败，四处溃逃。据说由于德军死伤过于惨重，曾请求俄军暂时休战数小时以收治德军死伤士兵。

一向彪悍的德军在此役中竟不堪一击，是因为德军遭遇了更加骁勇善战的哥萨克骑兵。以往俄国骑兵能够击溃数量相仿且训练有素的德军实属罕见。实际上早在大战爆发的两年前，俄军就开始潜心钻研一种叫“拉乌战法”的新战术。“拉乌”一词源于鞑靼语，意为“中心突入”，这种战法来源于哥萨克骑兵对多年来宝贵实战经验的总结。“拉乌战法”的具体内容是：哥萨克骑兵利用战马的速度，首先以迅雷不及掩耳之势迅速突入到敌人步兵集中的区域，在敌人还未回过神来时迅速下马，以马匹为掩护，出其不意、攻其不备地快速射杀敌兵并将其击溃。如果没能达到上述战术目标，则急速回马撤退；如果敌军前来追击，则利用事先埋伏好的另一队骑兵从侧面对敌人进行伏击，而负责策应的这队骑兵仍沿用同样战术。敌方追兵必然会被突然斜杀而来的骑兵搞得方寸大乱，原本被追击的那支哥萨克骑兵此时又可以趁敌人慌乱之际再杀个回马枪，与前来伏击的骑兵密切配合，从两侧同时对敌军展开攻击。该战术屡试不爽，同样在此次与德军的大战中大显神威。

第4节　俄军兵败东普鲁士

俄军占领切尔尼亚霍夫斯克后乘胜追击，在北部战场以部分兵力占领蒂尔西特后，夺取了柯尼斯堡西南方向上的弗里德兰特。此外，另有一支俄军部队准备从南方边境地区侵入西普鲁士。当这支部队占领了托伦附近的重要铁路线后，德军在但泽、托伦两要塞之间的防御形势顿时变得危急起来。

此时俄军雅科夫·格里戈里耶维奇·日林斯基将军也率部从华沙方向开始进军，在与保罗·冯·伦宁坎普的部队会合后，一举攻占东普鲁士的大半领土，并占领了铁路沿线的各个要冲，其中堪称东普鲁士第一要塞的柯尼斯堡也陷入了俄军包围之中。俄军的攻击加上哥萨克骑兵的不断骚扰，让德军苦不堪言，一时间格鲁琼兹和托伦也陷入了随时都有可能落入俄军之手的危险境地。

由于德军主力此时正在法比边境与英法联军展开大战，其东部边境地区的防御力量相当薄弱，实力远逊于俄军。当威廉二世惊闻俄军以破竹之势攻入东普鲁士的消息后，忧心忡忡地急忙致电给留守在柏林的首相贝特曼-霍尔韦格，要求他在自己东归之前务必全力阻挡住俄军的攻势，切莫让自己最重视的东普鲁士人民陷入俄军之手。然而，此时东普鲁士的形势已经十分严峻，勒岑被俄军攻占之后，德军三个野战军被迫后撤，当时只剩孤悬后方的柯尼斯堡要塞独自坚守。此外，负责给德军侧翼提供保护的奥军士气也非常萎靡。在这种形势下，俄军准备从中路一举突破德军防线，直奔柏林。

形势万分危急，已经不容许德军再有片刻犹豫。德军总司令法尔肯海恩果断决定从西部战场调兵遣将，火速向东部战场驰援。德军将安特卫普及利沃夫的部分部队装载上火车，通过铁路急速运送到东北方向的战场；还将攻击列日要塞时使用的四十二英寸重炮一同运往东普鲁士。这些兵力和武器被德军配置到了奥斯特罗德地区。1914年9月1日，德军突然对驻扎在奥斯特罗德、奥尔什丁一线的俄军发起反攻。俄军刚开始还奋力还击，但后来德军重炮发挥出了巨大的威力，俄军的司令部甚至都被命中摧毁。亚历山大·瓦西里耶维奇·萨姆索洛夫及两个参谋还有其他不少人被当场炸死或炸伤。死伤惨重的俄军渐渐丧失招架之力，最终有三支俄军军队被全歼，另有七万人被俘。

此役德军之所以能够获胜，主要得益保罗·冯·兴登堡将军的谋略，此后德军在东线连战连捷，并于1914年9月中旬将俄军压迫至马祖湖以东地区。

第4章

俄军的优势

第1节　俄军加利西亚大胜

加利西亚地区是俄德奥三国的交界处，也是俄国大举进犯德国的必经之路。因此，对德军而言，加利西亚的战略地位十分重要。德军让奥军负责守卫这一地区，在克拉科夫和利沃夫两地配备了重兵把守。俄军派遣的两路大军在此会合后准备发起攻击。两军分别由雅科夫·格里戈里耶维奇·日林斯基将军与尼古拉·尤多维奇·伊万诺夫将军率领，共有百万之众。俄军的进攻在德涅斯特河流域受到了阻滞，因为奥军依托加利西亚的诸多永久性工事对俄军展开了多次有效的阻击。但在后来的1914年8月31日到1914年9月1日的战役中，俄军在利沃夫附近大败奥军主力，奥军共死伤约两万人。败退的奥军退守利沃夫要塞，随后依托要塞防御进行坚守。乘胜追击的俄军将这里团团包围之后发起了猛烈攻击。1914年9月3日夜，奥匈帝国东北部第一重镇利沃夫要塞最终落入俄军之手。

利沃夫是加利西亚的政治中心，也是八条铁路的交汇点。俄军占领这里之后势必将在各个方面受益匪浅。然而，此时的利沃夫却惨淡异常。城内的房屋内外到处都是奥军遗弃的死伤兵员。利沃夫历史上原本是波兰领土，俄军占领此地后，俄国政府恢复了其“利沃夫”的波兰语旧称（德语名称为伦贝格），并将其设为俄国的一个州，同时任命伯布林斯基伯爵为总督。由于这里原先就居住着很多斯拉夫人，因此这部分人对俄国的做法十分满意。

俄军占领利沃夫后乘胜追击。俄军采取中路突破的战术将惨败的奥军分割为南北两部，同时另有一路俄军从东南方向追近奥军右翼，对奥军形成三面夹击之势。随后俄军通过一系列动作最终将奥军左翼团团包围。奥军困兽犹斗，虽然多次尝试突围，但均被俄军巧妙化解。在历经前后十七天的战斗后，奥军败局已定。奥军除了背后的桑河，其余三面均被俄军包围，很快被俄军全面夹击，损失惨重。此役奥军共有约百万大军及两千门大炮参战，据俄军统计，奥军共死伤二十五万人，被俘十万人。此外，俄军还缴获四百门大炮及辎重无数。

第2节　俄军再度攻入东普鲁士

俄军占领利沃夫后对败退的奥军展开了猛烈追击，并于1914年9月22日攻陷亚罗斯拉夫要塞。此要塞为新式复合型要塞，尽管坚固异常，却轻易落入了俄军之手，这着实超出了所有人的预想。此后俄军继续以破竹之势乘胜追击，形势越发被动的奥军被迫经克拉科夫向俄德边境方向退去。俄军朝西南方向继续攻城略地，继而把亚罗斯拉夫与克拉科夫之间的重要铁路线尽收囊中。其中在亚罗斯拉夫附近还俘获奥军两个连队及二十门大炮。随后俄军攻陷或包围了一些要塞后，派遣部分骑兵部队越过了喀尔巴阡山脉。形势对奥军越来越不利，此时俄军攻击阵型已成，随时可以攻入西里西亚。

在这样的形势下，威廉二世认为奥军已不足以与俄军对抗，于是决定趁西线战场两军陷入胶着状态，亲自指挥德奥联军来应对俄军。威廉二世命令总参谋长赫尔穆特·约翰内斯·路德维希·冯·毛奇镇守卢森堡并责成其统领整个西线德军，而自己则亲率大军向东部德俄边境的弗洛茨瓦夫进发。同时任命才华出众的莱茨少将担当整个对俄作战的总参谋一职，还任命东普鲁士方面的司令长官保罗·冯·兴登堡为德军总司令，并让西维尔特将军接替保罗·冯·兴登堡担任东普鲁士司令官。当时德奥联军在东部战场约有七十八个师，但奥军在历经几次大败之后战斗力已大打折扣。与此相反，俄军此时多达

俄军攻陷亚罗斯拉夫要塞

一百个师。不过保罗·冯·伦宁坎普所部起初却大败于德奥联军，甚至差点陷入德军的包围之中。俄军从东普鲁士的败仗中缓过来后，1914年9月27日，活力大增的俄军转而开始向涅曼河畔的德军发起猛攻。保罗·冯·伦宁坎普此时得到了从俄国本土驰援而来的大量援兵。与此相反，德军却不得不向西里西亚战场方面分兵，从而致使该部德军陷入了寡不敌众的境地，最终德军在此役中大败。从1914年9月27日到1914年10月3日，俄军对败退的德军展开了马不停蹄的追击。德军的涅曼河渡河计划彻底失败，并丢失了大片已占领的土地。此外德军还死伤惨重，在损失大量火炮等武器及其他辎重物资后，德军退入德国境内并最终稳住了形势。据说在此役中，很多平均约有二百五十人的德军中队最后只剩区区二十人。德军在退入德国边境后构筑了部分防御阵地，并得到了柯尼斯堡的守军的一些援助，从而暂时抵挡住了俄军的进攻。1914年10月6日，德军在遭受俄军的猛烈攻势之后再度撤退；1914年10月27日，德军在俄军的强压之下，又被迫丢弃掉部分重炮等武器，朝马苏里亚湖方面撤退。

第5章

开战第一年年末的形势

第1节　德军第一次入侵波兰

1914年9月28日，德奥主力部队兵分五路从西里西亚的国境线出发向波兰进军。与此同时，攻入加利西亚的俄军正乘胜进军至喀尔巴阡山脉腹地。俄军在华沙附近各要塞的掩护下，不等正在维斯瓦河后方集结的新军队的到来就开始前进，队形散漫且稀疏。在得到敌军主力入侵波兰的情报后，俄军总司令尼古拉大公急忙调兵遣将去解普热梅希尔之围。此时俄军被迫放弃了已经到手的喀尔巴阡地区。此外，俄军将维斯瓦河及桑河以西的部队悉数撤至波兰的平原地区之后，摆出了要从正面固守的态势，并伺机转守为攻。攻入波兰的德奥联军起初并没有碰到俄军的一兵一卒。1914年10月15日，德奥联军终于在维斯瓦河西面与俄军的前哨部队遭遇并交火。此时德奥联军左翼已经完全暴露给了俄军，俄军趁机于1914年10月16日从华沙等地派出三路大军，并让另一支驻扎在格奥尔吉耶夫斯克的新编部队从维斯瓦河右岸下行，然后在维斯瓦河与布楚拉河的交汇处渡河后向南挺进。一系列动作完成后，该部从背面对德军左翼一部发起攻击。经过一番激战，这一股德军差点被俄军围歼，不过最终德军还是得以苦战脱逃。

德军原本的计划是：当德军朝华沙急速挺进之时，以德军的左翼牵制住正在迂回的俄军主力，并让在加利西亚方面的奥军趁机渡过桑河从背面对俄军展开攻击。然而，由于奥军没能按预定计划到达指定地点，最终导致该计划流产。计划的失败迫使德奥联军于1914年10月24日开始总撤退。俄军趁势展开追击，并让主力部队朝波兰平原西南及南部地区进发。与此同时，俄军另派两支部队分别向加利西亚及托伦进军。俄军主力的两支先头部队先后到达瓦尔塔河和克拉科夫。此外，哥萨克骑兵的多支分队也越过德国边境展开攻击。奥军在战斗中的抵抗比较顽强，因而损失也比德军惨重。奥军在加利西亚被俄军俘虏了约一万两千人，普热梅希尔要塞则在1914年11月13日再次被俄军团团围住。同时，在东普鲁士方面的俄军再次从南、东两个方向展开攻势并占领了贾乌多沃，随后俄军推进至达马苏里亚湖沿岸。

总之，德军的第一次入侵波兰行动失败了，同时俄德两军在东普鲁士展开的第二次战役也以德军的失败而告终。德军之所以失败原因有二：其一，向华沙进发的德军部队左翼过早暴露，致使德奥两军之间的配合出现了致命的空隙，且这一空隙被俄军及时利用；其二，原计划中的加利西亚方面的奥军向桑河以东地区移动、威慑并牵制俄军主力的行动没能按时完成。

第2节　德奥第二次入侵波兰

1914年11月中旬，俄军在东普鲁士、波兰、加利西亚三个战场上都取得了胜利，其主力部队此时已经做出了要大举进攻德国的态势。面对俄军咄咄逼人的攻势，德军采取了以攻代守、先发制人的策略。此时德军的策略是：在东普鲁士和加利西亚东部以最少兵力采取守势，将抽调的兵力集中在波兰的平原地区，以主力部队与俄军展开大战，一决雌雄。此外，向中路集中的德奥联军还兵分两路，一路由德奥两军组成，向克拉科夫及西里西亚方面集中；另一路由德军构成，在奥古斯特·冯·马肯森将军的率领下向西里西亚与托伦之间的边境地区集中。由于德奥联军在撤退时将波兰的铁路和主要公路悉数破坏，俄军没能顺利跟上德奥联军的部署。最终德奥联军比较顺利地完成了自己的作战计划。

奥古斯特·冯·马肯森

此时俄军在排兵布阵上出现了很大的问题，其右翼部队和维斯瓦河之间产生了较大的空隙，致使其主力部队的右翼完全暴露。保罗·冯·兴登堡在上次的华沙战场就因暴露自己的侧翼导致失败，因此，这次他决定抓住俄军犯下的相同错误，一雪前耻。保罗·冯·兴登堡先让部队朝东偏北方向进军，然后又命令部队急转至正北方向，随后向俄军主力部队的右翼方向展开猛攻。与此同时，另有一部德军从正面对俄军主力进行牵制。

在托伦方向，德军于1914年11月13日、14日大破俄军第一军，并歼灭了前来增援的俄军第三军。此役中德军共俘虏俄军三万八千余人，还有大量火炮和机关枪等武器。遭受重创的俄军瞬间陷入被动。俄军右翼此时也不断受到来自敌军的威胁。为脱离困境，俄军从南部战线紧急抽调第五军主力前来，重新组织战线。然而，如此一来，俄军的中部战线又出现了比较大的空隙。

德军于1914年11月17日对俄军展开追击，并将俄军右翼击溃。几天后，集中在罗兹附近的俄军第二军及第五军也陷入德军包围之中，大有被一举全歼之势。就在此千钧一发之际，俄军的增援部队及时赶到罗兹东部地区。被围俄军与从南部地区增援而来的俄军遥相呼应相互配合，转而将进军至罗兹东南方向的德军团团围住，攻守之势发生了大逆转。经过一番血战，被围困的德军得以杀出一条血路逃脱，最终与德军主力部队会合。

尽管如此，德军在波兰正面战场上依然锐气不减。俄军于1914年11月下旬开始对德军展开了数次攻击，均无功而返。1914年12月中旬，德军第四军、第五军利用铁路网之便从西线及东普鲁士赶来增援，实力大增的德军继而展开全面反攻，瓦斯克被德军拿下之后，罗兹背面的俄军受到了严重威胁。

第3节　俄德冬季战壕对峙

俄军总司令尼古拉大公认为，俄军之所以吃了败仗，是由于俄军右翼出现空隙所致。因此俄军开始采取全线收缩战术，以消除各部队之间的空隙。1914年12月5日，俄军将罗兹方向的部队进行后撤，同时将右翼部队也后撤至布楚拉河。随后俄军派重兵防守尼达河与维斯瓦河之间的空隙。上述防御阵线于1914年12月中旬完成，俄军两翼依托长长的维斯瓦河进行拱卫，正面则通过大力构筑野战工事等方式构建了坚固的防御阵地。

由于保罗·冯·兴登堡急于突破俄军防线，因此屡次主动向俄军发动攻击，甚至不惜多次动用人海战术。不过这些攻击作战最后大多都变成了白刃战，而且在俄军的顽强抵抗之下，德军每次损失都比较惨重。很快，1914年宣

保罗·冯·兴登堡

告结束，大战双方在战争中迎来了崭新的1915年。由于冬季不适合开展军事行动，因此双方都做好了打持久战的准备。双方的野战次数逐渐减少，形成了战壕对峙局面。位于维瓦斯河南部加利西亚地区的奥军由于得到了德军的支援，屡次想要从俄军手中夺回失去的土地。然而多次行动均无功而返，最终奥军也与俄军进入了对垒状态。

此次会战中俄军并没有收到预期的成果，主要是因为大战之初俄军右翼过早地暴露给了德军。这和德军在西部战场上将自己的右翼暴露给法军，然后被法军抓住战机从德军右后方展开攻击，进而导致全面溃退的情况如出一辙。

如前文所述，俄军要想攻入德国腹地就必须先拿下托伦要塞，而要拿下托伦又必须先占领东普鲁士及喀尔巴阡山脉，或至少其中一处。然而俄军并没有认识到这一点，只是一味地想从波兰进军德国，最终招致失败。相反，德军为防托伦要塞失守，在短时间内派遣了大量援军前去支援。德军贯彻军事部署行动之高效，是因为德国十分重视对铁路网的建设。

第6章

开战第二年年初战况

第1节　德军占据华沙

德军在1914年11月至12月间对俄军进行了大规模反击，德军主力最终得以攻入华沙平原地带。波兰的战略地位十分重要，如果德军占领波兰则可以由此顺利地直达圣彼得堡、莫斯科、基辅及敖德萨等俄国要地。1914年年末德军占据波兰平原后，德奥军队开始谋划将以华沙为中心驻扎在维斯瓦河与纳雷夫河之间的俄军驱逐出去。1915年1月下旬，德军不顾天寒地冻，从布楚拉河左岸对俄军发动了猛烈攻击。然而计划没能取得成功，只是白白将四万士兵的尸体遗弃在茫茫荒野而已。

待到春意渐浓之际，德军展开了更大规模的攻击。1915年3月中旬，德军首先攻击华沙北部的纳雷夫河河畔的要塞，随后又对与纳雷夫河紧密依托的其他要塞发起攻击。在维斯瓦河方向，德军也动作频频。在纳雷夫河以北的北部战场，德军数量日益增加，这对俄军右翼构成了严重威胁。而德军在南部战场的加利西亚方面也对俄军采取了猛攻态势。与此同时，进驻于华沙平原的德军也开始频频寻找战机，想要一举歼灭俄军。

第2节　涅曼河激战

此时的北方战场上，德军逐渐将俄军压制到涅曼河河畔。俄军开始依托各个要塞对德军进行抵抗。此时北方战场的德军不仅可以直接威胁俄军与圣彼得堡的陆上联系，同时还可以为己方主力的左翼提供掩护，可谓一举两得。北方战场上的俄德两军从1915年1月下旬开始进入对峙状态。1915年2月上旬，在得到来自西线战场及维斯瓦河畔的援军支援后，德军士气与实力大增，随即又对俄军发起了猛烈攻势。1915年2月中旬，天气突变，漫天飞雪，俄德两军不顾恶劣天气的影响，前后共激战九个昼夜。最终俄军失利，兵败涅曼河河畔。按照德军统计，此役共俘虏俄军六万四千人，缴获大炮七十一门，机关枪一千挺。1915年3月中旬，俄军援军到达，颓势有所挽回。随后德军用巨炮轰击俄军要塞，打得俄军难以招架。

就在德奥联军在加利西亚战场不断发动攻势的同时，有三个半师的德军骑兵部队在部分步兵的支援下于1915年5月上旬从东普鲁士的北部边境地区进入俄国境内。同时，这股骑兵的左翼部队在海军的掩护之下，从波罗的海沿岸攻击并占领了利耶帕亚军港。其右翼部队虽然也进入了米塔瓦西南部地区，但进展不顺。1915年5月中旬，两军又开始隔着文塔河和维尔维特河展开对峙。1915年6月之后，德奥联军运来了重炮，从两河的中间地带对俄军阵地发起炮击。俄军对此也还以颜色，两军每日互攻不断。

第3节　俄军兵败加利西亚

在南方战场即加利西亚方向，德奥联军的目标是，先将入侵至加利西亚的俄军击溃，再进军桑河及维斯瓦河东部，从背部压制驻守在波兰平原上的俄军。自1914年年末以来，俄军与德奥联军一直呈对峙状态。1915年2月，俄军虽先后遭遇了德奥联军的三次猛烈攻击，但都经过顽强抵抗后成功退敌。1915年3月21日，俄军拿下了利沃夫西面的普热梅希尔要塞。普热梅希尔要塞位于加利西亚中部，规模庞大且坚固异常，是仅次于克拉科夫的战略要地。普热梅希尔要塞当时已经被俄军围困长达五个月之久，粮食耗尽不说，除高级军官坐骑之外，所有战马都被屠杀殆尽。即便如此，守军也仅能果腹而已。此外，伤

围攻普热梅希尔要塞

寒等其他传染病的流行已致使守军完全丧失战斗力。不愿坐以待毙的守军虽然决意拼死突围，但在俄军的严密防守之下没能杀出一条血路。最终要塞陷落，十二万五千名守军成为俄军战俘。

此后，俄军将围攻普热梅希尔的约六个师的兵力派往喀尔巴阡山区，同时将这六个师中的一部派往喀尔巴阡山脉比较靠南的南部山麓地区。这一系列动作的完成使俄军阵型一时看起来拥有非常大的优势。然而，由于山地地区交通不便，导致俄军给养供给困难，因此俄军在此进行休整。到1915年4月中旬，给养不足的问题开始导致俄军战斗力逐渐下降。此时，德奥联军正陆续将大军调往加利西亚西部地区。1915年5月1日，德奥联军攻击位于尼达河下游至杜克拉之间的战线上的俄军。俄军难以招架，被迫全线后撤。1915年5月2日，加利西亚中部地区及喀尔巴阡山区的俄军也受到德奥联军的猛烈攻击。双方大战十余日，最终以俄军失败而告终。在普热梅希尔的西面，德军奥古斯特·冯·马肯森部的攻击最猛烈，甚至发动了毒气战。俄军再次失败，被迫于1915年6月3日放弃已经占领的普热梅希尔要塞，向利沃夫方向撤退。

此后，俄军利用德涅斯特河及其他河流为屏障开始构筑防御阵地，但由于德奥联军兵力的不断增加，以及对俄军不断展开的猛烈炮击，俄军又被迫于1915年6月23日放弃加利西亚首府利沃夫，继续撤退。随后，利沃夫居民陆续从附近避难的村落中回城，并热烈欢迎德奥联军入城。奥古斯特·冯·马肯森将军也因此升任元帅。

德奥联军收复利沃夫之后士气高涨，并准备趁机一举攻入俄国境内。德奥联军对俄国守军的猛攻一直持续到1915年7月上旬。俄军进行了顽强抵抗。1915年7月5日，俄军对奥军约瑟夫大公部发起反击并取得成功。俄军此役的成功，直接迫使德奥联军向南撤退并进行休整。

在上述一系列战斗中，由于德奥联军在兵力数量上远胜俄军，因此对俄军屡次主动展开猛攻，致使驻扎在波兰平原上的俄军与圣彼得堡、莫斯科和基辅之间的三条铁路干线，以及与敖德萨之间的交通联系几乎被全面切断。交通线被封锁导致俄军给养供给严重不足，而且使俄军的左翼直接暴露了。此后，形势窘迫的俄军不敢再有什么大动作，只能被迫原地坚守。

第 7 章

俄军总撤退

第1节 俄军放弃华沙

由于受到德奥联军在加利西亚方面的不断压迫，驻守在波兰平原的俄军左翼已经暴露无遗，形势对俄军极其不利。德奥联军迅速抓住此战机向俄军发起猛烈攻击，他们首先以俄军右翼为目标，准备将其一举击溃。德奥联军从纳雷夫河正面向前推进，并于1915年7月13日攻破了俄军第一道防线。防线失守的俄军被迫后撤至第二道防线继续坚守。与此同时，俄军在普扎斯内什阵地也落入德军之手，因此负责在比萨河和奥日茨河正面防守的俄军也被迫从第一道防线后撤。如此一来，华沙附近的俄军左右两翼就都受到了敌军的严重威胁，于是华沙守军也开始放弃第一道防线，开始后撤。

此时德军元帅保罗·冯·兴登堡正在那雷夫方向督军。1915年7月23日，保罗·冯·兴登堡命令德军强行渡过纳雷夫河阻击俄军的反攻。渡河后的德军先在纳雷夫河左岸地区构筑了坚固的防御阵地，随后逐步向前推进，并逐渐将俄军压迫到了布格河沿岸地区。1915年7月31日两军在维什克夫发生激战，随后德军渡过布格河。如此一来，华沙与圣彼得堡之间的铁路线就陷入随时都有可能被德军切断的危险境地。德军在维斯瓦河西部地区的攻势更加猛烈。以华沙为中心的俄军防御阵地自1915年7月末以来，受到了来自南、西、北的三面夹击，华沙即将陷入奥古斯特·冯·马肯森和保罗·冯·兴登堡两路大军的左右包抄之中。迫于形势，俄军决定放弃华沙，于是开始带着各种辎重物资向东撤退。俄军于1915年8月4日完成撤退计划。俄军在华沙的撤退行动成了俄军总撤退的引子，其余各路部队也陆续朝第二道防线的比亚瓦-波德拉斯卡—布列斯特-立托夫斯克一线撤退。

奥古斯特·冯·马肯森部在加利西亚方面动作频频，在对华沙展开攻击的同时，于1915年7月中旬再次向俄军的卢布林—海乌姆防线发起攻击。俄军虽然也进行了顽强抵抗，但由于德军的攻势过猛，卢布林与海乌姆于1915年7月31日落入德军之手。

第2节　波罗的海沿岸战况

此时，向波罗的海沿岸地区进军的德军兵力已经达到十个师。1915年7月20日以后，德军加快了推进速度。1915年8月月初，德军将俄军钳制在里加附近。恰在此时，俄军开始由波兰第一道防线后撤，于是德军趁机将大军调至北部战场的科尔诺以北地区，1915年8月中旬以后德军开始向科尔诺、德沃斯克方面展开猛烈攻击，意图切断该部俄军与其后方的联系。该部俄军虽进行了顽强抵抗，但在志在必得的德军强攻之下，抵挡乏力。双方在经过一番苦战后，科尔诺要塞最终于1915年8月17日落入德军之手。科尔诺要塞位于俄德边境，俄国非常看重该要塞。如今连同科尔诺要塞一同落入敌手的还有四百门火炮及无数辎重。此后，德军于1915年8月下旬开始向东南方向运动，剑指维尔纽斯。

纳雷夫河上的奥多维茨要塞虽然也屡次遭受德军攻击，但多亏守军的顽强抵抗，一直没有陷落。然而，如今俄军从第一道防线纷纷后撤，导致该要塞孤悬于俄军防线之外，因此，该地一旦被围必将陷落。于是俄军在破坏了奥多维茨要塞的炮台之后也悉数后撤。在科尔诺与奥多维茨要塞陷落后，俄军火速将大军派往北部战场。俄军在维尔纽斯与多芬河之间广泛构筑防御阵地，并以此为依托掩护南部的俄军后撤。然而，多芬河上的桥头堡——弗里德里希斯塔特要塞也最终于1915年8月31日落入德军之手。此外，奥利塔要塞和格罗德诺要塞也相继于1915年8月26日、1915年9月2日陷落。

俄军被占据优势的德军压迫至多芬河之后，两军于1915年9月中旬开始围绕德维斯克和维尔纽斯之间的铁路线展开了激烈争夺，最终德军获胜。随后，大量德军骑兵对败退的俄军展开猛烈追击，最终在维尔纽斯将俄军三面包围。1915年9月19日俄军撤出维尔纽斯，朝明斯克方向逃去。此后两军展开了激烈的拉锯战，后来俄军从中部战场调来了战斗力不凡的援军才得以击退德军。1915年10月中旬，里加与德维斯克之间的电话通信恢复，进入1915年11月之后，形势看起来似乎开始对俄军逐渐有利起来。

第3节　俄军败退南部、中部战场

在南部战场，俄军于1915年8月21日丧失了位于科韦利东南部的卢茨克要塞。1915年9月10日，俄军在南部战场转守为攻，对敌发动攻击。俄军在俘虏德奥联军三万人并缴获无数辎重后，将敌人压迫至斯特里河沿岸一带。1915年9月下旬，俄军加大进攻力度。进入1915年10月后，俄军将德奥联军击溃至斯特里河右岸地区，并俘获敌军两千人及数门大炮。1915年10月下旬，德奥联军重整旗鼓，卷土重来，在斯特里河左岸地区再次将俄军击退。

在中部战场，俄军从华沙撤退后，格奥尔吉耶夫斯克要塞一时间发挥了其卓越的防御功能，同时成功地掩护了俄军的大撤退。然而，该要塞最终还是于1915年8月20日陷落。一同落入敌手的还有八万名俄军士兵、七百门大炮及其他无数辎重。格奥尔吉耶夫斯克要塞与别的要塞不同，该要塞内没有街道民居，是一个纯粹的军事防御工事。格奥尔吉耶夫斯克要塞的陷落主要缘于德奥联军的乘胜强攻。

被迫全体后撤的俄军主力部队按照计划朝位于第二道防线的比亚德斯托克、科韦利方向退去。科尔诺要塞的陷落使维尔纽斯方面的形势变得异常严峻。同时，格奥尔吉耶夫斯克要塞的陷落迫使俄军放弃了奥多维茨要塞。1915

年8月下旬又有很多俄军要塞陷于德军之手，这又迫使俄军从第二道防线后撤。在波利西亚沼泽方向，两军频频爆发骑兵战。降雨频繁，道路泥泞，这些因素迟滞了德奥联军的追击速度。俄军则趁机于1915年9月下旬构筑起了足以抵挡敌人追兵的防御阵地，依托阵地防守并击退了四面追击而来的德军骑兵。1915年9月23日，俄军夺回卢茨克要塞，并获俘四千人。1915年10月中旬德军卷土重来，又迫使俄军退回萨尔内一线，卢茨克要塞于1915年10月下旬再次落入德军之手。

俄军之所以频频失败，究其原因还是其作战战略失误所致。俄军当初就不应将大军主力全部集中在中部战场的华沙平原一带，这直接导致了北部和南部战场的兵力配置过于空虚。也就是说，俄军将其主力集中在华沙直接导致在加利西亚方向的南部战场的攻击力变得极其不足，这使俄军首先在加利西亚战场上败下阵来。一旦加利西亚败北，则位于华沙平原的俄军背部就会面临严重威胁，结果就只能是俄军主力在遭受重大打击之际被迫放弃华沙后撤。后撤导致的连锁反应又致使多个要塞相继陷落。上述情形在德奥军队第二次入侵波兰之时就已显露无遗。俄军如果想要挽救这一危局，就应在1914年冬季两军之间形成堑壕对垒之时有所行动。然而，俄军的碌碌无为贻误了战机。1915年春，德奥联军又找到机会发起先发制人的攻势并接连取胜。相反，屡战屡败的俄军此时似乎已经回天乏术。

第8章

德奥的劣势与优势

第1节 劣 势

地形地貌对战争的走势必然产生重大影响。通过对地形的研究，我们就可以比较准确地预判出进攻方的进攻方式和路线，同时也能大致预测到守方的防御手段。此外，攻守双方的兵员数量也是左右战争走势极其重要的因素。在战争中，胜败往往取决于兵员数量的多寡。

从地图上来看，德国的领土面积并不广大。但如果加上其盟国奥匈帝国的话，德国的版图就会剧增，甚至要大于英法及巴尔干半岛诸国的面积之和。而且德奥位居欧洲的中心地带，地理位置十分便利。因此，此次大战中德国虽与英法俄三国同时为敌，且其优势兵力分散于东西两线，却并没有发生一些人认为的“德国再强大也不堪一击”的情况。究其原因，到底还是与奥匈帝国结盟后的德国在人口、兵力上并不弱于对手。相反，俄国虽然国土面积之广阔为世人公认，但其人口十分稀疏而分散，特别是其北部及远东地区更是荒无人烟。因此，德国在与俄国对阵时，德国的人口密度弥补了其领土面积不及俄国的劣势。

当然，德国还有很多劣势，比如两线作战使德国在战争期间存在着如何将兵力同时快速运送至东西两个战场的问题。由于要同时兼顾东西两个战场，因此德奥联军的指挥官就需要根据两个战场的战局变化情况，在头脑中时刻考虑如何优化兵力配置。因为在由兵力多寡决定战争胜负的前提下，一旦分兵必然会丧失数量优势。此外，德奥联军还要受到海上封锁的威胁，这也是德奥的重大劣势之一。然而，德奥受到的海上封锁不是因为被敌国环伺，而是因为二者都是大陆国家所致，毕竟两国海军出海不像英法那样方便。总之，虽说协约国一方对德奥进行了各种封锁，但要想将德奥完全封死比登天还难。当时英国的海军军力虽然占据绝对优势，但对德奥的海上封锁也仅限于直布罗陀海峡、多佛尔海峡及苏格兰与挪威之间的北海地区。而要想封锁从瑞士、荷兰、丹麦及罗马尼亚等边境方面进入德奥的通道则无比困难。当时德国海军在波罗的海方面仍占有一定优势，如果这种优势能够得以维持，那么协约国方面就无法切断德国从挪威及瑞典方面向德国运输的通道。此外，很多货物的运输是间接通过中立国向德国运输的，因此协约国的海上力量对此也是无能为力的。

如此一来，协约国对德奥的封锁至少要面临三个障碍：其一，欧洲存在着诸多中立国（这缘于维持欧洲势力均衡的需要），因此协约国方面无法禁止各中立国向德奥运送物资；其二，欧洲中立国之外的域外列强向德奥进行物资运输的行为，协约国方面对此也无能为力；其三，中立国生产的包括战略物资在内的各种物资的对德奥出口也是协约国方面无法制止的，因为交战双方均无权干涉中立国的行为。总之，对德国而言，其地理上的不利因素就是其必须同时进行东西两面作战，除此之外基本上都可以算作是德国的优势吧。

第2节　优　势

德奥两国位于欧洲中部且相互接壤，两国关系十分亲密，且已经维持了长达两千年之久，两国境内许多地方居住着相同的民族，并有着共同的历史。一百年来，除了波斯尼亚、阿尔萨斯、洛林地区，德奥领土内的其他各地区民众之间保持着非常友好的交流，其中匈牙利的马扎尔人及居住在加利西亚和博尔扎诺等地的波兰人、亚得里亚海沿岸的克罗地亚人、波希米亚的捷克人等，虽然与使用德语的维也纳人或柏林人来自不同的民族、母语不同，但他们与维也纳人及柏林人之间有着相同的历史经历。这些民族之间无论是在政治上还是社会上，甚至是在生活上，都有着上百年的类似经历，甚至其中一些民族之间的共同历史经历已经超越千年之久。

因此，在对德奥同盟与协约国双方进行对比的时候，首先需要清楚的一点是：德奥两国因同一性而产生了精神上的统一性，特别是两国统治集团内部，基本全部使用德语，因此两者在情感上也是相互统一的。总之，德奥之间第一个优势就在于双方精神上的统一。

德奥的第二个优势也十分明显。两国之间不仅在政府层面联系紧密，在交通方面的联系也非常密切。德奥两国政府会为了双方的共同利益而在某一个领域紧密协作，因此，两国密不可分。两国在交通运输领域的团结协作缘于两国都位于中欧地区且又互相接壤这一地理因素，而交通运输领域的统一与协作又为日后的战争提供了良好的便利条件。铁路交通之便为德军在东西两线游刃有余地全面作战提供了巨大便利，无论是从法俄两个前线战场调兵遣将，还是德军借调奥地利骑兵增援莱茵地区，又或是奥地利向德国借兵支援加利西亚战场，这些动作都能在三四天内快速完成。德奥在交通领域的合作力度之大在欧洲历史上前所未有，堪称典范。

第3节　德国的战略四维

随着战争的进行，此时比利时已被德国完全击溃。然而，站在德国的角度来看，事情的发展远远出乎自己的预料。德国原本打算借道布鲁塞尔，兵不血刃地过境比利时后进军法国。然而，由于比利时的顽强抵抗，十万德国大军受困于此。德军决策层对计划受阻一事大为光火，于是于1914年10月决定要一劳永逸地永久性吞并比利时，这便是德国战略的第一维。对于吞并比利时的好处，德国的盘算是：其一，在战争结束后签订和平条约时，掌握在自己手中的比利时将是相当有利的谈判筹码。其二，在将来与英国对抗时，比利时对保护德国的海岸线也是有利的。其三，占有比利时就好像有了一家新商店，很多军需物资都能从比利时获取。其四，以比利时为据点既方便德国驻军，也有利于德军从此处向前进军，而且还可获得交通运输之便；若没有掌握比利时，则德军在法国东北边境地区的军事行动就会十分困难。其五，德国掌握比利时可扼住荷兰的命门，如果德国想有效利用比利时的港口运输物资，为防万一就有必要先将荷兰变为自己囊中之物。其六，德国政府可以将占领比利时一事作为胜利果实，向国民说明发动战争的必要性，因为占领比利时就意味着德国扩大了自己的版图，因此毫无疑问这是德国的胜利。德国占领比利时是英国与德国反目的直接原因，但对德国而言，占领比利时的做法有着自认为的无比合理的理由，因此德国不会向英国做出任何妥协。其理由为：首先，比利时首都安特卫普的地理位置决定了这里是中欧地区由海路向西通商的最重要的港口；其次，占领比利时同时意味着占领了比利时在非洲的殖民地刚果。德国对刚果已垂涎十五年之久。总之，德国政府认为放弃比利时是比军事失败还要严重的事情，因为这意味着其政治战略的严重失败。

第二维是阿尔萨斯和洛林。此地是德国先人生活过的地方，曾经留下了德国古老而光荣的历史。后来阿尔萨斯和洛林被法王路易十四征服，因此当地的通用语言也逐渐法国化，最终变为法语。虽然后来再次成为德国的领土，但当地居民还是十分忌讳德语。无论如何，该地对于德国人而言，是自己心目中理想的德意志帝国必不可少的组成部分。首先从国防上来看，阿尔萨斯和洛林是护卫莱茵地区的不可或缺的壁垒；其次，阿尔萨斯和洛林是德国人的精神内核所在地，放弃此地就相当于改随他人之姓一样没有尊严，同时也意味着将自己手中之剑拱手于敌并任人宰割。这些都是德国人不能容许的，况且洛林地区还有着丰富的矿产资源，是支撑德国军国主义的重要支柱。

第三维是东普鲁士。东普鲁士是普鲁士王国的发祥地，普鲁士末代大公腓特烈三世[①]一直雄心勃勃地立志想要称王。由于腓特烈三世任内励精图治，最终得以富国强兵。后来东普鲁士遭到俄国入侵并成为俄国领地，这一历史上

① 腓特烈三世同时兼任勃兰登堡选帝侯，称王之后即普鲁士国王腓特烈一世。

路易十四

的重大打击时至今日仍然是高傲的德意志精神上难以抹去的污点。东普鲁士对于德国的重要性不言自明，但其重要性又与比利时、阿尔萨斯和洛林的性质不同。后者是德国从他国手中掠夺而来，而东普鲁士则是德国的发祥地，是德国不可动摇的国本。因此，当德国收复东普鲁士后就立马加强兵力进行防守，以防再次落入他国之手。

第四维是西里西亚。如果德国失去西里西亚则意味着失去了重要的工业地带。西里西亚的价值因此又与比利时、阿尔萨斯和洛林及东普鲁士有所不同。首先，西里西亚拥有广阔而富饶的土地；其次，在军事上，西里西亚也有着极其重要的战略意义。因为拥有西里西亚就可以扼住柏林到维也纳之间的交通要道，而且同时也扼住了摩拉维亚这一战略要地。如果西里西亚落入俄军之手，则俄军就可以由此渡过奥得河向德国东部迂回，然后从背面对这一地区的诸多要塞进行攻击。此外，俄军也可以借此断绝南北方使用德语的各民族之间的联系，甚至俄国更进一步可以与居住在波希米亚地区的斯拉夫人建立联系。再进一步讲，如果斯拉夫人占领了西里西亚，则俄国就可以与居住在奥匈帝国的斯拉夫人连成一片。总之，西里西亚对德国而言，战略地位极其重要。

综上所述，比利时、阿尔萨斯和洛林、东普鲁士及西里西亚，这是德国战略之四维，是不容有失的战略要地。然而，从地势上来看，德国若想要占领比利时则必须放弃阿尔萨斯；同样地，如果想要攻取西里西亚就必须被迫放弃东普鲁士，这让德国左右为难。同时，德国如果放弃西部就必须保住东部，即如果德国要想保住东普鲁士和西里西亚则必须放弃莱茵河以西地区。不过这对德国来讲或许不失为上策，这也是后来德军一退再退进行收缩防御时做出的合理而必要的反应。从战略防御上来讲，此四地又必须讲究不同的防御方式。防守阿尔萨斯和洛林及比利时需要重兵；而西里西亚方面如果奥匈帝国足够强大则无须担心；东普鲁士地区湖泊沼泽众多，是天然的防御屏障，因此只需少数兵力进行把守即可。

以上是德国所处的形势，相较于协约国一方占有很大优势。德军由于需要在东西两线同时作战，因而在形势上看起来十分不利。但由于德国位于两个战场的中间位置且交通极其方便，因而非常有利于调兵遣将。同时，多瑙河河畔的溪谷及波罗的海沿岸的平原也可以让德军进退自如。因此，占有地利之便的德国其劣势可以说全来于政治谋略。

第9章

协约国方面的优势与劣势

第1节　英国方面的劣势

从地理上看，协约国的不利之处在于俄国在东，英法在西，而德奥居中切断了协约国之间的联系。德奥同盟在此次大战之中合兵一处，行动统一，宛如一国军队，可以根据需要迅速且自由地东西驰骋，其根本原因便是两国坐拥战场中心之利，在地利上远胜协约国一方。由于相隔甚远，法俄之间必须通过电报间接联络。而宛如一国的德奥之间却能做到直接而密切的面谈，因此在通信问题上孰优孰劣不言自明。当时法俄之间的电报联系不仅是间接的，而且时断时续，实际通信效果很差。因此法俄两国联军要想联手行动，就必须为双方的决策层提供流畅且准确无误的通信，因为只有通过不断地情报交流，两国军队的高层才能根据战场形势变化随机应变。然而，在战争中协约国因友军之间的联系不畅导致贻误战机或蒙受巨大损失的事情时有发生。总之，协约国方面由于在地理上被德奥同盟从中一切两段，导致战场被分割为东西两线，且两者之间远隔一千公里。同样，海军之间的联络也甚为不畅，东西两个战场也是完全孤立的，因而协约国各方只能各自为战。

协约国的第二个不利因素在于英国过于依赖海上力量。当然，掌握制海权可以弥补其他不利之处，但由于英国是个岛国，这导致英国在地理上给协约国一方带来了诸多不利因素。

一、由于英国自古以来就是一个岛屿国家，导致其一直不重视陆军的发展。大战之初英国向比利时派出的远征军兵力还不足协约国方面总兵力的三十分之一。

二、英国的预备役制度也是一个不利因素。尽管开战第一年英国全力征兵，但应征入伍的人数远远落后于其他实行征兵制的国家。虽然英国人口总数多于法国，而且也接近德奥人口总和的三分之一，但战争第一年英国招募的预备役兵员数仅为协约国一方总数的十六分之三。

三、英国必须保卫其海外殖民地。居住在英国各殖民地的人民从战争一开始就没有多大热情参军，应征入伍者甚少。此外，英国还需要大量兵力来防卫自己的殖民地，因此能够向欧洲大陆派遣的兵力十分有限。

四、英国是四面环海的孤立岛国，稍有不慎就可能发生全国性大饥荒，这必然会严重打击其工业领域，如此一来英国就不能为协约国一方很好地提供军需品及其他物资。当英国舰队在保持其海上优势地位时这一点似乎不是很大的问题。一旦丧失制海权，则英国的商船就会遭到来自敌方的拦截和破坏，严重依赖海上贸易的英国如此一来就只得俯首称臣。

五、英国海外殖民地有被德奥侵占的危险。为捍卫自己的殖民地，英国无法将所有驻守殖民地的英军全部撤回到欧洲战场，能够抽调的也仅是微不足道的一小部分。当时位于海外殖民地的英国人有一千四百万之多，英军要武装保护这些人。这些人中能参军者仅一百万左右。此外，英国政府也不具备随意支配海外殖民地财政的能力。英国所需的物资及军需品不能向海外殖民地强行索要，只能通过购买的方式获得，这对英国财政而言是个灾难。

六、由于英国占有岛国易守难攻之利且有强大的海军护卫，因此英国是协约国一方的军需用品及其他物资的安全生产基地。然而这也是协约国一方不利因素之一。因为要进行大规模工业生产就需要大量人力，其中就包括大量的青壮年劳动力。他们为了生产战舰、军械等物资就无法参军，因而在兵员数量上又对协约国一方产生了不利影响。

第2节　法国方面的劣势

法国在1871年普法战争失败后被迫向德国割让了阿尔萨斯和洛林。对于得到领土的德国而言，眼前的法国在地理上没有任何的天然屏障，简直就是一马平川。为此，法国不得不投入巨资在法德边境地区修筑大量防御工事。法国在凡尔登与贝尔福之间着力开展了碉堡工程建设。但在东北部，即凡尔登到北海一线的边境地区的防卫力量过于薄弱。当然，法国在东北部防线也筑有许多要塞，但这些要塞之间相互比较孤立且比较老旧，远远落后于时代发展。法国之所以没重视东北部防线建设，主要还是因为过于将希望寄托在了东北部邻国比利时的身上，特别是对比利时的列日、那慕尔、安特卫普三座要塞寄予厚望，以为这三座要塞在战争时能完全阻挡住德军的进攻。因此也可以说，法国将自己东北部边境地区的防卫全部寄托在比利时身上。当然，后来的事实证明这一策略完全失败。总之，法国没有抵御德军进攻的天然屏障，加之法军兵力不足，无法对德国采取主动攻击，因此只能一味地寄希望于防线建设。

另外，问题出在法国的政略上。法国实行中央集权制已有千余年历史，其大多数国民集中生活在巴黎地区的历史距今至少三百年之久，法国所有的铁道及北方地区的大多数航运线路都是以巴黎为中心建设的。然而，作为法国心脏的巴黎距其北方边境大约仅两百公里，德军十天之内就足以攻到巴黎。由于法国在地理上所处的不利地位，使其在1870年的普法战争中败北，法国的命运和历史也从此被改变。

当然，法国深知自己的不利因素，因此制定了两个对策。其一便是将整个巴黎要塞化，因此巴黎也有一个别称——“要塞州”。整个要塞即便是最窄处也有三十英里，面积达七八百平方英里。其二，由于巴黎过于偏向法国东北边境地区，因此法国政府制定了另一个策略：一旦有事，果断放弃千年以来一直作为首善之区的首都巴黎，将政府核心组织全部迁往位于南方的波尔多。迁都之后的巴黎生死存亡就只能依靠自己的防御力量。首都巴黎不仅有着重要的军事战略价值，其政治价值也是无可比拟的。因为巴黎寄托了法国国民至高无上的国民精神与情感。无论是法国陆军的防御计划还是总参谋部的作战方针，均以防止巴黎陷落为根本目标，所有作战计划都是围绕这个中心来进行的。

第3节　俄国方面的劣势

俄国在地理上有两个重大缺陷。首先，除了位于北极的阿尔汉格尔斯克港，俄国在欧洲没有直接通往大洋的出海口。然而，阿尔汉格尔斯克港有半年时间是冰冻港，需要人工破冰来保持不冻状态。此外，阿尔汉格尔斯克港距俄罗斯的核心地带数百英里之遥，且只有一条铁路相连，中途尽是不毛之地。尽管俄国还有符拉迪沃斯托克港，但位于远东地区，距俄国西部远达六千英里，对此次世界大战而言没有任何用处。因此，俄国若想从欧洲直接进入大西洋，只能恳求欧洲的中立国或者协约国允许俄国使用它们的不冻港。此外还有两条线路可以将物资运送至俄国，一条是黑海地区的土耳其，如果土耳其能够恪守局外中立的话，物资便可通过达达尼尔海峡进入俄国；另外，外部物资也可以

阿尔汉格尔斯克

通过斯堪的纳维亚半岛由铁路进入俄国。原本这条铁路因速度过慢且费用偏高等未被重视，然而战争的爆发凸显了这条铁路的重要性。眼下的战争需要消耗大量的火炮及枪支弹药，而由于储备不足，俄国只能从他国大量进口。在别无他途可用的情况下，俄国只能倚重于这条铁路。由于该铁路的线路问题甚多，导致运输不畅，大大限制了俄国的军事行动。因此从交战第一年的冬季开始俄国就显得有些力不从心。此外，俄国其他铁路线的问题也很多，例如一旦冬雪融化就会使很多铁路陷入齐膝深的泥泞之中，使运输能力大打折扣。

此外，俄国的不利因素并非只在地理地形上，其政治体制上存在的许多缺陷也导致俄国在物资供应上问题不断。

第4节　协约国方面的地理优势

尽管协约国一方在地理等方面有着诸多不利因素，但相较于德奥而言也有着许多优势。

第一，在大西洋方向，英法联军的优势要远远大于德奥同盟一方。当英法在海上占据优势，特别是英国海军占有绝对制海权的时候，德奥的处境就会十分困难。因为维系战争运转的很多战略物资需要由海路向德奥两国运输，而英法两国强大的海军可以有效地遏制德奥的海上物资输送通道。当然，德奥也是有些优势的，英法两国单靠海上禁运是不能完全饿死全部德奥士兵的，而且也无法切断所有的物资供应。只要德国境内未被完全占领，那么德国至少在食品供应上是可以做到自给自足的；另外，生产炸药所需要的硝酸盐德国也可以自足，铁和煤炭也有充足的储备。然而，除以上物资之外的很多物资德国都需要进口，比如生产被服用的棉花等原料、生产炸药的火绵、生产炮弹的铜、硬化各种用于制造武器的金属所需要用到的铅和锑、飞机及车辆使用的石油，还有各种机械所需要的橡胶等。当然，其中的一些物资德国可以通过中立国弄到手，但英法的海上联合舰队密切监控着这些战略物资向中立国的运输。如此一来，瑞士、荷兰及斯堪德维亚半岛上的各个中立国就无法再公然向德奥提供这些战略物资。相反，协约国方面可以从赤道地区及其他中立国任意获得自己所需的物资，其中非洲和美洲是协约国获取战略物资的重要来源地。因此，只要法国北部沿海各个港口和英国的众多港口安全无虞，则英法就可以对敌方持续施行海上封锁，同时还可以源源不断地从海外获取己方所需物资。

第二，协约国一方的海上优势为兵员的运输提供了强有力的保障。法国在北非地区可以征集到大量的兵员，同样地，英国也可以利用其遍布全球的殖民地进行兵员征募。二者还可以利用海上优势将这些兵力源源不断地运往欧洲战场。

此外，俄国也还有一大优势。俄国的优势在于其地域广阔。俄国可以随意将自己的战线从波罗的海北部沿岸地区扩展至南部的罗马尼亚沿岸地区，并可以在这一战线的任何地方随意对敌发起攻击。同时，如果俄国能对其士兵进行有效训练与武装的话，则德奥一方无论如何都无法抵御俄国在如此广阔的战线上发动的攻击。德国虽然从瑞士边境到波罗的海沿岸一线保有少量哨兵，但若想从波罗的海到喀尔巴阡山脉之间构筑全面的防线则是无论如何都很难做到的。

战争的发展除了跟战斗双方在地理地形及其他方面的优劣点相关，还掺杂着很多人为的因素，因此胜负是难以预测的。虽说如此，但在了解交战双方优劣点的前提下，再来仔细观察此次世界大战的话，会让人发现一些非常值得思考的地方。

第六篇

世界的火药桶：巴尔干

第1章

巴尔干简史

第1节　列强纷争的缩影

巴尔干地区面积不大。过去十几个世纪，巴尔干地区却给人一种感觉——巴尔干的历史就是当今现实世界的缩影与重现。自由与专制、胜利与败北、战争与和平看似互相矛盾，而暴政引发革命、革命后又走向专制，这似乎又表明这些还互相伴生，这是人类历史长河中亘古不变的历史法则。而这些历史法则在巴尔干地区得到了最直接明了、淋漓尽致的展现。其中南斯拉夫尤为鲜明地展现了这一特征。战争与独裁政治的你来我往，在南斯拉夫这块狭隘的土地上更是频繁地上演，让人目不暇接。

从地理位置来看，巴尔干半岛位于亚欧大陆连接处的咽喉部位，其战略地位独一无二。巴尔干地区的文明同时具有浓重的亚洲、欧洲及非洲色彩，各种文明在此交汇博弈，且各种博弈带来的血雨腥风伴随了该地区人类文明史的整个历程。从欧洲历史来看，欧洲文明起源于克里特岛，然后经非洲海岸到达了欧洲的东南部，又逐渐浸润到了小亚细亚地区。克里特岛上的各种碑刻向我们展示了上述各种历史。近年来在阿尔巴尼亚境内也发现了许多类似的碑刻。此外，巴尔干半岛最古老的美术是通过各种陶器流传下来的，这与留存至今的特洛伊的最古老的美术一样，都可以追溯到三千年前。从克里特岛上现存的古代宫殿建筑群可知，在美术方面，克里特岛上曾经出现过一个繁荣的黄金时代。在此后的一千多年里，克里特岛的文化开始影响其他地区。这一现象可以从今天的高加索、柏柏尔等地区的各种遗迹和出土文物中得到验证。

四大古文明中的古巴比伦和埃及文明在后世得到继承与发扬的地区便是巴尔干。如今土地贫瘠的底格里斯河和幼发拉底河流域在历史上原本极其富饶，这片土地曾为人类文明史的发生和发展做出了巨大的贡献。但时至今日，两河流域还未能实现中央集权。中世纪以后，随着波斯帝国和奥斯曼土耳其帝国的相继衰落，古巴比伦文明也逐渐销声匿迹，现在只保存在历史研究者们的研究资料中。到了近现代，德国崛起后，开始计划建设直通巴格达的铁路。该铁路由德国汉堡出发，途经巴尔干地区，最终到达波斯湾，可以说是一个十分宏伟远大的工程。

相较于其他欧洲国家，德国成立时间较晚。由于被周围其他列强占尽先机，因此德国没有什么海外殖民地，无法向外安置越来越多的过剩人口。德国能触及的也就只有东欧、小亚细亚及土耳其等为数不多的地区，只能全力以赴地去实现铺设巴格达铁路等计划。近代，土耳其、奥地利、意大利、俄国、英国等各方势力在巴尔干地区你争我夺，但都没有取得预期成果。于是德国也想趁机将巴尔干地区据为己有。当然，德国的想法能否实现尚需拭目以待。不过从几千年来的历史来看，巴尔干地区是各民族或势力你争我夺最激烈的是非之地，谁的想法都不可能在这里轻易实现。

第2节　巴尔干各国的霸业之梦

当时巴尔干地区由塞尔维亚、黑山、阿尔巴尼亚、希腊、保加利亚、罗马尼亚及土耳其（欧洲部分）占有，这些国家之间相互合纵连横，关系十分复杂。这种形势主要由地理、人种、宗教信仰等各种因素决定，各国之间利益的不一致甚至矛盾激化才是造成这种结果的根本原因。例如，保加利亚一直想实现自西美昂大帝以来的大保加利亚主义；而塞尔维亚则一直想要恢复斯特凡·杜尚大帝时代的荣光。由于这两种主义涉及的地域有重合的部分，因此两国之间必然会产生矛盾。此外，意大利治下的亚得里亚海沿岸由于缺乏良港，因此意大利对黑山和阿尔巴尼亚的亚得里亚海沿岸垂涎已久。然而，黑山也是采取对外扩张的策略，在谋求独立的同时不惜牺牲国运也力图向外实施扩张。此外，再现拜占庭帝国的光辉是希腊一直以来的梦想；罗马尼亚人认为自己的先人有着光辉的历史，因此也抱有富国强民的远大抱负。因此，尽管有人极力倡议巴尔干各国之间应该结盟，但由于以上种种原因，结盟难以实现。

然而，最终有一个因素还是促成了巴尔干各国的结盟，这个因素就是它们共同的敌人——土耳其。这就好比兄弟阋墙外御其侮一样，平时即便兄弟不和，一旦遭遇外部势力的入侵也必然会合力御敌。由于土耳其这个共同敌人的存在，1912年7月，巴尔干同盟基本得以实现。

巴尔干同盟的成立过程现在看来颇为有趣。1903年，塞尔维亚国王亚历山大一世遇刺身亡，随后彼得一世即位。之后塞尔维亚人提倡的大塞尔维亚主义愈发得势。彼得一世下令让臣僚们成立了南斯拉夫协会，该组织公然以政府名号进行各种活动。在其中一项活动中，南斯拉夫协会曾以实现大塞尔维亚主义为目标、以塞尔维亚为中心进行了各种可行性调查，并取得了显著成果。德奥两国对此自然是忧心忡忡，但并没有对彼得一世的计划大加干涉。因为德奥两国过于相信了土耳其的能力，认为即便整个巴尔干各国联合起来对付土耳其也无异于以卵击石。虽然大塞尔维亚主义和大保加利亚主义在根本上有着无法调和的矛盾，但由于土耳其这一共同敌人的存在，两国竟一时委曲求全，共同携手，并且其余各国也因土耳其开始联盟。最终，1911年年末，巴尔干同盟基本成立。为此，当时的塞尔维亚外交大臣激动地对外宣称："巴尔干终于回到巴尔干各国人民之手。"

第3节　巴尔干同盟成立

1912年2月保加利亚王储举行加冠礼之际，塞尔维亚、希腊、黑山的王储分别前来道贺，各国关系愈发变得亲睦而友好。1912年3月13日，保加利亚和塞尔维亚两国正式建立同盟关系，并订立盟约如下：

一、保加利亚和塞尔维亚相互保证对方的国家独立和领土完整。缔约双方同样也应保证，若任何一个大国企图兼并、占领目前处于土耳其统治之下的巴尔干半岛的任何一部分领土时，双方将进行共同抵制。

二、在必要的情况下以军事行动对抗土耳其的侵略，并在战后合理分配所获土地。

三、在需要扩大军事行动的情况下，塞尔维亚和保加利亚分别出兵十五万和二十万，但前提是仅限于与土耳其之间的战争。当奥匈帝国侵略塞尔维亚时，保加利亚需再增兵二十万援助塞尔维亚。

保加利亚、黑山及希腊也签署了类似的条约。如此一来，以支援英法俄三国为目的的巴尔干同盟于1912年7月成立。巴尔干同盟的建立意味着英法俄三国实施的巴尔干政策的胜利，该同盟必将成为阻碍德国势力东进的有效屏障。当时德奥两国虽事先知晓巴尔干同盟成立一事，但对此没有足够的重视，仅是作壁上观。因为德奥两国认为英法在巴尔干的利益并不一致，并且认为土耳其实力虽然有所衰弱，但用武力击溃巴尔干同盟还是绰绰有余的。然而，事情的发展远远超出了德奥两国的预测，德国东进的道路已被完全封死。德国对自己的失误十分后悔，为了打破该同盟并打开东进的道路，德国开始对保加利亚进行游说，后来的两次巴尔干战争也因此爆发。

第2章

第一次巴尔干战争

第1节　“巴尔干各民族之巴尔干”

一般而言，战争都是因为各国实力比较均衡才引起的。相反，在各国实力相差甚大的情况下却往往不会发生战争，因为弱小的一方一旦抗争无力，早早就屈服了。相反，如果一方对形势有误判，例如对有一定实力的敌国评价过低的话往往就会发生战端。当时的土耳其实际上就属于这种情况。土耳其与意大利曾于1911年有过一战并最终败北，后来巴尔干各国以此为契机成立了巴尔干同盟。正是由于土耳其对巴尔干同盟的轻视才最终导致战争的爆发。

在此有必要先将第一次巴尔干战争的来龙去脉做一个简单梳理。当时马其顿和阿尔巴尼亚的国民很讨厌穆罕默德五世治下的土耳其，他们认为只有摧毁土耳其才能改善自己民族的命运，于是扛起了叛乱的大旗。当然，两国的叛乱行动背后得到了英法俄三个欧洲列强的支持。同时，巴尔干各国长久以来一直受土耳其的种种压迫，各国对自己国家的前途忧心不已，因此也伺机想要有所作为。终于，土耳其与意大利爆发了战争，并迅速败北。当巴尔干各国看到土耳其竟如此衰败不堪后，决定不再犹豫，以摧枯拉朽之势将土耳其逐出欧洲。

当时欧洲列强之间的形势是：德国实力日益膨胀，不断向南扩张；英法两国虽然在巴尔干地区利益不同，但都不愿看到德国做大，因此两国决意摒弃前嫌，携手遏制共同的敌人——德国；由于德国过于相信土耳其的能力，因此德国将巴尔干地区的事务基本上都委任给了土耳其。随着时间的推移，事情的发展对巴尔干诸国越来越有利，于是巴尔干诸国适时打出了“巴尔干是巴尔干各民族之巴尔干”的旗号。在此旗号之下，各国在意图建立巴尔干同盟的同时，积极地想要实现自己的理想。首先是罗马尼亚。由于一部分罗马尼亚人至今仍生活在奥匈帝国境内，因此罗马尼亚迫切地想将这部分人聚居的地区收入囊中。保加利亚虽然曾在与塞尔维亚的战争中获胜，但最终在奥匈帝国的干预下一无所获，因此保加利亚对奥匈帝国积怨甚深。与塞尔维亚和黑山同族同种的波斯尼亚和黑塞哥维那于1908年被奥匈帝国吞并，因此，塞黑两国对奥匈帝国也怀恨在心。如此一来，巴尔干四国以第一次巴尔干战争为契机，全都将矛头对准了土耳其。同时，也开始以俄国为后援，谋划向奥匈帝国报仇雪恨。

第2节　巴尔干各国的胜利

在巴尔干形势日渐危急之际，法国总理雷蒙·普恩加莱于1912年10月与俄国外交大臣谢尔盖·萨宗诺夫会面，商定对巴尔干各国进行劝告的同时，要求土耳其进行全面改革以调和双方矛盾。然而，在调停还未取得实质性进展之际，1912年10月8日，黑山率先向土耳其宣战。紧接着1912年10月15日希腊也抢先占领了克里特岛并向土耳其宣战，还要求土耳其在二十四小时之内释放所有扣留的希腊的船。在此情形之下，1912年10月15日土耳其被迫与意大利签署了和平条约。1912年10月18日保加利亚也向土耳其宣战。保加利亚在列举了土耳其的诸多罪状后，以此为借口向列强传达了自己被迫宣战的理由。事已至此，土耳其只能被迫应战。

保加利亚首先调动了十二个师的兵力，并将其中的一部分兵力用于马其顿方向的防御，然后将其余兵力分为三路。第一路军被派驻到阿德里安堡（今土耳其埃迪尔内）稍北的河岸地区；第二路军被派遣到登萨河上游附近，防范土耳其从黑海或阿德里安堡方面来袭；第三路军则驻扎到马里查河上游地区，防备土耳其对首都索非亚的攻击。

阿德里安堡

塞尔维亚于1912年10月1日发布战争动员令，国王彼得一世亲自担任总司令并御驾亲征。塞军兵分四路对土耳其西面部队进行防御作战。希腊也于同日发布了战争动员令，但由于行动缓慢，仅集结兵力就花费了十七天。希腊军队被分为东西两军，共同负责攻击土耳其军力最薄弱的地区。黑山在激进的泛斯拉夫主义者——国王尼古拉一世的带领下率先向土耳其宣战之后，迅速派兵开往垂涎已久的斯库台地区，同时派兵前往黑山东部及东南部地区进行战略防守。

黑山国王尼古拉一世

兵力不足的土耳其此时感到情况非常不妙，面对当时巴尔干同盟的五六十万兵力，土耳其只能拿出一支军队的兵力出境参战。因为当时土耳其东部的亚美尼亚和波斯地区正发生叛乱，由于国内叛乱事关奥斯曼土耳其帝国的生死存亡，土耳其当局只能先全力镇压这两个地区的叛乱，因此没有多少力量来对抗巴尔干各国。与此相反，巴尔干各国得到了俄国的大力支援，就连平时缺乏训练的塞尔维亚军队也显得极其积极主动，着实让人意外。被派往境外作战的土耳其军队认为保加利亚军队最强大，因而土军将矛头主要对准了保加利亚。因此，塞尔维亚、希腊和黑山三国在对土军的作战中意外地取得了不小的胜利。

第3节　土耳其枭雄恩维尔帕夏

第一次巴尔干战争的结果远远超出了土耳其的预料，土耳其被迫接受了希腊及保加利亚的要求，将穆斯林的第二圣城阿德里安堡割让给巴尔干各国。青年土耳其党对此十分不满，遂对政府展开猛烈攻击。1913年1月23日，百余名青年土耳其党人进行示威游行，强烈抨击内阁，认为政府签订和约并割让第二圣城阿德里安堡是卖国行径。当日恰巧土耳其内阁护卫队的指挥官不在岗，导致数百名士兵群龙无首，不知如何应对这场示威游行。于是内阁被青年土耳其党人控制。当时领导这次示威运动的是恩维尔帕夏，他率领激进的青年党人突袭了大维齐尔卡米勒帕夏府邸。此时土耳其陆军最高首脑纳吉姆帕夏已被乱民所杀，于是恩维尔帕夏等人强迫大维齐尔卡米勒帕夏辞职。对此束手无策的卡米勒帕夏被迫交出辞呈，恩维尔帕夏拿着辞呈火速赶往皇宫要求拜见苏丹穆罕默德五世。穆罕默德五世接见了恩维尔帕夏，并与其会谈了一个半小时。随后恩维尔帕夏再次赶赴内阁，宣称：“苏丹穆罕默德五世已经同意卡米勒帕夏辞职，并任命马哈茂德·塞夫凯特帕夏为大维齐尔。”当夜马哈茂德·塞夫凯特帕夏公开表态，表示愿意全力以赴挽救时局。1913年1月24日，马哈茂德·塞夫凯特帕夏公布了新的内阁名单，并同时宣布土耳其将结束战争。

此次运动的核心人物自不必说，一定是恩维尔帕夏。恩维尔帕夏与俄国沙皇尼古拉二世交情甚厚，其背后必然得到了沙皇尼古拉二世的援助。为了影响甚至控制土耳其，原本沙皇尼古拉二世想让土耳其苏丹阿卜杜勒·哈米德二世做自己的傀儡，但没有成功。于是沙皇尼古拉二世转而将当时已暗中积蓄了很大力量的青年军官恩维尔帕夏纳入自己帐下。恩维尔帕夏颇具领袖气质，且受过高等教育，也有过在德国做随从武官的经历。如今成为战争大臣的恩维尔帕夏有着比大维齐尔还大的权力，一举成为土耳其国内知德派的核心人物。由于恩维尔帕夏计划的成功，原本各方在列强的调停之下同意暂时停战和谈的计划也被迫流产，其原因便是青年土耳其党断然拒绝土耳其割让阿德里安堡。于是土耳其国内舆论急速转向，又转而支持继续开战。

获胜的巴尔干诸国原本对土耳其之前的让步非常满意，卡米勒帕夏内阁当时不但表示要放弃塞萨洛尼基，而且还打算割让阿德里安堡。这让巴尔干各国开始打算趁机将土耳其势力一举逐出欧洲。然而，随着卡米勒帕夏内阁的倒台及青年土耳其党内阁的上台，土耳其政府不仅拒绝签署合约，而且还横下心来决意再次一决雌雄。

第3章

第二次巴尔干战争

第1节　德国破坏巴尔干同盟

1913年2月4日，第二次巴尔干战争爆发，土耳其以四十万大军挺进巴尔干。保加利亚再次成为抵抗土耳其的中坚力量——当时保加利亚共出兵约三十万。战争开始后，土耳其军队连战连败，即便是由青年土耳其党人组成的部队也难以抵挡巴尔干联军的攻击。不久后，阿德里安堡和恰塔尔贾相继陷落，斯库台开城投降，土耳其眼看就要陷入灭亡的危险境地。

巴尔干同盟连战连捷，眼看就要大功告成。如果巴尔干同盟最终取得胜利，那么德国的东进路线上必然会出现一个强有力的障碍。如此一来德奥两国之间的联络通道不仅会被英俄势力永久性地切断，德奥两国的东进道路也会被永久封死。至此，德国方才后悔当初过于相信土耳其的实力。于是德国开始努力寻求对策，力图挽回颓势。德国首先想到的便是破坏巴尔干同盟。德国的具体计划是要拉拢保加利亚入伙，一旦计划成功，则一方面可以通过保加利亚打通与土耳其的通道，另一方面可以将巴尔干地区纵横驰骋的英俄势力切断。最终德国就能够实现其多年的夙愿——经略美索不达米亚。

果然，德国的计划开始逐渐奏效。在各国调停之下，土耳其与巴尔干各国在伦敦召开和谈会议，缔结了和平条约。从结果来看，这无疑是德国的成功。阿尔巴尼亚重新获得独立，意大利和奥匈帝国签署了有利于德奥一方的密约。相反黑山则比较屈辱，因为被迫放弃了已经到手了的斯库台。而土耳其则失去了广大的领土，在国内激起巨大的民愤，并最终导致大维齐尔马哈茂德·塞夫凯特帕夏被暗杀。希腊虽然一时得到了塞萨洛尼基和阿德里安堡，但成功的背后暗藏着杀机，最终导致了希腊国王乔治一世被刺杀的惨剧发生。

1913年6月29日，保加利亚军队完成了预定的军事演习，在返回的途中突然掉转枪口袭击了其他巴尔干同盟军军队。无数同盟军士兵是在睡梦之中被射杀的。当时同盟军与土耳其军之间的战争已经告一段落，双方正处于休战状态，于是大多数部队在夜里放松了警惕，没有很好地执行警戒任务。士兵们有的在吸烟聊天，有的在游戏娱乐，完全没有想到保加利亚军队会对自己发起突然袭击，更何况保加利亚军队还是自己的友军。保加利亚之所以采取如此大胆的悖逆行为，肯定是德奥两国在背后教唆所致。

第2节　巴尔干内讧

巴尔干同盟通过先前战争从土耳其手中夺得马其顿，而各国对如何分割马其顿产生了重大分歧。同盟内各国之间互不相让的态度让同盟内部开始产生内讧。此时，俄国以家长身份站了出来，对各国之间因利益分配问题产生的矛盾进行调停。俄国与巴尔干各国之间早有承诺：一旦出现有关土地分割的矛盾，则一切听凭俄国裁决。然而，处于仲裁地位的俄国却遇到了很大的难题：偏袒一方必然会得罪另一方。如果俄国调停不成，则各国就有可能疏远俄国并趋附奥匈帝国，这让沙皇尼古拉二世左右为难。由于无法平衡各方利益，保加利亚和塞尔维亚在马斯顿的分割问题上互不相让，并最终导致保加利亚在1913年7月对塞尔维亚宣战。同时，希腊和黑山早就对保加利亚的跋扈行径心怀不满，保加利亚瞬间成了三国公敌，被迫应战。而位于北方的罗马尼亚则利用地理优势占得先机，早在1913年7月15日就占领了保加利亚首都索非亚附近的战略要地梅兹德拉。

此时的保加利亚陷入了四面楚歌的境地，军队连战连败，各个要塞也被

希腊国王乔治一世被刺杀

他国先后攻破。战争进行约一个月后，即1913年7月30日，在俄国的调停下，各方宣布休战。俄国经过不断周旋，劝告各国应从大局出发做出一些让步。但俄国的做法仍然导致了塞尔维亚和保加利亚的强烈不满。此时的土耳其则趁巴尔干各国内讧之机出兵夺回了阿德里安堡，如此一来，希腊和保加利亚则更加愤怒了。俄国为了讨好奥匈帝国和罗马尼亚，采取了压制塞尔维亚的政策，这直接打击了塞尔维亚的大塞尔维亚主义，并且俄国还让阿尔巴尼亚获得了独立。

由于巴尔干各国的内讧，导致保加利亚沙皇斐迪南一世与多国为敌，苦不堪言。阿德里安堡又被土耳其再次夺走，因此从结果来看，保加利亚损失最严重。此时的塞尔维亚虽然实力不强，但运气不错，战后一举成为巴尔干的新霸主，一时间声名大振。

第4章

奥匈帝国入侵塞尔维亚

第1节　塞尔维亚的地势

我们对大战前的巴尔干地区形势已经有了一个大致了解，总而言之——巴尔干各国之间的关系错综复杂。此次世界大战总体而言是德奥与英法俄之间的对决，战争的真正舞台在法国、比利时及俄国境内，因而世界各国的注意力都集中在这两大战场。但正如有句话说的，“世界的祸源在巴尔干”，如果我们仔细观察发生在塞尔维亚的战斗就会发现，巴尔干各个小国之间因为利益纷争而引发的争斗也十分引人注目。

此时的奥匈帝国有个计划：首先将主力部队配置到加利西亚方面防范俄国入侵，而后再伺机将军队推进至俄国境内，同时以少量兵力入侵塞尔维亚并将其一举歼灭。为了抵御外敌，塞尔维亚举全国之力准备全面战争。其余巴尔干诸国见状也纷纷将兵力布置到边境地区以防遭到入侵。一时间，战争的阴云笼罩了巴尔干地区上空。

奥匈帝国对塞尔维亚的作战计划是：奥军首先以一部分兵力从塞尔维亚北部边境地区的萨瓦河下游及多瑙河方面南下；与此同时，另一部分兵力从波斯尼亚方面佯攻黑山，而其主力部队则朝尼什方向进发。奥匈帝国与强敌俄国相比，军事实力处于下风；但相较于小国塞尔维亚而言，奥军是有能力以少量兵力战胜塞尔维亚的。奥军之所以采取攻势是因为奥匈帝国认为塞尔维亚没有能力北上匈牙利。其实，奥匈帝国的真实意图是：夺取塞萨洛尼基，打通与君士坦丁堡之间的通道，再打到波斯湾。正是为了实现这一计划，奥匈帝国才采取了如此强硬的攻击态势。当然，这一计划和德国的野心也密切相关。德国一直梦想建立从汉堡到波斯湾之间的大德意志帝国，因此德国对奥匈帝国提供了强有力的支援。德奥两国一边以武力威慑巴尔干诸国，一边用老辣的外交手腕与军事行动相配合，欲通过双管齐下的方式来达到自己的目的。

奥军在进攻塞尔维亚时有两条路线可选。其一，从塞尔维亚北部渡过多瑙河，然后由摩拉瓦河畔攻击尼什。其二，从塞尔维亚西北部的河流凸出部渡过德里纳河和萨瓦河，然后由此向东南方向进军，攻击塞尔维亚的尼什。第一条路线所经地区虽然宽阔平坦，便于进军，但在渡河时有遭到塞尔维亚军队攻击的危险，且渡河后又会面临敌军从左右两侧的山地夹击的风险。因此，要实行第一条计划需要奥军具有绝对的兵力优势。而第二条路线虽然山路较多，行军不便，但遭到塞军攻击的风险反而较低，即使渡河也仅是渡过本国境内的河流而已。于是奥军选择了第二条进攻路线。

塞尔维亚采取的是以静制动的策略。无论敌军从何处来，塞军都可以逸待劳地迎敌，因此塞军认为只需派兵牢牢把守住各个渡口即可。当然，从塞尔维亚国内的地形来看，如果塞军因一时无法抵挡敌人的进攻而被迫向尼什南部地区撤退的话，将陷入非常不利的境地。因为当时的尼什是战时首都，而尼什西北方向的克拉古耶瓦茨是塞尔维亚的工业中心，同时也是军工业的中心。如果匈牙利军队与奥地利军队步调一致地同时攻击塞尔维亚，且希腊、罗马尼亚及英法俄联军无法及时赶来救援的话，则塞尔维亚将陷入重重包围之中，如此一来，塞尔维亚当局就连向南方撤退都无法实现。总而言之，巴尔干地区一个区区小国的向背就能直接对塞尔维亚的安危造成巨大影响，甚至对协约国方面也会产生重大影响。因此，巴尔干战争尽管规模不大，却直接关乎“一战”的全局，是左右战争态势不可轻视的重要因素。

第2节　奥匈帝国第一次入侵塞尔维亚

1914年8月中旬，奥匈帝国对塞尔维亚发起攻击。为了诱敌，奥军佯装从塞尔维亚北部渡过多瑙河进行攻击，而实际从塞尔维亚西部偷偷渡过德里纳河发动攻击。塞军察觉了奥匈帝国的阴谋，于是将大军主力调配到德里纳河东岸地区，并以其支流贾达尔河为中心迎击敌人。当时塞军出兵十二个师，以拉多米尔・普特尼克将军为总指挥，兵分三路阻挡来犯之敌。拉多米

拉多米尔・普特尼克

尔·普特尼克将大本营设置在西北边境地区，这样就可以比较容易抵御从西部和北部来犯的敌军。同时，塞军的一个师和黑山的一个旅共同行动，向波斯尼亚方面进发。

由于奥匈帝国军队三分之二的兵力要在加利西亚方向与俄国作战，因此能够进攻塞尔维亚的兵力只有其总兵力的三分之一。负责进攻塞尔维亚的指挥官是奥斯卡·波蒂奥雷克将军。奥匈帝国军队将六个军即十九个师的兵力由主帅亲自带领，从塞尔维亚北部边境地区进行佯攻以牵制敌军主力；然后将一支半军队的兵力派往波斯尼亚方面与黑山军队进行对抗；其余的主力部队则在渡过德里纳河后，向德里纳河与萨瓦河交汇处的西南方向的平原地带进发。

奥匈帝国于1914年7月20日对塞尔维亚宣战。从当天起，奥军就已经通过陆上炮台及河中的炮艇向多瑙河对岸的贝尔格莱德发动了猛烈炮击。1914年8月12日，奥匈帝国主力部队终于开始实施渡河行动。

塞尔维亚军队

塞军也不甘示弱，主动进行反攻。从1914年8月16日起的四天时间内，双方进行了大规模激战，最终奥军败北。奥军于1914年8月20日开始撤退，1914年8月24日全部撤出塞尔维亚。塞尔维亚虽为小国，但由于此役事关国家命运，因此进行了殊死抵抗，并意想不到地击溃敌军取得大胜。塞军共俘虏敌军约四千人、大炮五十门、弹药车一百五十辆等大量的武器弹药和给养。塞军以此次大胜为契机，开始尝试对敌追击。1914年9月月初，塞军部分兵力渡过萨瓦河后，一时间势如破竹所向无敌。然而，最终塞军还是在遭到奥匈帝国军队的攻击后损失惨重，大败而归。塞军之所以在追击中战败，其中一个重要原因是塞尔维亚境内山地颇多，塞军擅长山地作战，因此骑兵和炮兵人数较少。不善平原作战的塞军攻到匈牙利的平原地带时，并不习惯平原作战，最终败北。

第3节　奥匈帝国第二次入侵塞尔维亚

失败的奥匈帝国并不甘心，不久便又开始谋划再次入侵塞尔维亚。然而，在加利西亚方面，此时的奥军数次败于俄军，战况对奥军极其不利。在这种形势下，奥军将原本计划攻击塞尔维亚的两支军队的兵力紧急抽调至加利西亚方面。为弥补这一空缺，奥匈帝国从内地及与意大利接壤的地区招募了不少新兵。此外，奥军还将原本用来对付黑山的一支半军队的兵力也调了过来。这样一来，入侵塞尔维亚的兵力比起上次竟然还有所增加。

1914年9月7日，奥军再次进攻塞尔维亚。从波斯尼亚调来的一支半军队的兵力被派往瓦列沃方向，因为奥军打算先包抄塞军左翼并切断塞军的退路。两军交战后，在德里纳河方面的战场上，塞军占优；在科卢巴拉以南的山地及高原地区，两军势均力敌。奥塞两军在进行了长达两个月的拉锯战后仍然胜负难分。随着时间的推移，塞军的武器弹药补给逐渐捉襟见肘，而奥军的补给源源不断。在这样的形势下，塞军自知难以继续抗敌，遂于1914年11月6日被迫撤出阵地，向东撤去。在北方的多瑙河战场方向，奥军于1914年11月中旬以六个大队的兵力强行渡河，随即遭到了塞军的迎头痛击，并被塞军全歼于多瑙河南岸地区。

从科卢巴拉以南的高原地带后撤的塞军在撤到多瑙河后，背山据河的他们于1914年11月20日开始修筑长达几十公里的防御工事。追击而至的奥军以五支军队的兵力对塞军阵地展开攻击。1914年11月29日，奥军突破塞军防线并直接威胁贝尔格莱德。无力抵抗的塞军只能放弃贝尔格莱德，并开始撤退。1914年12月2日，塞军撤至鲁德尼克高地并在此安营扎寨。奥军看到塞军远撤，遂利用塞军因失败而士气低落无力再战的机会，一鼓作气，仅用几天时间就占领了塞尔维亚重要的城市尼什。此时的奥军气势如虹，表现出了要一举荡平整个塞尔维亚的气势。然而，此后奥军并没有再继续乘胜追击，而是开始不紧不慢地大肆犒赏兵士，还为了纪念贝尔格莱德的胜利举行了盛大的入城仪式，并将此事向本国政府做了通报。奥匈帝国终于取得了渴望已久的胜利，举国上下狂喜不已，相信降服塞尔维亚指日可待。

战斗间歇的塞尔维亚军队

然而，此时拥有众多兵工厂的塞尔维亚工业重镇克拉克耶瓦茨仍在塞军之手。塞军自知若放弃此地继续后撤，必然会招致塞尔维亚灭国，于是塞军决意为了国家的命运与奥军决一死战。塞军打算趁着奥军忙于大肆犒劳之际对奥军发起出其不意的反攻。于是塞军抓紧时间进行武器弹药及各种给养的补给工作，士兵们也人人自知国家兴废在此一战，士气瞬间高涨。甚至塞尔维亚的王亲贵胄也都纷纷入伍，欲与奥军决一死战。1914年12月3日，塞尔维亚第一军发起猛烈反攻，经过三天的奋战，最终击溃了奥军左翼。此后奥军的前线部队依次被击溃，并朝德里纳河方向逃窜。1914年12月15日，奥军全部被驱逐出境，塞尔维亚国王彼得一世还都贝尔格莱德。据统计，塞军共俘虏敌军四万六千余人，军旗三面，大炮二百六十门，弹药车三百六十二辆，机关枪七十挺，此外还有战马两千匹。

至此，奥匈帝国入侵塞尔维亚的两次行动均以失败而告终。此后的九个月里两军无力再战，暂时处于休战状态。塞尔维亚为防止再次被入侵，一边休养生息一边积极备战。

第4节　奥匈帝国第三次入侵塞尔维亚

由于在加利西亚方面与俄国的战斗中一时取得了胜利，奥匈帝国又开始蠢蠢欲动地谋划第三次入侵塞尔维亚的行动。1915年9月，德军将领奥古斯特·冯·马肯森亲自指挥三十万大军企图利用战胜俄军的余威一举荡平整个巴尔干地区。之前奥匈帝国两次入侵时，第一次从塞尔维亚西北方向发动进攻，第二次从塞尔维亚北部越过多瑙河直取贝尔格莱德，而这第三次则试图从这两个方向同时发动进攻。由于得到了德军的支援，此次入侵兵力剧增。而此时的塞尔维亚的士兵数量不及对方半数，无法在平原地区抵御从两个方向同时进犯的德奥军队，因此塞军就只有“在敌人渡河初期一举将其击溃”这一条路可选。对塞尔维亚而言，这胜算不大。塞尔维亚被真正赶到了悬崖边上。

当时德奥两国的真正意图是：先横扫巴尔干，然后打通与土耳其之间的通道，随后再直捣波斯湾，并最终实现其“汉堡—波斯湾”的宏伟计划。德奥认为以两国之力还不足以完成该计划，于是两国极力撺掇保加利亚也加入这次入侵行动。实际上，保加利亚在奥军第二次入侵塞尔维亚时就已经下决心与塞尔维亚和希腊为敌，至于保加利亚为何如此？我们将在下一个章节简单分析。

第 5 章

保加利亚参战

第1节　意图兼并马其顿

保加利亚参战的根本目的是称霸巴尔干，实现这一目的首先是要拿下马其顿。保加利亚参加第一和第二次巴尔干战争也是基于这一目的，但到目前为止还都是纸上谈兵。此外，保加利亚决意参战的另一个原因就是巴尔干战争后对于塞尔维亚的不满，这也和一直以来与俄国及奥匈帝国错综复杂的关系有着密切关联。当然，保加利亚之所以敢赌上自己国家的前途和命运参与战争，主要还是想趁此战乱之机实现自己梦寐以求的称霸巴尔干之梦。总之，此次保加利亚参战的目标既简单又明确——兼并马其顿，并永久性地将之据为己有。

保加利亚之所以一直想兼并马其顿，不仅有着历史原因，也有着现实的利益纠葛。马其顿在巴尔干地区是各方关系最错综复杂的一块土地，其人口有人说是六十万，甚至也有认为多达一百三十万，众说纷纭。马其顿这里的民族构成也十分复杂，有人说这里居住的主要是斯拉夫人，但这个观点并没有得到广泛认同。实际上马其顿处于各民族混居的状态。已知的有塞尔维亚人、保加利亚人、罗马尼亚人、阿尔巴尼亚人及犹太人等，而各民族的人口数量又不甚明了。根据史料记载，马其顿是历史上赫赫有名的亚历山大大帝的出生地，与希腊也有着非常密切的关系。但马其顿仅仅在亚历山大时代隶属于希腊。1世纪到14世纪之间的这段时间内，马其顿曾经成为保加利亚的一部分，也曾经是塞尔维亚的领土。俄土战争后，根据《圣斯特法诺和约》，马其顿被划归保加利亚治下。后来根据《柏林条约》，马其顿又划给了土耳其。保加利亚的势力如果向马其顿扩张，必然会对塞尔维亚和希腊产生不利影响。因此，塞尔维亚和希腊两国一直极力阻止保加利亚。为了实现自己在马其顿的利益，塞尔维亚、保加利亚和希腊各自均在马其顿扶植自己的势力，要么要求马其顿人改信基督教，要么要求他们改换自己的国籍。

后来成为土耳其领土的马其顿被强制要求全民改信伊斯兰教。土耳其政府为实现这一目标，恣意迫害马其顿的基督教教徒。各国曾多次试图劝诫土耳其不要迫害马其顿的基督教教徒，但土耳其对这些劝诫置之不理，依旧我行我素。无法忍受愈发严重迫害的马其顿民众开始向邻国迁徙，据说移居到罗马尼亚、保加利亚及塞尔维亚等国的民众多达二十五万人。其中保加利亚最同情马其顿民众，因此移居保加利亚的人数最多。据说仅在保加利亚首都索非亚就多达三万余人，甚至占了该城民众的半数之多，而且还成为一大政治势力。马其顿人在索非亚成立了一个叫马其顿委员会的组织，并推举一个叫萨拉福夫的青年人作为该组织的委员长。这个马其顿委员会为了实现马其顿的独立，一直致力于煽动保加利亚民众对其提供支援，并频频在保加利亚和希腊之间挑起事端。同时，保加利亚亲王斐迪南一世及政府一直致力于建立一个不受欧洲列强欺侮的强国。为实现这一目标，他们将马其顿委员会视为保加利亚手中的一张好牌，表态支持马其顿独立。然而，俄国和奥匈帝国由于在巴尔干问题上有着重大利害关系，自1897年以来，两国一直希望能维持巴尔干地区的现状，因此，无法坐视保加利亚对马其顿委员会的支持。为防后患，俄奥两国开始想方设法地遏制保加利亚的行为。

此时为免遭土耳其压迫而藏身于保加利亚的马其顿人，仍梦想着保加利亚驱逐土耳其势力并让马其顿获得独立。1901年春，马其顿人缜密地做了各种准备，想通过武装斗争来获取独立。察觉到此情况的土耳其政府立即照会保加利亚政府，要求其解散其境内的马其顿委员会。迫于压力，保加利亚于1901年4月5日逮捕了以萨拉福夫为首的马其顿委员会分子，并下令禁止政府官员参加

签订《圣斯特法诺和约》

该组织的集会，但并没有强行解散该组织。1901年4月15日，马其顿委员会召开总会，推举米哈伊罗斯基为秘书长。与有着严重暴力倾向的萨拉福夫不同，此人属于温和派，因此一段时间以来，该组织没有采取什么过激行为，维持了表面上的和平。

1901年9月，马其顿委员会为获取活动经费，利用劫匪在保加利亚边境地区绑架了一直以来在马其顿进行传教的美国传教士斯顿女士。绑匪要求美国波士顿银行于1901年10月17日前在保加利亚的萨莫科夫缴纳两万五千英镑的赎金，称目的达到便会放人。土耳其政府派遣军队进行了搜索，根据情报判明人质被关押在了保加利亚的边境地区。绑匪威胁搜索队表示：如果逼人太甚则会立即撕票。束手无策的土耳其搜索队将此事向政府做了报告，土耳其政府又将该消息传递给了美国方面。美国领事乞求土耳其先退兵以保证人质安全，同时向本国政府进行报告以等待指示。经过讨论，美国政府无法坐视本国民众的生命受到威胁，因此决定缴纳赎金。然而就在此时，斯顿女士或许是因为受惊过度而导致旧病复发，最终因病情加重而去世，此事也就不了了之。然而，如此一件发生在欧洲南部的小小绑架事件，就能给整个巴尔干地区甚至给域外大国造成如此大的影响，可见巴尔干问题多么难以解决。

由于保加利亚亲王斐迪南一世一直对大保加利亚主义理想念念不忘，因此在马其顿委员会的怂恿下，意图出兵马其顿。保加利亚如果悍然实施了该行动，则必然会对欧洲局势产生极大影响，因此，欧洲各国均对保加利亚亲王斐迪南一世发出警告，要求其终止用兵计划。有重大利害关系的土耳其则出兵十万进驻马其顿，直接以武力威慑保加利亚。在这种形势下，保加利亚亲王斐迪南一世只好终止了该计划。

然而，保加利亚亲王斐迪南一世无法忍受各国的干涉行动，并对进展缓慢的土耳其行政改革及马其顿的内部整顿计划十分不满，于是又开始煽动马其顿委员会在马其顿制造事端并引发叛乱。同样，在马其顿有重大利害关系的俄国和奥匈帝国对此无法坐视不管，于是俄奥两国召开会议，决定将马其顿的警察部门的财政权置于列国的监督之下。当然，这项决定直接侵犯了马其顿的所有者土耳其的利益，因此，此事在土耳其的强烈反对之下没能得到圆满解决。此后，列强仍然对土耳其发出了多方警告，但都没有取得任何效果。时间来到了1905年。

第2节　保加利亚向德奥靠近

曾几何时，巴尔干的各个小国都可以随意侵略马其顿，或在该国境内制造混乱。其中保加利亚无时无刻想着兼并马其顿。当然，保加利亚也并非好战，它一直希望能通过和平手段兼并马其顿。在经过两次巴尔干战争之后，保加利亚国力十分空虚，已无力凭一己之力威慑邻邦，只能依附于某个大国，并在其援助之下来实现自己的野心。而问题就在于保加利亚该选择同盟国还是协约国。1915年5月之前，保加利亚其实是倾向于协约国一方的，因为当时在法比边界的战场上，德军已经丧失了开战之初的锐气，交战双方逐渐呈现出打持久战的态势，德国甚至在逐渐后退。同样，在东部战场上与俄国进行厮杀的奥匈帝国军队也在加利西亚大败，并一蹶不振，而且两次入侵塞尔维亚的计划也均以失败告终。与德奥共处同一阵营的土耳其也同样在埃及战场铩羽而归。相反，协约国方面利用海上优势，在达达尼尔海峡外围牢牢占据制海权。此外，意大利此时也有加入协约国一方的强烈意愿，当然也是因为看到了协约国一方占据优势所致。如果当时协约国一方向保加利亚许诺将马其顿交给保加利亚的话，恐怕当时的保加利亚将毅然加入协约国一方。其实当时协约国一方已经探知了保加利亚的想法，于是就此问题曾与塞尔维亚和希腊进行了交涉，并劝告两国称："将马其顿让于保加利亚必将获得其欢心，其加入协约国一方对于塞希两国必然也是有利的。"当然，塞希两国肯定都不愿意将马其顿拱手让于保加利亚，因此，对这个提议没有做出任何回应。1915年6月末，协约国方面再次向保加利亚提出各种条件，希望其加入协约国一方。但由于条件中没有保加利亚最想得到的马其顿一项，因此，保加利亚对于这些无关痛痒的条件也没有做出任何回应。

此后，在不到一个月的时间里，形势风云突变。首先，俄军大败，退出加利西亚；其次，协约国在达达尼尔海峡的登陆作战也看不到胜利的希望。在这种形势下，保加利亚认为协约国一方到底还是不值得期待，即便此时协约国一方提出将马其顿让于保加利亚也难以让保加利亚信服。马其顿即便在名义上一时成为保加利亚的领土，如果最终同盟国一方获胜也未必属于自己，也必将再次失去。此外，保加利亚与德奥相邻，如果德奥发动进攻，保加利亚是无法指望协约国一方能够快速提供支援的。在事关保加利亚生死存亡的重大问题上，保加利亚采取了隐忍不动、静观其变的态度。进入1915年9月之后，德奥军队借着大败俄军的余威杀到了多瑙河河畔，大有一举荡平整个巴尔干半岛的势头。如此一来，巴尔干各国就无法再采取以往的静观态度，必须开始选边站队。德奥两国看到保加利亚的态度此时还是倾向于协约国一方，开始想方设法地拉拢保加利亚入伙。威廉二世利用土耳其苏丹卡尔一世对自己的信赖说服了土耳其，让土耳其同保加利亚于1915年9月中旬签订了对保加利亚来说条件十分优厚的条约。在条约中，土耳其承诺将马里查河附近地区的若干土地割让给保加利亚。最终，得到巨大好处的保加利亚决定加入同盟国一方。

第6章

保加利亚与其国民

第1节　互不信赖的国民

保加利亚人被巴尔干半岛上的其他民族，特别是为斯拉夫人厌恶，这是因为保加利亚没有参加由斯拉夫人主导的斯拉夫大联合计划导致的。正如罗马尼亚的一名记者所言："保加利亚是斯拉夫民族的犹大。"意思是说，如同将耶稣出卖的犹大那样，保加利亚背叛了与自己同族的斯拉夫人而向条顿人[①]的德国谄媚。保加利亚对这些恶言恶语置若罔闻，对斯拉夫人与条顿人的争斗也不漠不关心。保加利亚在意的是，尽量将对保加利亚持有认同感的城市甚至村落全都合并到保加利亚来，并以此来壮大保加利亚的实力。因此，保加利亚人是现实主义的，而且极具行动力。在与保加利亚人谈话时也能充分感受到他们的这一特性。保加利亚人与其他巴尔干地区的民众不同，与他们谈话时只要言辞达意即可，他们并不喜欢浪费时间夸夸其谈，因此保加利亚人也被称为"巴尔干第一实干家"。

自1878年保加利亚获得自治权以来，之所以能在如此短的时间内取得如此大的成就，都是仰赖这几项措施：首先，保加利亚政府采用了最先进的财政政策；其次，保加利亚推行了良好的基础教育；再次，保加利亚政府还采用了

① 后世常以条顿人泛指日耳曼人及其后裔，或直接以此称呼德国人。

包括前两项在内的各种经济措施，为国家打下了坚实的经济基础。因此英国人将保加利亚人称为“巴尔干的苏格兰人”。当时保加利亚在政治上的首要目标便是在保加利亚的旗帜下积聚更多的国民，因为比起邻国希腊、塞尔维亚、罗马尼亚等国，当时的保加利亚人口稀少，因此发展壮大人口才是事关保加利亚存亡的头等大事。保加利亚人摆脱土耳其的统治还是二十几年前的事情，脱离俄罗斯的束缚成为独立王国也才不过七年，在如此短暂的时间内能取得如此大成就确实值得让人赞叹。此时的保加利亚已然成为一个体面的、受人尊重的独立国家。然而，保加利亚想用一二十年的时间建成一个强国，到底还是基础过于薄弱。保加利亚也是人才辈出，比如有被称为“巴尔干之奥托·冯·俾斯麦”的斯特凡·尼科洛夫·斯塔姆博洛夫等杰出人才，但保加利亚的国家政治

斯特凡·尼科洛夫·斯塔姆博洛夫

相当萎靡不振。近年来，政治上的暗杀行动频频发生，民众暴乱接连不断。此外，知识分子之间也缺乏应有的信任，甚至更无半点舍生取义的牺牲精神。这些知识分子的行径就类似于文人相轻，总是想方设法征服对方，这一点与动物无异。不仅如此，保加利亚人对自己的国家元首及自己所属政党的党魁也是不那么信任的。

第2节　俄国与保加利亚的关系

保加利亚之所以能于1878年从土耳其的统治中脱离出来，完全仰赖俄国在背后的援助。当然，这与保加利亚境内的仁人志士的奋斗及各地斯拉夫民族义勇军的大力协助也是分不开的。根据俄土战争后于1878年签订的《圣斯特法诺和约》，保加利亚获得了远远超出自己想象的广大领土，从东到西，由黑海到西里斯托利亚，从北面的多瑙河经阿尼纳、塞萨洛尼基到南面的桑丹斯基都成了保加利亚的领土。然而，该和约在后来召开的柏林会议上被废除了，刚刚获得的土地又被再次划归土耳其名下。保加利亚煮熟的鸭子最终又飞走了。

俄国在保加利亚进行开拓殖民始于1807年左右。在这之前的1762年左右，保加利亚的一个牧师公开出版了一本叫《保加利亚史》的书籍。此后不久，一个俄国人也出版了一本名为《保加利亚今夕》的著作。从那时起，俄国就开始对保加利亚产生了兴趣。俄国自彼得大帝时代就开始努力向南拓展。为此，俄国在保加利亚配备守备队的同时还努力组建了保加利亚人自己的军队。当时俄国国内有个政策，如果俄国的军人或政治家犯罪就会被流放到偏僻的保加利亚地区，而这些被流放者如果在保加利亚做出了很好的成绩则会被特赦回国。因此，俄国的势力在保加利亚越来越强，且吞并保加利亚的势头也越来越强。后来来自奥匈帝国的保加利亚亲王亚历山大一世在保加利亚取得了举世瞩目的成绩，然而俄国并不喜欢他，担心自己在保加利亚多年的苦心经营会因亚历山大一世而功亏一篑。当时亚历山大一世在保加利亚普及教育的同时，还努力完善了军队组织，并在两次巴尔干战争中动用了相当于全国十分之一的人参战，取得了不错的战绩。因此，信心暴涨的保加利亚国民以为可以以一己之力实现国家的完全独立，不仅可以脱离土耳其的统治，甚至能消除来自俄国的干涉。于是亚历山大一世代表国民意志致函俄国，要求与其断绝关系。俄国认为保加利亚能有今日全是仰仗俄国的支援，如今才取得了一点点成就就开始高傲自大起来，甚至要求断交，实属忘恩负义的小人行径。俄国国内对此进行了激烈讨论，甚至有人提出对保加利亚进行报复。不过，既然保加利亚已经发函要求断交，俄国最终还是决定先停止对保加利亚的内政干涉。于是俄国把在保加

保加利亚亲王亚历山大一世

利亚军中指导的俄国官兵全部撤了回来。保加利亚国民对亚历山大一世的果敢非常赞赏，纷纷表示愿为亚历山大一世效犬马之劳。亚历山大一世虽然得罪了俄国，却得到了全体国民的拥护，而且还得到了奥匈帝国的支援，可谓一失两得。然而，俄国军人中不乏对亚历山大一世怀恨在心者，他们甚至发起了对亚历山大一世的暗杀行动，但没有成功。亚历山大一世感到待在保加利亚将性命不保，于是乘船由多瑙河逃到了出生地奥匈帝国。

此后，斐迪南一世成为保加利亚亲王。尽管俄国一直对兼并保加利亚一事念念不忘且动作频频，但由于此时的保加利亚背后有英国撑腰，因此，采取出格行为已不合时宜，俄国只能有所收敛。其间，保加利亚励精图治，进步飞快，一时间成为巴尔干地区的中心。1909年保加利亚完全摆脱了土耳其的控制，成为一个真正意义上的独立国家。

第3节 保加利亚与塞尔维亚的关系

保加利亚与塞尔维亚的关系和俄国一样，十分错综复杂。但与经常反目的俄、保关系不同，大部分时间塞尔维亚与保加利亚的关系还是比较和平的。保加利亚对塞尔维亚持有不满也只是保加利亚取得政治独立后的事情。保加利亚与塞尔维亚的不和大多源自塞尔维亚的嫉妒。当然，出现这种情况的原因很明显是俄国和奥匈帝国对保加利亚的袒护。第二次巴尔干战争及此次世界大战中，两国人民互为仇敌并非源于民族之争，而是因为两国利益不同，被列强分化利用所致。实际上，当时很多保加利亚政治家在很多场合还是希望能与塞尔维亚保持友好亲善的关系，并携手将斯拉夫民族发扬光大。因此，政治家们经常想方设法试图缓和两国间的关系。同样，塞尔维亚的政治家中也有不少人抱有同样的想法。

然而，欧洲列强从中作梗，两国的利益分歧日益扩大，致使两国关系嫌隙频生，最终导致同宗同族的两国于1885年兵戎相见。虽然保加利亚最终取得了胜利，但保加利亚除收获塞尔维亚的憎恨之外寸土未得，而且还成为其他巴尔干国家的众矢之的，被孤立了起来。如前文所述，正因为两国反目并非源于民族矛盾，于是很多有识之士发出警告称：如果两国因马其顿陷入内讧，则最终必然会导致“鹬蚌相争渔翁得利”的局面出现。尽管如此，由于欧洲列强不停地对两国矛盾进行干涉，因此，两国根本不可能实现友好亲善。

当然，俄国在此期间也曾努力试图调和两国之间的关系，但并没有什么实质性进展。当德国势力渗透进欧洲东部地区并逐渐取得大于俄国的优势之后，保加利亚人开始考虑依靠德国的势力来实现自己的利益。于是保加利亚断绝了原本与自己有着深厚渊源的俄国的关系，并决意与塞尔维亚为敌。

第4节　斐迪南一世

如果踏上保加利亚的领土，大家能很明显地感受到保加利亚国民良好的精神风貌。在日俄战争时期，保加利亚就曾预言并期待日本能够战胜俄国。因为两国都与俄国为敌，因此，保加利亚也经常自诩为“东欧的日本”。对保加利亚而言，欧美的一些有识之士对保加利亚未来的走势十分警惕，甚至从十年前就有人预言保加利亚将会称霸巴尔干，并且会在德国的支援下立于世界强国之林。现在来看这个预言至少已经言中了一半。在第二次巴尔干战争期间，保加利亚虽然被数个邻国所围攻而差点亡国，但最终还是恢复了元气，并且还呈现出要称霸巴尔干地区的气势。保加利亚之所以能凤凰涅槃，首先要归功于其国民不屈不挠的性格。当然，斐迪南一世的才能与功绩也不容抹杀。

1914年，斐迪南一世五十五岁。斐迪南一世深谋远虑，堪称一代豪杰，他常以“巴尔干的德皇威廉二世”自居，并深受保加利亚国民的拥护与爱戴。斐迪南一世出生于原本属于德意志人领土的奥匈帝国首都维也纳，是奥古斯特王子的小儿子，其母亲是波旁-奥尔良家族的路易·菲利普一世之女克蕾婷公主，因此，斐迪南一世与英国王室也有亲戚关系。斐迪南一世与威廉二世有着相同的经历，他年少时也是与普通民众家小孩一起上了小学、中学及大学。由

斐迪南一世

斐迪南一世的母亲克蕾婷公主

于当时保加利亚实行的是军国主义，因此，斐迪南一世也按照惯例拥有了奥地利军籍。1887年7月14日斐迪南一世成为保加利亚亲王后，对亚历山大一世的政治体制进行了锐意革新并罢黜了旧臣，按照自己的意志对国家进行了改造与治理。

斐迪南一世身材高大，英气逼人，风度翩翩，颇具领导气质，由于其出身于德国皇族的关系，因此，其外交政策理所当然地远俄亲德。

第7章

塞尔维亚与黑山的覆灭

第1节　德奥大军席卷塞尔维亚

德国的外交谋略获得成功，保加利亚的加入德奥同盟。于是，德国想趁机一举荡平塞尔维亚。1915年10月初，同盟国出兵三十万威慑塞尔维亚，同时暗地里撺掇保加利亚从塞尔维亚手中夺取马其顿。至此，保加利亚感到实现夙愿的机会终于来临。此时由于保加利亚已经决定与德国结盟，因此在军事实力方面，同盟国一方与协约国一方不相上下。1915年10月10日，保加利亚悍然决定与德奥一起，共同出兵塞尔维亚。

此前，为抵御奥匈帝国的侵略，塞尔维亚已经疲弱不堪。此次又被迫再次面对数倍于己的德奥的入侵，况且还从右面斜杀出一个保加利亚，塞尔维亚局势瞬间万分危急起来。此时的塞尔维亚不仅没有任何胜算可言，甚至还有亡国灭种的危险。塞尔维亚想先退守并见机反攻。然而可悲的是，小如弹丸的国土已退无可退，守无可据。如果后退，不仅会将自己的平原地区拱手让人，还将被敌军死死封锁在山林里。事已至此，塞尔维亚人只能下定决心决一死战，哪怕拼尽最后一人一弹也要尽量给敌人制造更多的死伤与损失。于是能上战场的男子被悉数征召入伍，甚至还招募了二十五万名女兵用于后方支援。此时的塞尔维亚国民无论贵贱，同仇敌忾。各家各户只留下老人儿童看家守业，甚至有祖孙三代共同参军，他们要誓死保卫塞尔维亚。

实际上，早在1915年9月21日，德奥军队的一部已经对贝尔格莱德展开了昼夜不间断的炮击。另有一部于1915年9月23日夜企图从塞尔维亚的西北边境地区及与黑山接壤的塞尔维亚边境地区入侵塞尔维亚。驻防的塞尔维亚士兵冒着枪林弹雨，冲向渡河的敌人，英勇抗击。敌军虽然占优但最终没能渡河。1915年10月后，德奥军队用大炮从正面朝多瑙河的支流萨瓦河及德里纳河沿岸的塞军阵地展开猛烈轰击。1915年10月6日，德奥军队从各个方面突然发动强攻并侵入塞尔维亚境内。在历经五天的激战后，贝尔格莱德陷落。德奥联军乘胜追击，不断将塞军向南压迫。德奥军队在渡过摩拉瓦河后，于1915年10月14日占领了克鲁舍瓦茨。此时在德里纳河上游地区，双方仍在激战。塞军顽强抵抗至1915年10月14日，共毙敌两万并俘虏四万人。对此处停滞不前的战况，威廉二世忧虑不已。1915年10月12日，威廉二世亲赴塞尔维亚境内的德军指挥部视察，并激励将士们。此后德奥联军逐渐取得优势并将塞军击退。1915年11月4日，德奥联军将部队推进至尼什西北地区附近。至此，德奥军队打通了与在德里纳河上游进攻的己方部队的联络通道。

在此期间，加入同盟国的保加利亚于1915年10月10日将兵力集结到塞尔维亚边境地区，并通过索非亚到尼什的铁路及另外两条道路同时向尼什要塞进发。同时，保加利亚还另派一支军队的部队向南，意图断绝尼什到塞萨洛尼基的通道。保加利亚的计划获得了成功，从北方边境地区进入塞尔维亚的部队于1915年10月下旬就早早抵达了尼什要塞附近。然而，从塞尔维亚南部入侵的保加利亚军队行动不利。当时英法援军已经从塞萨洛尼基登陆，得知此消息后的塞军士气大振，在莫纳斯蒂尔（今马其顿比托拉）将南犯的保加利亚军队击退。然而，陷入重重包围之中的尼什要塞守军虽然进行了殊死抵抗，终因弹尽粮绝，于1915年11月6日战败，尼什落入敌手。

至此，从北部入侵而来的德奥军与攻陷尼什的保加利亚军之间的通道打通，从而使柏林至尼什之间的通道也被完全打通。塞军主力于1915年11月10日前后退往尼什的西南方向，并最终逃到阿尔巴尼亚境内。

第2节　塞尔维亚国王彼得一世遁走阿尔巴尼亚

接到巴尔干形势危急的报告后，英法联军于1915年10月9日迅速派遣部队从塞萨洛尼基登陆，至1915年10月中旬已有数万人登陆。英法联军将部队集结到瓦兰多夫北部地区以逸待劳，保加利亚军队到来后双方展开激战。1915年10月22日，保加利亚军队战败，并向北败退。法军重新夺回了斯特鲁米察。经过一系列激战，英法联军于1915年11月上旬与塞军会合，随后再次联手击败了保加利亚军队。然而，英法联军无法抵挡以破竹之势向南推进而来的德奥军队，节节败退。1915年12月2日，塞尔维亚被迫放弃南部重镇莫纳斯蒂尔。塞尔维亚国王彼得一世连同二十五万塞军一起被迫逃往邻国阿尔巴尼亚。

当时塞尔维亚国内状况非常糟，被迫迁都阿尔巴尼亚的斯库台，后来又被迫迁入希腊的塞萨洛尼基。彼得一世一直想要建立大塞尔维亚国并恢复祖上的荣光，岂料仅仅数月之内就连整个国家都落入他人之手，自己也陷入被迫流亡他国的悲惨境地。同时三百万塞尔维亚百姓既无人保护也无衣食蔽体果腹，所到之处全是避难的老弱妇孺，其光景完全就是第二个比利时。

从攻势开始到现在仅仅八个星期，德奥联军就结束了在塞尔维亚境内的主要战斗。此后德奥保三国军队又联手将从塞萨洛尼基登陆的英法联军压迫至希腊境内。不仅塞尔维亚，与塞尔维亚同族同种且命运与共的黑山也同样国破家亡，两国想要联手组建南斯拉夫联盟的梦想瞬间化为泡影。

第3节　黑山惨状

黑山国如其名，其国内黑色山岳连绵不绝。黑山虽为小国，但自古以来欧洲没有哪个国家能像黑山一样保障人民的生命与财产安全。从历史上来看，称霸欧洲的大国由于物质文明的急速发展而产生了文明中毒现象，反而使人民整体陷入更不安全的境地。相反，黑山虽国小民寡，却是一个国泰民安的理想之地。克罗地亚人常说，在黑山，山地中的财产不怕被盗也不怕遭遇兵火燹灾。甚至有史学家称黑山是人类最安全的地方，这是因为黑山遭受外部攻击的可能性几乎为零。也就是说，黑山人民一旦感觉到有危险就会迅速撤离到山区，以要塞天险来防范敌人。若敌人攻破一处天险，那就继续退守其他天险御敌。黑山人民对于自己的国家地理状况非常熟悉，甚至连那些鸟兽罕至的地方也了如指掌。他们利用对地形的熟练掌握，神出鬼没地伺机从背后偷袭敌人，使敌人防不胜防、疲于奔命并最终铩羽而归。然而，号称最安全的黑山在此次世界大战中也未能逃脱奥匈帝国铁蹄的践踏，其首都采蒂涅也惨遭蹂躏。德奥军队攻陷黑山简直易如反掌，因为德奥军队事先已经全面掌握了黑山的地理地形。此外，负责守卫黑山的主要是意大利和塞尔维亚联军，人数虽多，但军纪涣散，且其指挥官的意见也不统一，士兵们更做不到团结一致，因此这种队伍是无法与精诚团结的德奥精锐相抗衡的。

英国前首相威廉·尤尔特·格莱斯顿非常欣赏黑山的战争史，他甚至认为古希腊时代因悲壮而闻名于世的马拉松战役和温泉关战役，甚至世界上其他的著名战役都无法与黑山历史上的战役相提并论。了解近五百年以来黑山人民战斗史的人，肯定会理解威廉·尤尔特·格莱斯顿对黑山赞赏有加的缘由。

黑山人民的生活环境优美，如同仙境一样，未加修饰又浑然天成。家庭与社会生活和谐，一派其乐融融的景象。黑山人民也如同传说中的那样，是经过历史锤炼的、有着特殊气质的一群人。他们性格豪爽，居住环境恬静优美，生活简单纯朴，生活态度积极向上，这一切皆为世人称道。

黑山人民不喜懦弱消沉，更不屑屈于他人，因此最近几个世纪以来黑山人民一直在战斗，反抗那些想要剥夺上天赋予自己自由的势力。1912年巴尔干战争之际，黑山占领了斯库台地区，于是黑山人民高傲地向世人宣称这是黑山人民通过英勇战斗得来的胜利果实。然而，在此次世界大战开战的第一年，即1914年，黑山即被占领，饱受生灵涂炭之苦。黑山国王尼古拉一世曾悲伤地对其左右叹道：“我登基至今已有五十年之久，还未曾经历过如此惨状，这种屈辱让人生不如死。我不但丧失故土，还丢掉了刚刚到手的梦寐以求的斯库台，这实在让我无比悲痛。”看着自己的国王日夜悲伤不已，黑

威廉·尤尔特·格莱斯顿

山国会也想了种种办法纾解尼古拉一世的愁肠，但并没有起到什么作用。尼古拉一世反倒更加难以抑制自己日益增长的悲伤之情，频频哀声叹道：“想来，我等国民子子孙孙生生不息薪火相传至今，却在我的治下遭受如此奇耻大辱。希望和光明已然破灭，这实在让我无法忍受。”据说尼古拉一世曾想一死以谢国民。

第4节　黑山国王尼古拉一世

黑山国王尼古拉一世生于1841年9月7日，他的叔叔达尼洛一世在科托尔海岸避暑时被人暗杀。由于达尼洛一世没有儿子，因此，达尼洛一世兄长的儿子，即现在的尼古拉一世于十九岁登基。1862年，尼古拉一世与国会副议长佩塔尔·武科蒂奇之女米莱娜结婚，婚后二人育有三子六女。此次大战开始时尼古拉一世已年逾七十。尼古拉一世精通语言学与历史学，能够流利地使用法语、意大利语及德语。此外，尼古拉一世热爱田园生活并酷爱作诗。由于其精通历史，因此当其目睹国破家亡的惨剧后，往往会将自己与历史上的英明君主们做比较，因而常常自惭形秽，甚至屡屡想以死来解脱痛苦。

米莱娜

意大利皇后埃莱娜

黑山王室以美女辈出闻名，因此欧洲列强王室与黑山王室通婚者甚多，当今的意大利皇后埃莱娜就是尼古拉一世的女儿。黑山王室另有一位公主与俄国皇室通婚，安娜公主嫁给了巴腾堡王子亚历山大之子弗朗西斯科·约瑟夫，因此黑山王室与英国王室就有了一种间接的血缘关系。黑山王室与欧洲列国之间的联姻关系往往成为黑山进行对外交往时的重要筹码。

尼古拉一世在位期间制定了宪法并开设了国会，这些都为黑山的社会和民生发展提供了坚实的保障。尼古拉一世有在树荫下聆听国政的习惯，引得很多内阁成员纷纷效仿。尼古拉一世生性爱好自由，这可以从他为数众多的诗作中看出。然而，尼古拉一世虽然自己爱好自由，但在政治上他还是奉行国家主义和侵略主义，其终生的奋斗目标便是君临巴尔干，关于这一点，在他的诗作中同样一览无余。1912年秋，巴尔干诸国结盟，决定共同对付土耳其，尼古拉一世率先向土耳其宣战，这一行动本身也说明了尼古拉一世的野心。在对土耳其的战争中，尼古拉一世在塞尔维亚的支持下攻打斯库台时，土耳其守将战败投降，拱手将斯库台献与黑山。而尼古拉一世对此秘而不宣，反而公开声称黑山是在经过长达七个月的激战后才好不容易攻陷斯库台的。尼古拉一世的目的一目了然，当然是为了做出自己付出巨大牺牲的样子，然后好顺理成章地将斯库台收入囊中。然而，由于德奥两国的干涉，尼古拉一世的美梦最终泡汤，因此尼古拉一世对德奥两国的怨恨之情就可想而知了。尼古拉一世认为，之所以煮熟的鸭子飞了，根本原因还是自己力量过于弱小，因而尼古拉一世转念想和塞尔维亚合并，共同建立一个强大的国家。就在与塞尔维亚合并的事宜正酝酿之时，世界大战爆发了。理想在现实面前再次破灭，黑山同样惨遭德奥两国的侵略与蹂躏，尼古拉一世的远大抱负再次化为泡影。

第8章

罗马尼亚惨状

第1节　罗马尼亚简史

罗马尼亚位于巴尔干半岛北部，自开战以来就左右观望。1916年夏，罗马尼亚看到俄军在加利西亚获得成功、德军在凡尔登失败的情形后，决定加入协约国一方。1916年8月27日，罗马尼亚发布战争动员令，正式对德奥宣战。

罗马尼亚人在巴尔干地区最多，被认为具有古代拉丁人的血统。时至今日，曾经是古罗马帝国达契亚行省一部分的现罗马尼亚达契亚地区仍然有人在使用拉丁语，并且当地人有着古拉丁人的性格。位于罗马尼亚的拉丁人聚居地在几个世纪以来一直被周围的强大的民族包围——其中包括斯拉夫人、波兰人、马扎尔人、鞑靼人及土耳其人——并时刻受到他们的欺辱与侵略。这最终导致纯种的罗马尼亚原住民大多移居到了喀尔巴阡山脉地区的罗马尼亚或匈牙利。上述历史也充分说明，这部分拉丁人受到了喀尔巴阡山脉的庇护从而免于被外敌灭种。后来这一地区被各种外族势力相继统治。在长达几个世纪的时间里，罗马尼亚的上层社会，基本没有人使用拉丁语，但在民间，特别是农民仍广泛使用拉丁语。拉丁语于18、19世纪重现并开始获得生命力。一时间罗马尼亚的拉丁文学开始大放异彩。

后来罗马尼亚被土耳其征服。但由于罗马尼亚距土耳其首都君士坦丁堡甚远，因此，土耳其对罗马尼亚的统治也仅是征税而已，把当地的统治权委托给了罗马尼亚人及希腊人中的各个侯爵和伯爵们，这使罗马尼亚上层社会中具有希腊血统者甚多。而这种委任统治的另一个结果是，在罗马尼亚社会中仍然存在一个贵族统治阶层，但这个统治阶层显然不是土耳其人。这个统治阶层在罗马尼亚依然实行贵族政治，因此，罗马尼亚仍然没有建立起民主制度。在这种制度之下，罗马尼亚的土地依然牢牢掌握在大地主手里，这些因土地而富有的人，近则到布加勒斯特、远则到巴黎等大城市一掷千金。相反，罗马尼亚农民虽然生性平和，但由于他们没有享受到自己在丰饶的土地上辛勤劳作的果实，因此，穷困的罗马尼亚农民对此也愤愤不平。最终，罗马尼亚的农民于数年前揭竿而起发动革命。据说在军队的镇压之下，约有一万农民丧生。由于贫富差距悬殊，罗马尼亚首都布加勒斯特城中富丽堂皇的个人府邸与贫民窟之间形成了鲜明对比。这种差距在其他国家首都，如索非亚、贝尔格莱德、雅典是看不到的。

选举权也掌握在少数人手中。罗马尼亚的政治活动跟绝大多数人几乎无缘，全部掌握在一小撮政治家手里。

这样的罗马尼亚如今之所以能位列文明国家，全是仰仗前国王卡罗尔一世。卡罗尔一世自1866年登基以来，励精图治，锐意进取，开展政治改革和经济改良活动，逐渐使罗马尼亚富强起来。其继任者，即现任国王斐迪南一世的王后玛丽是英国萨克森-科堡-哥达公爵阿尔弗雷德之女，同时也是英国维多利亚女王的孙女。由于这层血缘关系，罗马尼亚经常能从英国人那里获得一些好处。玛丽王后在当时的巴尔干各国中可以说是最卓越的英国人。因为玛丽才色兼备，且美术造诣很高，因此深受人们的爱戴。

综上所述，有人认为将来的数年之内罗马尼亚必将会取得彪炳史册的巨大成就。

第2节　久久观望的罗马尼亚

罗马尼亚有两大夙愿，一是收复1878年被俄国夺走的比萨拉比亚地区，二是收复拥有百万罗马尼亚人的特兰西瓦尼亚地区。特兰西瓦尼亚位于匈牙利

卡罗尔一世

玛丽王后

的东南部，居住于此的百万罗马尼亚人正日夜遭受匈牙利政府的压迫。自战争开始以来，这部分人为了挣脱匈牙利的束缚，日夜期盼罗马尼亚军队能越过喀尔巴阡山脉，兵临此地解救自己。

此时罗马尼亚国内，平民百姓都希望参加战争，虽然当时罗马尼亚和奥地利之间签署的和平条约尚未到期，但民众认为该条约已名存实亡。于是，为了促使政府能够尽快做出决断，民众在布加勒斯特举行各种集会向政府施压。同时，一部分政治势力认为，参加协约国一方最符合罗马尼亚的利益。这些人相信此次战争是统一罗马尼亚民族的最佳机会。同时还有一部分政治势力认为，罗马尼亚先不要参战，静观事态发展，待时机成熟时再与上次一样兵不血刃地达到扩张领土的目的。

实际上对罗马尼亚而言，最紧要的是达达尼尔问题。如果达达尼尔海峡被敌人封锁，则罗马尼亚在经济上就会遭受重大打击，因为达达尼尔海峡是罗马尼亚通往地中海的唯一海上通道。罗马尼亚和地中海沿岸地区进行贸易当然可以通过陆路进行，但运输费用高昂，危险重重，因此达达尼尔海峡一旦被切断，对罗马尼亚的打击可想而知。从这一点来说，罗马尼亚在巴尔干诸国中是地理位置最不利的。

协约国一方一直谋划让罗马尼亚入伙，从而让其攻打奥匈帝国。由于罗马尼亚害怕保加利亚从背后偷袭，因而迟迟不敢行动。随着形势的突变，罗马尼亚认为，加入协约国一方的时机已经成熟，于是为了自己的利益决意参战。

第3节　罗马尼亚大败

罗马尼亚东面与俄国接壤，西面与匈牙利为邻，南面与保加利亚隔多瑙河相望。罗马尼亚于1916年8月17日表明参加协约国一方，1916年8月31日向奥匈帝国单方面宣战。随后，罗马尼亚将其主力十五个师及一个骑兵师派驻至特兰西瓦尼亚地区进行战略防守，又将六个师与一个骑兵师驻扎到多布罗加及多瑙河附近地区。与此同时，俄国也派兵支援罗马尼亚的军事行动。

此时，驻扎在特兰西瓦尼亚地区的奥匈帝国军队只有三个步兵师及一个骑兵师，由于兵力不足只得暂时后撤。随后九个奥匈帝国师和一个德军师前来增援，两军很快整编成十三个师并由德国将军埃里希·冯·法金汉指挥。同时，南方的保加利亚第三军被调遣而来，协助同盟国的军事行动，由德国将军奥古斯特·冯·马肯森指挥。

罗马尼亚在宣战的同时，虽然将大军派遣至特兰西瓦尼亚地区进行防守，但同时由于害怕保加利亚从背后袭击，因此在行动上畏首畏尾。1916年9月下旬，埃里希·冯·法金汉在北部完成军事集结，开始对罗马尼亚军队发起攻击。罗马尼亚军队难以抵挡，于是开始向边境地区撤退。奥地利第一军约九个师的兵力协助埃里希·冯·法金汉军进入瓦拉几亚，同时保加利亚军

埃里希·冯·法金汉

队也渡过多瑙河，从南部对罗马尼亚军队进行围攻。1916年12月6日，进退两难的罗马尼亚军队放弃首都布加勒斯特，撤往东方邻国俄国境内。占领了布加勒斯特的同盟军举行了盛大的入城仪式，甚至布加勒斯特市长也被迫亲自用车载敌入城。

当时在塞萨洛尼基地区附近的英法俄等协约国军队坐拥二十一个师，其兵力虽庞大却并未对罗马尼亚进行驰援。1916年11月下旬，当协约国军队获知保加利亚军队向北分兵的消息后，这才开始向同盟国军队展开全线攻击。但最终攻击受阻，没有取得什么战果。在不到半年的时间内，同盟国一方就已经占领了罗马尼亚的大部分地区，并完全打通了东西方的交通线，而且还得到了大量的补给物资。这期间占领的许多油田也为1917年的潜艇战提供了强有力的保障。反观罗马尼亚，其兵力损失不下三十万，而且大部分国土陷入敌军铁蹄蹂躏之下。同时由于大部分罗马尼亚国土的沦陷，导致俄国南部地区的形势也骤然紧张起来。

第七篇

南欧战况与殖民地之战

第1章

土耳其战场战况

第1节 德奥拉拢土耳其

土耳其的国旗半月旗的光辉正逐渐暗淡，身为老牌帝国，此时虽名为帝国，但实际上已是风雨飘摇。自开战以来，土耳其甚至正逐渐丧失自己的独立自主权。三十多年以来，德国一直在巧妙地利用各种手段笼络土耳其，德国诱惑土耳其说：“想必贵国也非常清楚，我们德国人在当今世界上是最大胆的“企业家”，勇敢无比。我们将竭尽全力帮助贵国有效地管理和使用贵国的领土，并让其产生无限的收益。我们不但要向贵国提供优秀的技术人员，还要向贵国教授防御邻国的手段。虽然贵国有多达百万的兵力，然而贵国军队现在还如同婴儿一般软弱。我们有位列世界第一的军事实力，因而我们将向贵国提供优秀的教官。在我国军事顾问的训练之下，我们有信心将贵国的陆海军训练成一支不亚于任何强国的一流军队。”为达到目的，德国还暗中收买了诸多土耳其政府中的当权者，于是土耳其聘请了许多德国军官来训练并指导土军。土耳其的陆海军指挥权全部落入德国之手，此时的土耳其军队俨然已经成为自断手脚的傀儡。两次巴尔干战争之后，德国共向土耳其军队派遣了多达四千余人的手段老辣的军事指挥人员，其中一人甚至成为土耳其陆军的最高长官，全权负责指挥土军。而其余的德军则大多担任团长、连长一级职务。如此一来，土耳其军队实际上就成了德国的军队，土耳其苏丹穆罕默德五世也就成了德皇威廉二世的仆从。

大战开始后，德国在土耳其的权益日益扩大。德国从地中海派遣至达达尼尔海峡的两艘德国军舰取得了领导整个土耳其海军的指挥权，甚至土耳其苏丹穆罕默德五世的大权也被全部转移到了德国大使手里。如此一来，德国不但从土耳其手中源源不断地得到人马和粮食供应，而且本国借给土耳其的资金、武器及军事教官最终还是转而全力为德国服务。此时的土耳其与其说是德国的盟国，倒不如说是德国的藩国。土耳其苏丹穆罕默德五世和大臣们每有要事都务必仰仗威廉二世裁断，他们自己能做的只是拼命压制本国人民的反抗，并向他们横征暴敛。大战开始之际，英法俄想方设法想给土耳其一些好处，欲换取土耳其保持局外中立。结果没有成功。相反，土耳其在看到德国形势不利后，竟毅然参战，对德国进行支援。当时奥匈帝国军队在加利西亚大败，德奥军队又在波兰吃败仗。原本还装作局外中立的土耳其在看到这种情况后，立即撕掉伪装，开始支援德国。从这一点也完全可以看出，德土之间完全是关系密切的主仆关系。土耳其正式明确地对协约国宣战并加入同盟国一方是开战大约三个月之后的1914年10月29日。

土耳其之所以这么做也有着自己的难处。随着国势的衰退，信奉伊斯兰教的土耳其人被联合起来的欧洲白人当作异教徒而屡遭排挤。土耳其在欧洲的领土也仅剩欧洲南部的一小块土地，因此如果不依附于强大的德国，土耳其不但要丧失在欧洲的容身之所，而且还要面临财政上的危机。大战开始之初，土耳其从德国获得了大量的财政援助，因此决定加入德国一方。1914年10月29日，土耳其海军军舰炮击了克里米亚半岛的费奥多西亚地区，并在亚速海口及高加索沿岸击沉了一些俄国商船。这些行为都被视为是土耳其向德国交纳的投名状。由于土耳其翻脸，俄国大使于1914年10月31日离开君士坦丁堡。紧接着，1914年11月1日，英法两国大使也同时撤馆回国。

第2节　泛伊斯兰运动

德国之所以拉拢土耳其入伙也有着其多重考虑。首先，土耳其参战会让俄国分兵高加索，同时也会让英国分兵埃及。如此一来，作为主战场的法国、比利时及俄国境内协约国的军力就会有所削弱。其次，苏伊士运河将处于土耳其的威胁之下，英法的欧亚贸易通道就会受到重大打击。再次，地中海和黑海之间的要冲将会尽归德国之手，德国的“汉堡—波斯湾”的大德意志帝国宏图就会变得稳固无忧。最后，威廉二世包藏祸心，想借由土耳其之手发动泛伊斯兰运动。所谓的泛伊斯兰运动指的是，煽动居住在各个国家和地区的穆斯林组建一个新的伊斯兰教同盟，然后教唆居住在协约国治下殖民地的穆斯林发动叛乱，从而分散协约国的精力，达到削弱协约国的目的。当时法国在非洲的突尼斯、阿尔及利亚、摩洛哥的殖民地内有众多穆斯林；同样，俄国境内的克里米亚、高加索、喀山、中亚及西伯利亚地区也有不少的穆斯林；此外，英国在埃及、印度、缅甸及马六甲海峡与新加坡之外的非洲殖民地也有着大量的信仰伊斯兰教的人。威廉二世的目的就是要煽动这些穆斯林叛乱，脱离其宗主国，达到扰乱并削弱协约国的目的。

当时穆斯林的主心骨当然是位于君士坦丁堡的土耳其苏丹穆罕默德五世。土耳其当然也想利用泛伊斯兰运动来重塑自己的权威。在协约国军队攻打达达尼尔海峡失败后，泛伊斯兰运动便得到了长足的发展。威廉二世利用这个机会四处派遣心腹进行游说，并成功地让一心想要恢复往日强大伊斯兰帝国光荣美梦的土耳其入瓮。

此次泛伊斯兰运动，德国实际上在大战开始之前就已经秘密运作。随着战争的爆发，德国开始刻不容缓地加快了运作速度。土耳其苏丹穆罕默德五世在德国政府的游说下，于1914年年末发表了圣战宣言。此后虽然没有出现他们期望的大骚乱，但在世界各地还是引起了一定的动荡。其中在印度、埃及、利比亚及法国的北非殖民地都发生了叛乱，这让这些地区的宗主国头疼不已。特别是驻扎在新加坡的英属印度士兵的叛乱甚至差点就取得了成功。此外在东南亚的德国军官得到了印度及缅甸革命党人的援助，组织起了多达一万六千余人的队伍，向英属缅甸地区发动了攻击。在形势远远朝着对协约国一方不利的方向发展的时候，俄国人在亚美尼亚及波斯地区取得了胜利，从而给土耳其苏丹穆罕默德五世以致命一击。

此次泛伊斯兰运动之所以失败，首先得益于协约国一方长久以来对其殖民地的有效治理；其次，当时有些穆斯林从自身利益出发，非常犹豫是否要继续将已经贫弱不堪的土耳其奉为自己的宗主国；此外，穆斯林对掌权的青年土耳其党的不信任也是一个重要原因。当然，最重要的原因还是，为自身利益考虑的穆斯林虽然看到协约国一方形势不利，但这并不表示协约国一方将要一蹶不振，特别是当穆斯林看到协约国一方并没有因失败而乱了阵脚，在殖民地的统治力也并没有因欧洲战况的影响而下降的情况下，他们自然选择静观其变。

第2章

土耳其失利东西战场

第1节　埃尔祖鲁姆战况

土耳其在形势对德国不利之际对协约国一方宣战，首先交战的对手便是俄国。俄国与土耳其作战主要集中在三个地方，即黑海沿岸、埃尔祖鲁姆以东地区及凡湖以东的波斯境内。此外，英国和土耳其也在波斯湾进行过小规模的战斗。埃尔祖鲁姆以东地区是俄国与土耳其的主战场，其中高加索地区的战斗虽然也比较激烈，但从大局来看并不是很重要。其余的战场规模也都较小，因此以下内容主要着眼于描述埃尔祖鲁姆以东地区的战况。当时德国和土耳其虽然并肩作战却目的不同。德国的目的是利用土耳其出兵俄国来分散俄国的兵力从而减轻自己的压力；而土耳其则是要利用俄德之间的斗争来扩张领土。俄国熟知它们各怀鬼胎，因此只用了一小部分兵力来防范土耳其的入侵。俄国之所以如此也是因为俄国确实没有多余的力量入侵土耳其，因此只希望能抵御土耳其的入侵即可。

两国开战之后，俄军抢占了先机，将土耳其军队压钳制在埃尔祖鲁姆方向。随后土耳其大军从俄军背面进行大迂回，企图切断俄军从第比利斯到卡尔斯之间的联络通道。早已察觉土军目的的俄军于1914年11月20日向东撤去。于是土军顺势挥兵向霍拉桑进军，其中一部由霍拉桑向距此往北六十公里的奥尔图方向集中；另有一路军则在两者中间列阵以待；还有一路部队向东边的卡尔

阿尔达汉战役

斯方向进发，准备采取攻势；最后一路大军则从君士坦丁堡驰援而来，企图从阿尔达汉方面破坏第比利斯与卡尔斯之间的铁路。

向阿尔达汉进军的土军遭到俄军的阻击，双方大战七日，最终土军于1915年1月1日占领该城。两天后的1915年1月3日，俄军大举反攻又夺回该城，并顺利地切断了土军前进的路线。阿尔达汉方向打响战斗的同时，在卡尔斯列阵的土军开始将其左翼向南伸张，企图与镇守在霍拉桑的友军一道包抄俄军。土军按照计划于1915年12月6日至1916年1月2日对俄军发起了猛烈的攻击。在1916年1月1日、2日的战斗中，土军全线溃败并全部退回土耳其境内，开始以埃尔祖鲁姆东北方向为中心构筑防御阵地。此后土军开始加强防卫，做出要打持久战的态势。1915年3月、5月及8月，两军均多次尝试对敌攻击，但也仅限于一些你来我往的拉锯战而已，都对局势没有造成根本性的改变。

第2节　苏伊士运河是英国的东方咽喉

土耳其军队在埃及方面对协约国开展军事行动，首先攻击的便是英国。战争的爆发使英国对苏伊士运河的控制权受到了来自土耳其的严重威胁。每年通过苏伊士运河的船约四千五百艘到五千艘，总吨位约一千六百五十万吨到一千八百万吨。其中仅英国的船就有一千一百万吨之多，约占总数的近三分之二；而德国仅为两百多万吨。因此，如果苏伊士运河的控制权落入土耳其之手，那么英国的船进出东方的路线就必须远绕非洲好望角。如此一来，从印度洋向英国航行的船就会多花二十五到三十天的时间，这必然会带来运输成本的上升，进而给协约国方面造成经济上的巨大打击，其中工商业必然首先受到冲击。此外，苏伊士运河是防守埃及的第一道防线，如果苏伊士运河不保，则英国就极有可能会失去埃及。因此德国极力怂恿土耳其攻占苏伊士运河也就在情理之中了。

然而，由于苏伊士运河有天然的防御屏障，因此土军没那么容易得手。其中西奈半岛的大沙漠就是护卫苏伊士运河的第一道天险。从沙漠进军自古以来就困难至极。据传昔日的波斯帝国冈比西斯二世派兵远征埃及时，由于途中遭遇了沙尘暴，致使其十万大军全被沙漠吞噬，无一生还。因此沙漠又被称为陆地上的“障碍之王”，甚至比喜马拉雅山脉和阿尔卑斯山脉都有过之而无不及。从沙漠进军首先需要解决的便是士兵和马的饮水问题，而人马的给养及武器弹药等辎重的运输也十分不便。此外，土耳其从叙利亚出发向苏伊士运河进军只有两条险恶的商道可行。其一便是从地中海沿岸向苏伊士运河北部进发，其二则是从红海东北部的亚喀巴湾向苏伊士运河南部进发。第一条路线约二百公里，从阿里什附近向坎塔拉方向进军途中有四个饮水地，这也是拿破仑·波拿巴曾经用过的进军路线；第二条路线约八十公里，由亚喀巴出发经内克尔到达苏伊士城。这条路线中间有三处水源地，其中的内克尔水源地建有要塞，由英属埃及军队把守。因此，对于土耳其而言，第一条进攻路线最合理。

第3节　土军远征苏伊士运河失败

1915年1月，土耳其以艾哈迈德·杰马尔帕夏为总指挥，率领一万两千名士兵，兵分三路从陆路进攻苏伊士运河。其右路军从阿里什出发，经哈斯纳向坎塔拉进发；左路军是一支小部队，从亚喀巴出发向内克尔前进；中路部队作为土军主力从哈菲尔·奥贾出发向伊斯梅利亚和图苏姆进军。此外，土耳其还派遣一股小部队进攻西奈半岛西南部的图尔。此时的德军将领埃里希·冯·法金汉作为军事顾问带领一名随从参谋，在耶路撒冷南部的贝尔谢巴地区进行遥控指挥。

艾哈迈德·杰马尔帕夏

苏伊士战役中的英军

一开始土军运气不错，进军比较顺畅，不仅没有遇到经常出现的遮天蔽日的漫漫黄沙，而且粮草供应充足，饮水供应及时。1915年1月27日，土军的右路部队在哈斯纳附近与英军交火。随着时间的推移，战斗地点逐渐向西偏移。1915年2月2日，正在突进的中路部队与英军的中路部队交火。当日大风猎猎，黄沙漫漫，遮天蔽日，战斗双方虽近在咫尺，竟难以互相辨别。土军认为这是一个好机会，计划在图苏姆附近偷偷架桥，夜袭英军。为此，土军首先派遣掩护部队用渡船横渡苏伊士运河。不料行动暴露，掩护部队全被英军活捉，导致土军的架桥偷袭计划泡汤。1915年2月3日早上，英军已将其右翼列阵塞拉皮姆并严阵以待。土军对英军集结地进行了猛烈炮击，但没有取得预期效果，反倒被驰援而来的英国海军舰队一顿炮击。土军大败，最终导致计划失败。此后土军再次试图从图萨姆附近向赛拉图姆方向进攻，同时英属埃及军队也开始从赛拉图姆及其附近地区向土军发起反击。经过激战，土军的进攻被阻止，并于1915年2月3日下午败退。而土军的右路部队也受到了英军炮火的猛烈阻击，加上道路泥泞不便进攻，土军便停止了攻击，也于1915年2月3日败退下来。

英土两军在苏伊士运河方面的战斗就此宣告结束。1915年2月4日，英属印度军队开始对败退的土军展开全面追击。土军一路向东逃窜，逃至离苏伊士运河约四五十公里地方之后才脱离追击。此后土军打道回府，逐渐向叙利亚方向撤退。根据统计，此次战役中土军遗弃的死伤者有三千人之多。此外还有六百名士兵被英军俘虏，三千挺机关枪及若干军需物品被英军缴获，其中不少骆驼也成为英军的战利品。

不甘失败的土军以叙利亚边境附近的既有铁路线为中心，向西奈半岛方面架设了若干铁路支线，并于1915年3月下旬再次派遣一支部队向苏伊士运河进发，不料被英属埃及军队一举击溃。由于当时已经进入夏季，而土军认为夏季不利于作战，因此在1915年4月和5月停止了在西奈半岛的军事行动，并将驻扎在叙利亚的多数军队转移至达达尼尔方向，预防英法军队对达达尼尔海峡的攻击。

第3章

达达尼尔海峡大战

第1节 天险、要塞和防御体系

协约国方面为了打通地中海与黑海之间的通道从而建立俄国与英法之间的联系，决定由英法两国派出海军组成联合舰队对达达尼尔海峡发起攻击。从地图上来看，地中海和黑海之间隔了一个马尔马拉海。马尔马拉海的西南部通过达达尼尔海峡与地中海相连，东北部由博斯普鲁斯海峡与黑海相通。马尔马拉海四周均是土耳其的领土，因此，若想打通地中海与黑海之间的海上联络通道，就必须先突破这两个海峡。这两个海峡两侧都设有炮台，守备异常严密。由于博斯普鲁斯海峡比达达尼尔海峡更重要，因此这里守备力量也更强大。

原本英法两国基于自身国家战略考量，认为让土耳其控制俄国进出地中海的通道对自己有利，因为这样就可以有效遏制俄国的对外扩张。然而未承想到的是，土耳其竟成了德国的“属国”，还成了自己的敌国。而自己的盟友俄国从南部经黑海的对外贸易通道被牢牢地锁死了。英国民众所需粮食的三分之一来自俄国，俄国被封锁后英国的日子也就非常难过了。相反，对掌握了马尔马拉海两岸的德国而言，南下中东的计划就变得容易多了。如此一来，无论是在经济上还是政治上，英法俄三国之间的利益空前一致起来，因此英法两国开始谋划通过海军夺取达达尼尔海峡。当然，能否按照计划顺利地拿下达达尼尔海峡，首先还要看如何克服达达尼尔海峡带来的困难。此外，由于俄国对外贸易的三分之二通过马尔马拉海的两个海峡进行，因此俄国也亟须得到对该地区的控制权，毕竟这事关俄国的生死。当然，英国想不想满足俄国的要求也是一个很大的问题。

要想从爱琴海向东到达君士坦丁堡，就必须经过达达尼尔海峡和马尔马拉海。达达尼尔海峡古称赫勒斯滂，是连接爱琴海和马尔马拉海的重要海上通道。达达尼尔海峡比较弯曲，长约六十五公里，最宽处约六点四公里，最窄处仅有一点二公里宽，位于距入海口约二十二公里处。达达尼尔海峡水流平均速度约一点五节。当刮起北风时，受风速影响，水流速度会增加三倍。达达尼尔海峡水深约五十七米到九十二米，很多地方浅滩较多。由于达达尼尔海峡水道狭窄、水流湍急且很多地方暗流涌动，因此并不适合大船通行。此外，海峡内天气变化异常，一年中有九个月时间会刮东北风，也经常突然刮起南风，并且一刮起来就长达三到九天不等。不定的气候、善变的大风、遮天的浓雾等不利因素，导致在航海技术尚不发达的时代，海军的行动变得异常困难。

达达尼尔海峡一侧的加利波利半岛如同一条从欧洲北部向南吐出的长舌头，其最宽处约十九公里，最窄处仅八公里。因此军舰在达达尼尔海峡内开炮，炮弹可以越过加利波利半岛上空而攻击到半岛另一侧的目标。达达尼尔海峡亚洲一侧的海岸比欧洲一侧的海岸低，且树木繁多。加利波利半岛上多是碎石，且断崖较多。由于达达尼尔海峡两岸地势较高，非常适合构筑炮台攻击敌舰并掩护己方舰队。

达达尼尔海峡两岸建有要塞，可大致分新旧两部分。其中古城是征服了君士坦丁堡的穆罕默德二世于1462年所建；新城建于海峡的入口处，于1659年建成。另有新要塞在英国人的指导下于1864年开始动工，共花费十七年时间建成。1878年签署《圣斯特法诺和约》后，德国又开始在海峡沿岸建设新的要塞。要塞建成后配备了威力巨大的克虏伯大炮。

在1915年春季，这些要塞的武备情况如下。

位于欧洲一侧的基利迪尔巴希尔和位于亚洲一侧的恰纳卡莱之间的海峡入口各有两处共四座堡垒，其中有十点二厘米口径炮十二门、九点二厘米口径炮四门、六厘米口径炮两门。再往海峡深处而去，亚洲一侧的达达尼尔丘陵附近也建有一座堡垒。此外在恰尔达克附近也建有两座堡垒，共有大小炮二十门。因此在达达尼尔海峡两岸，共有大小口径炮八十四门。1914年战争爆发后，德国将最新式的克虏伯大炮及榴弹炮、重型臼炮等重武器配备到沿岸各要塞中。不过由于武器型号众多，反倒给德军的行动带来诸多不便。此外还配备有探照灯、电话机、测量仪等各种辅助设备，地基也由钢筋混凝土浇筑而成。这些炮台是难以从海上发现的，不过还是可以根据建在炮台后高地的兵营的位置来推测炮台的位置。这些兵营同时也能起到监测海峡中航行的船的作用。其中的一个炮台全部由德国人把守，其余的炮台则由受过德军训练的土军把守。此外，榴弹炮处于德军的指挥之下，由德国海军的炮手操控。

第2节　英法联合舰队发起攻击

1914年11月3日，英法联合舰队开始对达达尼尔海峡入海口处的要塞发起攻击，但随后进行的数次战斗均规模不大，真正大战发生在1915年的2月19日。1915年2月19日当天，英国的战列舰和巡洋舰在法国海军分遣舰队强有力的支援下，从海上远远地向沿岸堡垒发动炮击。由于英法舰队没有进入堡垒岸炮的射程，因此堡垒守军没有应战。当天下午，英法舰队向前推进至可以炮击第二线炮台的位置。英法舰队进入射程后，德土两军开始从海峡两侧的炮台开火。激战后不久，欧洲方面的炮台便沉默了，只剩亚洲方面的炮台还在还击。在当天的战斗中，英法舰队给炮台造成的损害并不是很大，参与炮击的八艘英法军舰当然也没有受到任何损伤。此后英法军舰的攻击断断续续持续到1915年2月25日，并最终使敌方四个炮台全部哑火。在此期间，英国的新式战列舰“伊丽莎白女王”号率领十二艘英军军舰及四艘法军军舰前来驰援。此战英军以死亡三人受伤五人的战绩获胜。此后，英法联军为摧毁敌军的堡垒，准备进行登陆作战，但在登陆攻击的过程中因遭到土军的反击而败退。

在将达达尼尔海峡入口及两侧的敌军堡垒破坏大半后，英法舰队开进达

“伊丽莎白女王”号

达尼尔海峡内部，开始进行水雷扫除工作。1915年3月1日，三艘英舰从达达尼尔海峡内部对亚洲一侧的达达尼尔堡垒进行攻击。该堡垒位于丘陵的最高处，内设垂直炮塔并配有六厘米口径炮。英法舰队的扫雷作业和对达达尼尔堡垒的攻击活动一直持续到1915年3月5日。其间，法国海军分遣舰队和“伊丽莎白女王”号从加利波利半岛北侧的萨罗斯湾隔着加利波利半岛对盖利博卢堡垒进行间接射击。英军为此出动了航母和飞艇。飞艇攻击需要别人提供射击标尺，但提供准确的标尺需要时间，而飞艇又不能够长期滞空，因而没能对敌军堡垒造成任何损害。1915年3月8日，“伊丽莎白女王”号进入达达尼尔海峡内部，继续对盖利博卢堡垒进行远距离射击；其余舰艇则在继续对达达尼尔海峡南端的炮台进行攻击的同时进行扫雷活动，该活动一直持续到1915年3月18日。在此期间，海峡入口处的堡垒受损严重，而其余的堡垒则受损不大。德国与土耳其一方的死伤者也仅为二十三人和十八人。

第3节　英法发动总攻

1915年3月18日上午，英法海军开始对达达尼尔海峡最窄处发起总攻。参加攻击的有英舰十二艘、法舰四艘。其中“伊丽莎白女王”号从距达达尼尔海峡入口处约十五公里的地方带领三艘稍旧的英舰率先发动远程炮击；另有两艘英舰开进达达尼尔海峡内部后对诸要塞和炮台展开攻击。正午稍过，四艘法舰也相继开进海峡内部，并开至距离达达尼尔海峡最窄处南面约五公里的地方列阵。炮弹从堡垒中不断朝英法舰队射出，而法舰不停地运动着来躲避敌人的炮弹，最终法舰只被两三发炮弹命中。1915年3月18日13时25分，法舰“布威”号受损严重，又触发了水雷，随即沉没。此外另有两艘执行扫雷任务的英舰也触雷沉没。英舰“不屈”号也中弹受损严重，不过最终得以离开战场，停靠在不远处利姆诺斯岛上的穆兹罗斯港。法舰“高卢人”号也受损严重。当天的战斗一直持续到日落时分。

1915年3月18日的战斗以英法舰队的败退而告终。其中英军死伤六十一人，所幸沉没的两艘英舰上的乘员全部获救。但法舰“布威”号上的所有船员则随舰没入海中，全部溺亡。土军方面战死二十三人，负伤六十人。达达尼尔要塞炮塔上的六厘米炮虽然遭到了英法舰队的猛烈轰击，但并没有被摧毁。此外，位于欧洲一侧的三门十厘米炮虽然也受损，难以继续使用，但经过为时三周的修理后又全部可以正常使用。不过，炮台后面的土军兵营全部遭到了破坏。其中一个炮台的后部虽被八十六枚炮弹命中，但炮台本身毫发无损。此外，尽管有很多炮弹将地上炸出许多大坑，但用沙袋做的防护墙无一被打穿。有鉴于此，土军于1915年3月18日之后将炮台的外前壁全部用沙袋做了防护，并将炮台内部的大房间也用沙袋隔离成好几个小房间。

达达尼尔海峡之战是在此次战争中通过军舰对海岸要塞进行攻击的唯一战例，当然日军在青岛攻击德军要塞也算其中之一，但由于规模太小，不值一提。海岸要塞本身的目的在于护卫己方的民用码头、军港及舰队，德国舰队就是得益于海岸要塞的庇护，才使各方面占优的英国舰队没能靠近自己。因此从此次战斗来看，要想单纯以军舰来攻陷有一定武装防护的海岸要塞还是十分困难的。同时也说明，海军的主要任务还是应该放在通过对陆攻击，为己方部队提供掩护和保护己方的交通线。

此次战斗虽然英法舰队的攻击异常激烈，但达达尼尔海峡入口处的各个要塞堡垒并没有被简单地摧毁，达达尼尔海峡最窄处的堡垒更是几乎没有受损，这主要是因为入海口外侧的海面比较宽阔，便于英法舰队灵活机动，可以有效规避从堡垒射来的炮弹，并且可以随时退至敌方射程之外，同时也没有触发水雷之虞。相反，进入海峡内部的舰艇不仅要受到来自水雷的威胁，还要完全承受来自两岸堡垒的炮击，因此海峡内部很明显对于守方有利，且岸上堡垒配备的武器装备完全不亚于英法舰队的火力。因此，在这种遭到水雷、潜艇及岸炮轮番攻击的不利条件下，英法舰队失败而归也是理所当然的。

第 4 章

达达尼尔陆上之战

第1节　加利波利半岛局势

由于英法舰队1915年3月18日的行动失败，迫使英法联军开始实施加利波利登陆计划。加利波利登陆计划实际上早在1915年3月18日之前就已经制定完成，英国为此已经从本土向埃及调遣了许多兵力，并且将驻扎在埃及的澳大利亚及新西兰军划拨给了该计划，统一由伊恩·汉密尔顿将军亲自指挥。法国为了该计划也开始从本国派遣部队，并与阿尔及利亚军组成了一支联合远征军。该远征军事先已经被运送至埃及的亚历山大港，并在此等待下一步的命令。由于1915年3月18日英法海上攻击的失利，伊恩·汉密尔顿决定加快登陆作战的进程。英法联军决定首先从达达尼尔海峡西面的利姆诺斯岛的穆兹罗斯港登陆。然而，由于英国运兵船出现状况，影响到了强行登陆计划。加之穆兹罗斯港本身停泊条件欠佳，导致英军运兵船又折返回了亚历山大港，这一来二去就白白浪费了一个月的时间。而土耳其军队则利用这个机会好好地做了一番防御准备。

从加利波利半岛的地形来看，该半岛是一个高约三百米的山丘。半岛最南端是一个叫阿奇巴巴的山丘，高约一百八十米。达达尼尔海峡最窄处的西侧是基利迪尔巴希尔高地，高约二百米，可以阻挡从爱琴海一侧飞来的炮弹，从而庇护高地下的堡垒。此外，海峡最窄处的西北方向是赛迪尔巴希尔高地，高约近三百米。这三个高地是英法联军进入达达尼尔海峡最窄处前必须拿下的。但这些高地附近峡谷众多，不但没有什么道路，且荆棘密布。高地临海一侧则是高大而陡峭的悬崖，且中间还有着诸多凹地。土军就隐藏在这些凹地里，并在每个凹地里都配上了数挺机关枪。土军还用三到六门野炮牢牢地控制住了通往此处的通道。

当时英军除了本国军队还有英属印度、澳大利亚及新西兰兵共计约十万人；法军约三万五千人。而土军数量远远超出了英法方面的预料，仅欧洲一侧土军就多达十五万之众，此外还有若干的德国援军。

综上所述，加利波利半岛周围悬崖林立，且缺乏好的登陆地点，加之土军还挖筑了许多战壕并拉上了铁丝网，整体防守非常严密。伊恩·汉密尔顿将军认为应事先选定几个登陆地点，然后全军一拥而上同时登陆。经过考察，英

伊恩·汉密尔顿

法联军最终选出了五个地势较低的海岸及赛迪尔巴希尔高地西岸的两个沙滩作为登陆地点。如果英法联军能顺利登陆，然后再从半岛南部向北部顺利推进，并尽数占领半岛上的高地的话，就可以居高临下随心所欲地引导己方舰队对敌方进行攻击。

第2节　英法联军强行登陆

英法联军决定于1915年4月25日强行登陆加利波利半岛。登陆战自古以来屡见不鲜，但敢于从加利波利半岛南端登陆还是勇气可嘉的。由于实施此次登陆的士兵大多是开战后才征召入伍的新兵，不仅没有经过严格的军事训练，对军纪还多有不满，甚至校级军官也都是不久前才由尉级军官火速提拔起来的，因而缺少必要的军事理论知识和实战经验。英法联军事先对将要登陆的地点用舰炮进行了数轮轰击，土军要塞的大炮在炮击中大部分被摧毁，但守军和机关枪等武器受损不大。加利波利半岛沿岸仍有地雷，近海还有水雷，防备非常严密。即便如此，在舰队首先开始对敌轰击三十分钟后，英军毅然于1915年4月25日拂晓时分开始从加利波利半岛南部的五个地点强行登陆。参加此次登陆行动的各路部队十分勇敢，从莫尔托湾登陆的三支部队共七百五十人以死伤五十人的代价成功登陆。从西面登陆的两支部队共两千人，一开始也趁着敌人防守薄弱之际得以顺利登陆，但后来由于遭到了猛烈反击，在苦战不利死伤甚多的情况下被迫又乘船退回到海上，并最终于当天傍晚时分才得以再次登陆。其余各登陆部队也都不顾伤亡奋勇战斗从而得以上陆。1915年4月26日，在舰炮的掩护下，登陆部队开始构筑营寨。1915年4月27日，各部队之间协同配合，继续向前推进，最终将半岛南部地区控制在了自己手中。1915年4月28日，联军的第一次克里希亚登陆作战也取得了不小的战果。

1915年4月25日，伊恩·汉密尔顿又命令澳大利亚与新西兰军队开始登陆，其目的在于迅速拿下赛迪尔巴希尔之后攻陷土军的梅朵斯据点，从而断绝加利波利半岛与土耳其本土之间的联系。如果计划成功则英法联军就能一举占领整个加利波利半岛上的所有堡垒。当时的赛迪尔巴希尔附近，土军的高地防御工事还不够完备，因此伊恩·汉密尔顿决定乘虚而入。伊恩·汉密尔顿首先派遣三万五千名澳军向赛迪尔巴希尔高地脚下的海边前进。由于此处的海岸线十分陡峭险峻，因此土军对此地的防御不太重视，一下被出其不意攻击而来的澳军打了个措手不及，败下阵来。一万两千名澳军及两个山炮中队得以比较轻松地完成了登陆。1915年4月26日11时左右，两万多土军前来增援，企图发起反击夺回阵地，在英法舰队的炮击之下没能成功。阵地依然牢牢地掌握在澳军手中。

为了牵制亚洲一侧的基米巴希尔堡垒，1915年4月25日，法军决定从库姆卡莱登陆。但次日由于遭到了土军的反击，登陆的法军损失了七百五十人，约占其登陆总人数的四分之一，该部法军被迫乘船退回海上。此后法军又重整旗鼓，沿着英军的登陆地点开始登陆。

第3节　陆上之战

1915年4月28日，英法联军从基米巴希尔以北约五公里处开始以横断整个加利波利半岛的方式向北推进，但其占领阿奇巴巴高地的计划没有成功。与此同时，已经从西海岸成功登陆的部队按照计划继续向前推进，但在遭受土军强力阻滞之下，只能维持住一个半圆形的阵地进行防守。此后两军形成了对峙局面，土军坐拥精兵两万四千名，牢牢控制着基米巴希尔附近区域，没能给联军任何再次行动的机会。

1915年5月5日，英法联军部队全部登陆完毕。英国方面的报告显示，到目前为止，英军共损失军官六百零二人，士兵一万三千三百七十七人，约为全体兵力的13.5%。而土军从1915年4月25日至27日共计损失约一万八千人。

1915年5月5日，联军开始朝克里希亚城及阿奇巴巴高地进军，但最终失败。1915年5月18日，三万土军开始袭击澳纽军团湾（澳大利亚和新西兰联军登陆的地点，后来被称为澳纽军团湾）的澳洲军（澳大利亚和新西兰军）

英法联军在加利波利半岛登陆

的登陆地点。澳洲军经过奋战，击退了土军。此役土军死伤七千人，澳洲军死伤五百人。此后小规模战斗接连不断，到1915年5月31日，英军共死伤三万八千余人，其中包括军官一千七百余人；此外法军伤亡五千余人，土军死伤六万余人。

1915年6月4日，英法联军对基米巴希尔展开总攻。右翼由两个法军师构成，其余战线由两万四千名英军构成。横断式攻击战线从克里希亚南部开始向加利波利半岛的东南方向延展，并扩展至基米巴希尔，共长达六公里。此间由于风传德国潜艇前来助阵，于是英法联军方面的大型运输船都撤回到了穆兹罗斯港待命，登陆联军所需的给养均由小船负责运送。1915年6月30日至7月2日，土军在穆斯塔法·凯末尔的指挥下对克里希亚进行大规模反攻。由于联军

穆斯塔法·凯末尔

防御得当，最终击退了土军，并打死土军五千五百人，打伤一万五千人。至1915年7月18日，英军共死亡四万九千人，其中包括军官两千一百余人。

1915年8月6日，英法联军发动总攻，并一度占领了赛迪尔巴希尔高地，但不久又被占据优势的土军夺回。败下阵来的英法联军在山腰处勉强站住脚跟，至此双方结束了此次战役。在此役中，英军用过的一个奇谋值得一提。英军在正式攻击前，在每晚的21时到21时30分之间，在探照灯的照射下，用舰炮对土军的某一个阵地固定进行两次各约十分钟的轰击。在总攻的当晚，已经做好夜袭准备的英军悄然靠近土军阵地，炮声一停就立即对土军阵地展开了突袭。已被英军的定时定点炮袭麻痹的土军早就为躲避炮击而撤出了阵地，从而使英军轻而易举地占领了该阵地。

第4节　苏弗拉湾登陆

1915年8月初，有五个师的兵力从英国本土前来增援。英军司令伊恩·汉密尔顿命令该部从苏弗拉湾进行登陆，重启了被一时中断的加利波利半岛占领计划。苏弗拉湾位于澳纽军团湾以北约六公里的地方，是一个战略要地。英军于1915年8月6日2时10分开始从三个海滩分别进行抢滩登陆。至1915年8月7日，有两支登陆部队成功登陆。与英军预判大致相仿，此地约有四千名土军驻扎，并配有大炮数门。英军登陆后虽然情况比较混乱，但总体而言算是成功登陆了。然而，登陆后的英军却基本丧失了立即发动进攻的能力，因为当时大军处于炎炎烈日的暴晒之下，酷热难当，加上饮水匮乏，导致士兵口渴难耐，无力进攻。当运水船到来后，口渴难耐的士兵们完全无视长官的命令，争先恐后地朝水槽涌去，这导致英军完全丧失了进攻的意志和阵型。

苏弗拉湾登陆是加利波利会战的关键部分。上述登陆部队则是使该战略出奇制胜的“奇兵”，事关整个加利波利会战其他部队的安危。英军原先的计划是让该部在登陆后，趁土军援军未到之际，向前一举攻占安纳法尔塔高地，然后与澳洲军协同拿下赛迪尔巴希尔高地。1915年8月7日，登陆的英军军长虽然向各师师长下达了进攻命令，但各师师长以队伍混乱队形不整及缺乏饮水等理由，没有执行命令。军长虽然对此有所不悦，但也没有继续要求部下执行命令，从而错失了战机。相反，土耳其军队则利用这一间隙不断增兵，从而逐渐取得优势。伊恩·汉密尔顿非常着急，甚至亲自要求军长下达前进命令。但军长并没有打算执行命令的意思，伊恩·汉密尔顿转而向各师师长直接下达命令，但各师长同样以天色渐晚不利进攻等为由拒不执行命令。焦急万分的伊恩·汉密尔顿怕贻误战机，转而向一个旅长下达进攻的命令，但该旅长以需要准备时间为理由进行拖延，第二日拂晓方才开始进军。此时得到大力支援的土军士气大振，对英军的进攻展开激烈反击，并最终将英军击退。

最终，英法联军在加利波利的攻击非但没有取得成功，反倒损失巨大。德国的统计显示：1915年8月30日，驻守基米巴希尔的英法联军约有两万到两万五千人，其中九千人为法军。这些兵力是原先三万五千人死伤后剩下的。此外澳纽军团湾有九千人，苏弗拉湾登陆军有七万人。1915年8月30日之后就没有其他援军到来支援英法联军了。此后一直到1915年11月9日，英军在与土军进行的阵地战中又损失约十万六千余人。1915年12月20日，苏弗拉湾及澳纽军团湾的十万兵力由于有了新的任务，从加利波利半岛上撤了下来。1916年1月9日，位于基米巴希尔的英法联军部队也全部撤了下来。

第5章

达达尼尔之战的影响

第1节　英法联军的失算

英法联军的最初计划是：以五十只舰船组成的庞大舰队进行密集炮击，摧毁敌军海峡两岸的要塞，从而控制整个达达尼尔海峡。然而，当发现只用舰炮并不能达到预期效果时，英法联军转而动用好几个军的陆军兵力进行登陆作战，企图一举攻占敌方的所有堡垒要塞。英法联军不顾伤亡损失，冒着敌人的猛烈炮火从正面强行登陆。英法联军之所以如此性急，主要目的是抢在土耳其援军从君士坦丁堡出发赶到战场前完成登陆计划。然而，由于登陆计划没能成功，英法联军随之变更了作战计划。这次行动的目的是要断绝君士坦丁堡与加利波利半岛上敌军要塞之间的联系。英法联军之所以变更计划，其原因正与土军能源源不断得到增援相反，英法联军方面死伤日益严重，且没有任何增援。因此切断土军的增援通道就成了英法联军的唯一希望。虽是马后炮，但如果英法联军反转作战顺利的话，或许结果就会不一样。也就是说，要想攻下敌人要塞，首先有必要先对敌军要塞进行围困，然后不断进行围攻。如此一来，敌军势必兵力日减，武器给养也必定日益匮乏，最终不断弱化的敌军要塞就会顺理成章地陷落。当然，切断土军前后方的联络通道是进行要塞孤立的先决条件。然而，由于英法联军没能事先切断达达尼尔海峡两侧诸要塞与小亚细亚和马尔马拉海方面的联系，因此即便英法联军切断了敌军在加利西亚半岛上的联络通道，也并没能做到完全切断各要塞与外部之间的联系。同样，如果英国潜艇能够在马尔马拉海进行活动的话，几乎就能有效限制土方对小亚细亚和马尔马拉海的利用，这也是英法联军的一大失误。此外，对英法联军而言另一个不利因素是，每次选择的登陆地点都过于接近敌军要塞。因此英法联军不光死伤惨重，而且没有时间做要塞攻击的准备。但凡围攻要塞的基本原则都是首先要与敌人要塞保持适当的距离，再占据有利地形构筑阵地，然后在做好自我防护的同时对敌人展开攻击。然而，遗憾的是英法联军的战法完全违背了该原则。

再从英法联军的舰炮攻击战术来看。舰炮首先要全力掩护己方士兵进行登陆作战，然后己方军队再向前推进。当己方部队全力攻打敌方堡垒时，舰炮要和陆上炮兵协同开火，猛烈轰击敌方堡垒，这一点英法联军也没有做到。英法海军于1915年3月开始的长达一个月的炮击行动非但没有取得预期效果，反倒暴露了己方的作战意图，让土军提高了警惕，使后来进行的登陆作战陷入被动。自古以来的一条重要军事经验——军舰与陆上炮台之间的互攻，往往是军舰吃亏。英法联军之所以明知故犯，必然是因为轻敌所致。

第2节　间接效果显著

遗憾的是，英法联军对达达尼尔海峡的三次攻击均以失败告终。然而，英法联合舰队对达达尼尔海峡及士麦拿（今土耳其伊兹密尔）沿岸地区的攻击从其他方面来讲是收获颇丰，因为这极大地震慑了一直左右摇摆的意大利及其他巴尔干诸国。从当时的战局来看，在西欧的法比战场，德国自马恩河战役之后就丧失了往日的锐气，转而与协约国一方进行阵地对峙；在东欧的俄国战场，继奥匈帝国军队在加利西亚大败之后，德奥的第一次联合攻击也失败了，第二次进攻虽有所斩获，但在波兰平原方面也被迫与俄军陷入阵地战。此外，土耳其军队于1915年2月初在埃及发起的意在夺取苏伊士运河行动也全部以失败告终，并全军撤退回国。而就在此时，英法竟然还能组织起多达五十艘的联合舰队，并雄赳赳气昂昂地对达达尼尔海峡发动进攻，这首先迫使意大利政府

达达尼尔战场上的德军重炮

必须考虑到当胜利的天平偏向协约国一方时，为了将来的国际地位，意大利应如何应对。当时奥匈帝国虽然频频与意大利进行交涉，并希望拉其入伙，但迫于形势，意大利决定不顾奥匈帝国的威胁与压力，统一国内舆论并最终加入协约国一方。此外，在当时的希腊，国内舆论也认为，此时正是参战的最佳时机。只是碍于希腊王后索菲是德皇威廉二世的妹妹，因此希腊国王康斯坦丁一世无法简单地与对德宣战的舆论同调，但私底下还是向协约国一方频频暗送秋波。同时，希腊政府也认为参加协约国一方对希腊有利。不仅仅是意大利和希腊，巴尔干诸国也看到了协约国一方的巨大优势，因而也都私下表示希望与协约国一方交好。如此看来，英法联军的达达尼尔海峡攻击行动带来的间接利益还是十分可观的。

作为达达尼尔海峡攻击失败的一个结果，就是英国海军军政部部长约翰·费舍尔因与海军大臣温斯顿·丘吉尔意见不合而辞职。关于此次失败，有评论者指出：这是军政当局对军略当局的无谓掣肘导致的。

第6章

意大利的参战之路

第1节　向奥匈帝国抗议

1915年5月23日，意大利对同盟国宣战。如前文所述，意大利背弃同盟国转投协约国是英法舰队攻击达达尼尔海峡的一个意外收获。在此次大战爆发之初，意大利意外地对外宣称局外中立，这种态度让德奥一方甚为迷惑。意大利之所以保持中立，是缘于意大利和奥地利之间的领土之争。一直以来，意大利的军事实力弱于奥地利。由于奥地利背后有一个强大的德国作支撑，因此意大利更深知自己难以靠一己之力发动战争夺得多年来梦寐以求的土地——特伦蒂诺和亚得里亚海沿岸，这才隐忍至今。战争爆发后，意大利国内的主战派认为时机来临。由于当时德奥军队在东西两面被协约国夹击，无暇南顾，因此很多人主张意大利应该尽快加入协约国一方征讨奥匈帝国。战争爆发时的意大利外交大臣安东尼诺·帕泰尔诺·卡斯泰洛虽然是个亲德派，但由于当时意大利国内的舆论天平已经完全倾向主战派一方，因而安东尼诺·帕泰尔诺·卡斯泰洛也不敢再明目张胆地表露出自己的亲德立场，只能发表声明表示意大利将恪守局外中立的立场。

其实意大利本是同盟国的一员，然而意大利公然违背盟约，没有尽到同盟义务。对此，意大利的理由是：俄国参战完全是因为奥匈帝国的侵略行为。我们三国在盟约中规定：当一国受到外部侵略时，彼此之间要进行善意的援助，并没有规定一定要加入盟国一方的对外侵略战争。奥匈帝国在对塞尔维亚下达最后通牒之前事先没有与我国进行磋商，此行为违背了第七条盟约。盟约第七条规定，意奥两国中的其中一国如果要通过武力一时或永久地改变巴尔干现状时，要事先与对方进行磋商并提供报酬。然而，奥匈帝国的所作所为完全违背了该条款。对于意大利的指责，奥匈帝国反驳称：第七条的报酬问题规定的只不过是在巴尔干半岛势力扩张的场合，因此这个问题是可以日后协商的。

大战开始两个月后，亲德的意大利外交大臣安东尼诺·帕泰尔诺·卡斯泰洛病故。如此一来，意大利国内的主战派就占得上风。主战派表示：如果想要意大利继续保持中立，那奥匈帝国就必须给意大利非常大的好处。奥匈帝国表示原则上可以答应意大利的要求，但具体好处要等到战争结束后再行协商。此后，随着意大利国内主战舆论的日益高涨，1914年12月月初，意大利首相安东尼奥·萨兰德拉在议会下院表示：意大利应当坚持武装中立的原则，因为将来时局的发展可能无法保证意大利的中立政策安全无虞。此后，意大利在开始积极备战的同时，外交的主要任务也转变为密切关注同盟国与协约国之间的战争形势上。

第2节　意大利国内的舆论

此时的意大利成了同盟国和协约国争相拉拢的对象。意大利国民也斗志昂扬，希望利用这次机会为意大利攫取巨大利益。同时，意大利政府也是野心极其膨胀，已经摆出了要求奥匈帝国割让特伦蒂诺的态度。

大战爆发之初，意大利国内舆论大概分为四种：第一种主张绝对中立，这一派主要是社会主义者和基督教教徒及亲德分子，其声势原本最大，但随着战争的进行而逐渐式微；第二种主张有条件地中立，这一派认为应首先通过外交手段满足国民的要求，迫不得已时也可以加入战争；第三种是绝对主战派，他们认为意大利一天不参战就会丧失一天的利益，因此主张意大利应该立即加入协约国一方参战；第四种主张有条件地参战，这一派认为虽然战争已经不可避免，但前提是要国民意志统一，精诚团结。持有不同主张的四派整日论战不

安东尼奥·萨兰德拉

休，其中二、三、四派是主流，且第四派人气最旺。意大利国民党、共和党、激进党、民主党、革新社会党及激进的青年学者们都是第四派的支持者。

此时的奥匈帝国处境已经非常艰难。加利西亚战役及对塞尔维亚的两次侵略也均以失败告终，因此奥匈帝国真正到了为笼络意大利而不得不割肉饲虎的境地。意大利看到奥匈帝国如此落魄，于是国内的主战舆论便更加高涨。1915年3月，一家报社发表了一篇慷慨激昂的社论，称："在如此千载难逢之际，意大利非但不去开疆拓土发扬国威，反倒在袖手旁观，这无异于坐以待毙。难道还要无限期地继续中立下去吗？这简直就是自缚手脚，日后意大利必将自绝于世界，未来必定落后于强国之林。战则生，不战则亡，意大利生死存亡在此一举！"受这篇社论的煽动，意大利青年纠集了几万人到议会门前进行了声势浩大的示威游行，要求意大利政府立即做出决断，与奥匈帝国开战。后来，示威人群又扬言说要去袭击奥匈帝国的使领馆。意大利政府对此采取了紧急行动，才没有使事情闹大。

第3节　意大利的最后通牒

一直站在奥匈帝国背后的德国政府对意大利国内群情激昂的状况忧虑不已。1915年3月19日，德国政府照会意大利政府，承诺等战争结束后将履行领土割让一事。1915年3月下旬，奥匈帝国政府向意大利政府提出了具体的方案，但该方案并没能满足意大利的胃口。1915年4月11日，意大利政府向奥匈帝国提出了自己的具体要求：

> 按照1811年确定的两国国境，将特伦蒂诺全部割让给意大利；以伊松佐河为界重新划定国境；允许的里雅斯特成为独立国家；割让科尔丘拉群岛给意大利。上述条件奥匈帝国要立即执行，并且要将正在奥匈帝国军队服役的上述领土出身者立即除队；奥匈帝国还应承认意大利对发罗拉地区的主权，并不再对阿尔巴尼亚进行任何干涉；奥匈帝国应解除意大利在三国同盟条约中的义务条款，并允许意大利在战争期间保持完全中立。同意以上要求后，意大利在战争期间不会就三国同盟条约第七条向奥匈帝国提出补偿问题，同时奥匈帝国也不应对意大利占领十二群岛一事提出补偿。

1915年4月18日，意大利国内的主战派势力已经难以控制，两国边境部队也频频爆发各种小冲突，大战已迫在眉睫。由于奥匈帝国的回答没能满足意大利的上述要求，于是意大利于1915年5月3日向奥匈帝国下达了最后通牒，称：

> 1914年夏，奥匈帝国政府在未经任何事前协商的情况下，突然向塞尔维亚下达最后通牒，此通牒是导致此次世界大战爆发的根源。也就是说，奥匈帝国政府违背了同盟条约，使巴尔干局势大乱并严重损害了意大利的利益。因此，意大利政府拒绝以盟国身份出战是理所当然的。由于我国爱好和平，因而我方降低要求，希望能

> 与贵国通过和平手段解决在亚得里亚海的利益纷争。然而遗憾的是，我方做出的种种努力均被贵国完全拒绝。在历经数月之后贵国才终于承认我国在十二群岛的特殊权益，而且准备割让给我国的里雅斯特也全是没什么价值的地方，并且还必须等到战后才能交割。因此，我方不得已放弃与贵国的协商并撤回一切提议。在此，我国正式宣布退出同盟条约并不再受条约限制。意大利政府相信这是我们应有的权利，意大利政府将不再维持这有名无实的同盟关系。

奥匈帝国对此感到十分震惊，于是开始对意大利的要求做出若干让步，希望能与意大利重启谈判。然而，意大利国内开战之势已成定论，覆水难收。安东尼奥·萨兰德拉政府也认为大战已不可避免，于是开始为开战做准备。形势眼看越来越危急，威廉二世给意大利国王维托里奥·埃马努埃莱三世写了一封亲笔信，希望意大利能回心转意。同时意大利国内的反战派也开始加紧活动，发起各种反战运动。安东尼奥·萨兰德拉感到形势的发展已经超出了自己的控制范围，于是在1915年5月15日正式召开国会之前的1915年5月12日辞职。如此一来，意大利国内的情绪变得愈加高涨与混乱起来。下议院议长临危受命，开始组阁。但不久后又马上辞职，一时间意大利陷入了无政府状态。主战派在罗马及米兰进行了大规模的示威游行，并最终演化成暴动。在意大利国内眼看就要引发内乱的危难之际，忧心忡忡的意大利国王维托里奥·埃马努埃莱三世劝安东尼奥·萨兰德拉再次出山。安东尼奥·萨兰德拉虽然一度拒绝了国王维托里奥·埃马努埃莱三世的要求，但由于最终找到了各方都满意的妥协点，还是决定复任。在1915年5月20日召开的国会上，参战的动议得以通过，意大利决定参加协约国一方，与同盟国作战。

第4节　意大利宣战

奥匈帝国在接到意大利最后通牒后，于1915年5月21日进行了答复，称：

我国政府之所以对塞尔维亚采取军事行动，是因为塞尔维亚人喜好过激之事和革命活动。我国为了维护自身的权利而不得已采取行动，以此制止塞尔维亚分裂我国土的行径。我们相信在这一点上，对意大利的利益没有任何损害。我国也曾事先声明称，只想进行有限的军事行动，无意侵犯塞尔维亚的领土主权与治权，万没想到战争突然扩大并波及整个欧洲。当时贵国政府与我国政府没有做任何协商就突然宣告中立，从贵国外交大臣当时的声明及贵国国王陛下给我王发送的电报完全可知，贵国政府并没有认为我国对塞尔维亚的行动违反了三国同盟条约，并且贵国当时也没有通过文件形式正式通告我国，认为我国的行动违反了条约的某条明文规定。虽然我国政府认为贵国突然宣布中立一事违反了条约的精神，但出于对贵国的尊重，我国还是希望通过协商使三国继续维持同盟关系。然而，后来贵国突然以第七条为由要求我国提供补偿，我国政府在同意了贵国要求的同时，希望贵国也能够尊重一下我国的正当权益。我国多次希望能与贵国继续保持同盟关系，然而贵国又向我国提出特别要求，要求我国割让领土予贵国。我国政府从大局出发决定让步，但考虑到当时实际情况，我国一时无法立即割让领土给贵国，因此才提议战后再履行此承诺。但贵国对此表示不满，并向我国发出通告，终止协商，我国政府对贵国的说辞无法理解。三国同盟条约规定于1920年到期，因此贵国的提前毁约行为是违法的。

意大利政府在接到上述回复后于1915年5月22日召开御前会议并最终做出决定，于1915年5月23日向奥匈帝国宣战。1915年5月25日，意大利向德国政府发出通告，宣布正式退出三国同盟。

第7章

意奥边境之战

第1节　阿尔卑斯山脉与伊松佐河

由于意大利事先就已经做了战争准备，所以在1915年5月23日对奥匈帝国宣战的同时，还派遣一部分部队向南集结，并将其余部队向意大利北部的波河地区移动。意大利国王维托里奥·埃马努埃莱三世亲自督战并任命路易吉·卡多尔纳将军为总参谋长。1915年5月30日，意大利完成战争动员，开始向奥匈

路易吉·卡多尔纳

帝国进军。意军东路部队跨过伊松佐河侵入奥匈帝国境内，而西路部队则由加尔达湖方向向特伦蒂诺地区进军。此外，另有一小股部队向位于两国边境中部的阿尔卑斯山区进军。

由于当时奥匈帝国军队的主要任务是在俄国边境地区与俄军对阵，因此对来袭的意军只能采取防守态势。奥军将其防守兵力集中到莱巴赫平原地区，并以伊松佐河东面为主阵地。同时，一部分德军向巴伐利亚南部边境地区集结，这样排兵布阵可以照顾到特伦蒂诺地区的奥军。伊松佐河东面的奥军由康拉德·冯·赫岑多夫将军指挥，特伦蒂诺方面的奥军由奥匈帝国的欧根亲王任

康拉德·冯·赫岑多夫

总司令，并由在波兰战场作战的维克多·丹克尔·冯·克拉希尼克将军负责督军。意大利东面的部队于1915年6月上旬由伊松佐河河口地区沿西岸展开。进入1915年7月后，意大利国王维托里奥·埃马努埃莱三世到伊松佐河畔的一线部队视察并鼓舞士气。此后两军虽数次交手，但奥军凭借天险严密防守，致使意军无甚斩获。进入1915年10月下旬后，意军从卡尔索高地至伊松佐河正面一线，用数千门大炮猛烈攻击奥军阵地，但仍旧没能攻下奥军阵地。

原本计划于1915年6月中旬后向特伦蒂诺地区北进的意军，从加尔达湖东面附近开始向北推进，其目的是要占领特伦蒂诺要塞。但由于奥军有天险固守，因此意军围攻了数月也没有取得任何效果。1915年10月下旬，意军利用其东面部队正在大举进攻伊松佐河地区为契机，在特伦蒂诺方向发动总攻，并最终占领了加尔达湖以北的里瓦地区。在位于边境线的阿尔卑斯山脉以北地区，意军也开始频繁行动。阿尔卑斯山区是一个战略要地，如果奥军丧失此地，则其边境地区的铁道线将暴露无遗，并且位于特伦蒂诺的奥军部队左翼也将处于危险之中。相反，如果意大利丧失此地，则意军东西两线军队之间的联络就会被敌人切断，并且特伦蒂诺平原地区也将不保。因此意奥两军对这一地区发起了你死我活的争夺。众所周知，阿尔卑斯山脉十分险要，由于其交通不便而无法进行大军作战，两军之间只能每天进行一些小规模战斗。

第2节　意军一胜一败

1916年4月中旬，奥军以十六个半师的兵力开始向意军进行大规模反攻。自1915年以来，意奥双方均已做好打持久战的准备。此时意军自以为即便此时春暖花开利于作战，也无力向敌军展开有规模地进攻。然而不久后惊闻奥军正要大举来犯，于是开始匆忙寻求对策。驻扎在奥地利蒂罗尔附近的小阿尔卑斯地区的意军首先被奥军击退。奥军大有长驱直入并一举向南拿下威尼斯的态势。在西线战场，奥军对驻扎在加尔达湖西北部的意军进行了牵制性攻击，并逐渐将意军向西压迫。同时，在西南方向的奥军也呈现出破竹之势，所到之处将意军一一击溃。意军被迫从奥地利南部边境后撤至威尼斯平原一带。1916年5月月末，奥军继续前进，攻占了阿夏戈及别蒂戈两个要地，并俘虏意军三万人，缴获大炮二百八十门、机关枪数百挺。

形势对意军愈发不利，意军甚至开始怀疑奥军会从特伦蒂诺和阿尔卑斯山区南下，一举攻占威尼斯平原。如若成真，则位于伊松佐河地区的意军必将腹背受敌，甚至有被全歼的危险，随之整个意大利军队也将陷入万劫不复的境地。

在此危难之际，俄军开始对加利西亚的奥军发动攻击。奥军随即将已经侵入意大利的一半兵力急速调往加利西亚方面，一时对意大利无暇顾及。此外，特伦蒂诺的意军此时也得到了友军从东面的支援，兵力一夜之间比战线对面的奥军多了数倍。兵力占优的意军开始打算一雪前耻，对奥军猛然发起了激烈攻击并将其击溃。正在赶往加利西亚途中的奥军闻讯又杀了个回马枪，才好不容易稳住阵脚。

意军此后开始朝特伦蒂诺方向进发，并于1916年8月4日对位于伊松佐河的奥军展开了炮击。1916年8月6日，意军攻下了号称铜墙铁壁的萨波齐诺高地，并于1916年8月9日占领戈里齐亚。此后意军开始转入全面进攻。意军的骑兵部队及摩托化部队对奥军穷追不舍，其飞艇部队也开始对奥匈帝国的重要铁路线展开轰炸，重创奥军。此外，意军的舰艇部队也为掩护己方部队的进攻而对敌方阵地展开了炮击。此役共俘虏奥军一万两千人，是自两国开战以来意军取得的最大胜利。此役不但极大鼓舞了意军士气，而且还受到了意大利国民的高度赞扬。此后两国之间又开始陷入持久战的态势，并一直持续到1916年年底结束。

战争进行到第四年的1917年，俄国开始与同盟国之间进行了单独媾和并宣布停战。因此，腾出手来的德奥军队开始将部队从俄国边境调往西部战场，计划对意大利展开大规模进攻。按照计划，德军暗地里将第十四军增援给了驻扎在伊松佐河地区的奥军。两军以三十八个师的兵力，于1917年10月24日对意大利边境展开攻击，并在伊松佐河支流地区突破了意军的防线。此时的意军虽

意军越过奥军战壕

然拥有四十个师的兵力，但仍然全线溃败并向西败退。德奥军队于1917年11月1日前行至塔利亚门托河附近地区，并于当日的战斗中俘虏意军二十万人及大炮八千门。德奥军队于1917年11月9日乘胜追击意军到皮亚韦河，意军以此河为屏障进行极力防守。在得到英法联军的支援之下，德奥军队没能继续前进，随后两军又开始进入了胶着状态。此次德奥军队对意军发动攻势期间，意军共损失兵力二十五万人，约占其总兵力的三分之二。此外还损失了大炮两千门以上，损失惨重。

第8章

希腊及其他中立国

第1节　希腊最终加入协约国

此次大战因奥匈帝国与塞尔维亚两国之争而发生，随后战局不断扩大并一发不可收拾，最终演变成规模巨大的世界性大战。但随着时间的推移，仍有一些小国维持中立状态。此次大战爆发于巴尔干半岛，而这一地区的国家在战争进行到第四个年头时基本都被卷入了战争，唯一例外保持中立的就只剩下了希腊。自开战以来，希腊的态度就一直暧昧不清，总是在努力使自己的利益不被侵犯。不过，从希腊的切身利益来看，希腊应当立即加入协约国一方，从而兼并自己多年梦寐以求的阿尔巴尼亚南部地区。当时的阿尔巴尼亚亲王威廉在开战之后就被迫逃往国外避难，国内顿时陷入了无政府状态，因此希腊应该抓住这个千载难逢的机会。当然，希腊之所以态度暧昧、犹豫不决主要还是因为希腊王后索菲是德皇威廉二世的妹妹，加上当时战争胜利的天平最终会偏向何方还一时不甚明了，因此希腊才左右摇摆。不过，希腊在美国参战后不久的1917年夏天，最终宣布加入协约国一方正式参战。

第2节　其他中立国的态度

保持局外中立的国家还有瑞典、挪威和丹麦，然而这三个国家也并不是真正意义上的中立，而是根据自身的利害关系在德俄之间摇摆。俄国曾经为了获取波罗的海的出海口而侵略过瑞典，因此，瑞典人对俄国抱有强烈的警戒感。瑞典人一直认为，俄国为了得到大西洋的出海口会侵占整个斯堪的纳维亚半岛。由于瑞典人对俄国抱有上述成见，使他们认为此次大战最好是德俄之间的对决，并乐见俄国被德国打败。然而，瑞典又与英国关系交好，因而内心矛盾的瑞典只能保持局外中立。

反观挪威则比较倾向于协约国一方。其一，挪威没有直接遭受过俄国的侵略；其二，1905年挪威从瑞典独立的时候，俄国第一个承认了挪威的主权。此外，挪威的莫德王妃是英国国王乔治五世的妹妹，加上两国有着同是渔业强国、航海之国等许多共同之处，因而挪威自然而然地十分亲近英国。

莫德王妃

克里斯蒂安十世

丹麦和挪威立场相近。从王室关系来讲，丹麦和英国还有俄国都有亲缘关系。此外，政治上，1913年5月丹麦国王克里斯蒂安十世曾对伦敦进行过友好访问。相反，因为普丹战争，丹麦对德国一直怀恨在心。

因为出身德国皇族，荷兰的亨德里克亲王对德国抱有亲近感也是情理之中。然而，由于一部分德国势力在荷兰飞扬跋扈，因此很多荷兰人十分厌恶德国。荷兰的阿姆斯特丹和鹿特丹两个重要港口都控制在德国资本家的手里，因此荷兰的主权很大程度上也掌握在了德国人手中。此外，历史上德国曾经想要吞并荷兰，因此荷兰至今仍有着强烈的反德倾向，而这种反德情绪在大战爆发之后又被德国无限地放大了。此次战争的一些战场靠近荷兰边境地区，这必然会影响荷兰的经济。因此无论是从安全还是经济角度来讲，倒向德国对荷兰都是非常不利的。荷兰和比利时虽然都是小国，但在欧洲也是屈指可数的商贸大国。荷兰从地理上来说可以称得上是德国的海上门户。因此当德国对海上进行封锁后，荷兰的海上贸易就基本上被断绝了，荷兰的日子有多困难也就可想而知了。此外，德国恃强凌弱，对待荷兰的态度就如同对待属国一般，这必然遭到荷兰人的厌恶。荷兰名义上虽然是中立国，但战争爆发后，由于大量比利时难民的涌入导致荷兰国内粮食不足，经济秩序也陷入混乱，到处都如同战火中的比利时一般混乱不堪。而制造这一切现象的德国自然成了荷兰人争相口诛笔伐的对象。

西班牙在欧洲是个大国。从地理上来讲，此次大战对它影响不大，因而基本上一直能够置身事外保持中立。不过，对于战事，西班牙国内也分成了两派。一派为自由党势力，认为应当加入协约国一方，西班牙国王阿方索十三世就属于此派；另一派为保守派，他们对自由党持反对态度，认为英国无论是过去还是未来都将一直是西班牙的竞争对手，因而对英国进行援助是愚蠢之举，应该一直保持中立。由于无法统一国内舆论，导致西班牙内阁数次更迭。

葡萄牙虽然没有实地参加战争，但其一直对协约国一方持支持态度。开战初期，葡萄牙就明确表示了对英国的支持。从历史上来看，英国曾经对葡萄牙建立共和制提供过帮助，而且四百年前葡萄牙独立时英国也进行过援助。英葡两国于1899年结为盟友，因此自古以来葡萄牙人一直对英国感恩戴德。相反，葡萄牙与德国在1915年反目，是互相敌视的关系。葡德两国军队在非洲因为殖民地问题曾经交火，只是没有正式宣战而已。1916年2月23日，葡萄牙政府将停泊在本国港口的所有德国船悉数扣留，因此，德国于1916年3月9日对葡萄牙宣战。紧接着奥匈帝国也对葡萄牙正式宣战。1916年3月10日，葡萄牙首相在国会中宣称将要忠实地履行与英国之间签署的同盟条约。以此为契机，葡萄牙正式加入协约国一方并对德奥宣战。

瑞士人口构成比较复杂，德裔、法裔及意大利裔人口较多，因此在难以统一国内舆论的情况下，瑞士采取了不倾向于任何一方的态度，得以完全保持中立。不过，由于瑞士介于交战双方之间，因此在交通、贸易上也因战事受到了很大影响。

第 9 章

各殖民地战况

第1节　尊英攘外的英属殖民地

某种意义上来讲，此次大战也可以被视作英德之间的霸权之争。英德两国都以称霸世界为目标，因而两者之间必然会产生对抗。英国是老牌的世界性霸权国家，号称“日不落帝国”；而德国近代以来随着实力的不断增加也一直在不断尝试对外扩张。由于德国在对外扩张中严重侵犯了英国的利益，因此英国才会如此大动干戈。可以说，两国之间的矛盾如果没有牵扯到海外殖民地的话，此次大战可能会被控制在较小的范围内。殖民政策的根本意义不仅仅在于扩张自家领土，更加重要的是对新获得的领土和殖民地进行经营，并从中获得巨大利益。而获得利益的先决条件就是要保证这些殖民地的安全。英德两国自不必说，其他国家也都根据自身的能力和需求，制定了具有本国特色的殖民地保护政策。实行军国主义政策的德国从来都非常注重海上力量的发展，而且在国内实行的征兵政策也是行之有效的。英国在各殖民地善于利用当地的人力及物力建立起了强有力的军备组织。一旦宗主国有事，殖民地的军备力量能够做到在对宗主国进行驰援的同时，还能利用自身的军备力量进行自保。

在此次大战中，英国就得到了殖民地武装的大力援助。开战之初，英军的一系列活动实际上在一定程度上得益于英属印度军队的支援。德国当初曾想在殖民地引起叛乱来瓦解英国的统治。然而未承想到的是，英国对殖民地的统治不但非常牢靠，而且还能调动巨大的殖民地力量来支援英国。其中印度、南非及加拿大对英国支持力度之大完全超出了德国的预料。因此这也可以看作是德国战略上的一个大失误。

以下内容将就交战各国在其殖民地的军备及参战情况进行综述。

英国当时在澳洲殖民地已经实行了征兵制，其他殖民地则建有义勇军组织。据说当时澳洲军队花费的军费已经上升到世界第三的水平，其军事教育、军队建制、兵役制度等十分完备。在1912年制定的《英国国防条令》中，有关征兵制度的条项规定：英国男子在澳洲滞留六个月以上者必须在当地服兵役；凡在澳洲出生的男子自十二岁起要阶段性地接受军事教育；十八岁到二十六岁的男子有义务加入民兵或其他义勇军组织。此外，1909年英国还组建了澳洲舰队。

加拿大的军备当初跟澳洲甚至南非相比实力较弱。由于地理原因，加拿大受到的外部威胁较少，因而没有什么加强军备的必要。随着战争的爆发，英国在加拿大也实行了志愿兵制度。此后加拿大的军备力量逐渐得到加强。

南非根据1912年制定的《英国国防条令》也组建了国防军，在各个重要地点都有英军驻屯。英国还逐渐加强了对当地原著居民的军事训练，因而近年来南非的武装力量不断加强。在与德国的殖民地之战中，南非军队取得了不小的战绩。

埃及表面上是土耳其的领地，但实际上在政治及国防方面一直处于英国的统治之下。1914年，埃及军队共有兵力约一万七千人，服役期为三年。此外，埃及治下的苏丹军队主要由义勇军构成，另外还有六千英军驻军。这些苏丹驻军由埃及政府每年拨付十五万英镑作为军费。1914年11月英国对土耳其宣战后，埃及脱离了土耳其的统治，正式投身于英国的保护之下。

印度军队在英国的各个殖民地军队中实力最强。开战之初英国因为得到了英属印度军队的强有力支持，因而备受其他协约国的艳羡。印军兵力多达十五万人，由英军部队、印度人组成的部队、义勇军及近卫军所组成。当时印度的海岸防卫由从英国本土派遣而来的远征军负责。

第2节　德国殖民地尽失

此外，东南亚各地的德国殖民地现在也尽归日本。此外，德国在非洲还有部分殖民地。1896年6月，德国为了与临近的英国殖民地相抗衡，制定了一些有关殖民地军队建设的法律。

1914年，法属阿尔及利亚大概有六万三千人以上的军队。法属阿尔及利亚军队不但在非洲帮助英军打败了德军，而且还在欧洲战场与法国军队并肩战斗，也取得了不小的战绩。

法属印度支那的军队在1914年有两万四千余人，其中法军一万余人，当地军队有一万三千余人。此外，法军在此还拥有印度支那舰队，即所谓的“东方舰队”。

大战在欧洲爆发后，各国的海外殖民地也或多或少受到了一些影响。其中，交战国殖民地之间的战争要属非洲方面的战况最激烈。由于各国在非洲的殖民地都是互相为邻的，因此一旦各自宗主国之间发生战争的话，必然会波及这些殖民地。经过一番争斗，德国在非洲陷入了殖民地丢失殆尽的窘境。开战后不久，英法殖民地之间进行了联合，英法联军向介于法属非洲殖民地和英属非洲黄金海岸之间的肯尼亚湾沿岸的德属殖民地多哥发起攻击。多哥是个小国，面积不到六万平方公里，在1914年8月6日就已经被全部占领。德属喀麦隆也在1915年的5月、6月被英军占领。至于法国与比利时的殖民地联军于1915年3月19日占领了德属刚果的卢旺达，又于1915年6月29日占领了布隆迪。英军在德属西南非洲殖民地的战斗最艰难。开战之初，英属南非殖民地由于没能得到来自英国本土的支援，因而只能与德属殖民军进行单打独斗。而正在此时，英国殖民地却发生了叛乱。英属南非殖民地以前曾是荷兰的殖民地，根据1915年的《巴黎条约》，该地成为英国领地。此后，英荷两国势力在南非一直处于互相仇视的状态。当南非国内有议论称要攻占德国殖民地的时候，荷兰势力认为德国的领地都是些不毛之地，即便占领了也无多大益处，因此反对英国出兵占领。当时有一个荷兰将军叫路易斯·博塔，此人是一个亲英派，他一心站在英国的立场上进行谋划。路易斯·博塔认为有必要趁此机会全面铲除德国在非洲的势力，于是于1914年9月出兵征讨德属西南非洲殖民地。对此，属于殖民党系的拜尔斯将军辞职，其部下马里茨中校出头纠集了一帮殖民党人发动了叛乱。当时南非国内的主体舆论并不赞同脱离英国统治，这一小撮人的行为也只是为了反对对德国殖民地的攻击而已，因此一个多月后此次叛乱便销声匿迹了。1915年7月，路易斯·博塔将军的远征行动取得成功，非洲西南部的德国殖民地尽归英国所有。

德国在非洲的殖民地悉数被协约国占领，虽然这对整个战局没有什么根本性的影响，但对此威廉二世无比郁闷。此外，威廉二世发动此次大战的一个根本目的就是要称霸世界。然而，由于海外战场的失利，致使德国非但没能开疆拓土，反倒丧失了其为数不多的殖民地，可想而知威廉二世会多么失落。

第3节　日本占领德国南洋殖民地

此次战争原本是欧洲列强之间的争斗，与日本没有什么直接的关系。但随着交战双方军舰在亚洲地区的出现，也就不再与日本无关了。由于英国在亚洲地区的贸易安全受到了来自德国军舰的威胁，于是1914年8月7日英国政府要求日本政府对此提供协助。日本按照与英国签订的同盟条约也向德国发出了最后通牒。德国政府对此置之不理，但日本仍毅然参战。在向德国宣战的同时，日本制定了三个目标：其一，抢占德国租借中国的胶州湾；其二，全歼德国在东亚的东方舰队；其三，攻占德国在南洋的殖民地。

按照计划，日军于1914年11月7日入侵青岛。鉴于有关此战的著述颇丰，因此在此不再赘述。德国的东方舰队一直以来处处威胁到协约国一方的海上安全，虽然没有逃脱覆灭的命运，但其中一艘名为“埃姆登”号的军舰在南洋海域给协约国一方的海上贸易构成了非常大的威胁。因此日本海军与协约国一方开展联合行动，共同搜寻该舰的行踪。日本舰队于1914年10月顺便占领了德属马绍尔群岛、马里亚纳群岛及加罗林群岛。当时这些群岛中只有马绍尔群岛有

“埃姆登”号

煤炭储存场和无线电电台，其余的岛上则没有任何防御措施。马绍尔群岛原本是西班牙的领土，按照1899年2月12日及1899年6月30日西班牙与德国签订的条约，德国最终以约合八百三十万日元的价格购得了该岛。在此后的十余年内，德国将此岛作为称霸世界的一个跳板，一直在此苦心经营。当时这三个群岛共有大约五万四千人，面积约一百六十三平方英里，与日本的神奈川县面积大致相仿，但人口仅比壹岐岛稍多，因此可以推算出当时南洋人口之稀少。日本占领这些岛屿之后开始在这些岛屿上设置守备队。

当时在日本国内关于德属殖民地的价值有两种看法。一方认为南洋是座宝库，将来日本占领之后应该进行大力开发；另一方面认为这些地方没什么价值，做何种努力都是徒劳的。作者认为，这两种说法都很极端，十分欠妥。

第八篇

列强海战

第1章

欧洲海军

第1节　日俄战争后海军战术之变化

战争的胜负由陆军和海军决定。海军的主要作用在于歼灭敌国海军并取得制海权，但要达成上述目标就需要己方的海军实力要远优于敌方。在此次战争中，协约国的陆军是处于下风的；而在大洋之上，英国海军的实力一直是碾压德国海军的。根据英法海军之间的协议，法国海军负责地中海方向的警戒任务，而英国海军则主要负责北海及英吉利海峡方向的安全。英法海军本已占优，后来再加上意大利海军的加入，协约国方面的海上力量就变得无比强大，相反，德奥海军就相对变得越来越弱。英国海军不但想在此次战争中一举全歼德国海军，还想一劳永逸地在战后继续占据海上霸权。德国海军由于难以与协约国相匹敌，因此基本上只能蛰伏在自家港口。英国海军一直谋划着对德国舰队发动攻击，但要攻击德国海军就必须通过丹麦水道。该水道不仅狭窄，而且沿岸还有德军的严密设防，因此，英国海军一直无法靠近德国港口。既然从海上无法攻击德军舰队，因此，英国转念又想从陆地发起攻击，将德国舰队赶到海上再将其歼灭。但由于德国陆军实力强大，因而该计划也未能成功。英德双方的舰队陷入了"想要大干一场却无机会碰面"的尴尬境地。由于同盟国海军避而不出，因而制海权一直牢牢地掌握在协约国海军手里。

由于德国海军一直坚守不出，因此德国海外殖民地就只能是陷入孤立无援、任人宰割的境地。不仅如此，德国的海上贸易通道也被完全切断，这使德国经济备受打击。由于战争所需的军需物资无法继续从海外调配，德国的军事力量必然随之削弱。德国对此当然无法容忍，于是德国就竭尽全力谋划着对敌方的贸易通道进行破坏，同时打击敌方海军。德国海军的做法是：

一、德国将蛰伏在基尔港及威廉港的海军士兵进行抽调，组成两个师，参与陆战打击敌人。

二、德国海军对实力相对较弱的俄国波罗的海舰队实行挑衅政策。

三、在北海由于无法与英国舰队抗衡，因此德国就通过潜艇对英国商船及军舰进行偷袭。同样实力不济的奥匈帝国海军只能选择蛰伏在亚得里亚海。

当时流行的很多陆军、海军战术颇受1894年日俄战争的影响。此后，随着飞机及潜艇技术的进步，用兵战术上发生了重大变化。在英国海军部内部，大多数人对潜艇非常重视。相反，也有少数人持潜艇无用论，但这种想法并非主流。随着飞机、潜艇等技术的发展，又出现了很多对飞机和潜艇进行攻击、破坏或者捕获的战法。虽然潜艇的重要价值已经得到公认，但最受重视的仍然是水面舰艇。各国之间采用的仍然是以巨舰大炮主义为基础的舰艇巨型化方式。在这种认识的主导之下，出现了无畏级战列舰甚至超无畏级战列舰，其排水量已经达到了两万到两万七千吨，是世界舰船建造史上的一次巨大革命。无畏级战列舰所诠释的巨舰大炮主义，是英国海务大臣约翰·阿巴思诺特·费舍尔以日俄海战为鉴而提出的。根据约翰·阿巴思诺特·费舍尔的提议，英国于1906年在朴次茅斯造船厂建造了第一艘无畏级战列舰“无畏”号。

世界海军发展之所以出现巨舰大炮主义倾向，主要是因为随着技术的进步，舰炮及鱼雷的有效射程极大增加，因此军舰需要加强防爆措施，并提高航速和机动性来抵御和躲避鱼雷及舰炮的攻击。在保护自己的同时，还需要增加己方舰炮的威力，以达到在较远距离击中敌舰的效果。当时巡洋舰的任务也逐渐由原来的对战舰搜索与发现、对敌攻击及决战后的对敌追击等，逐渐转变为对鱼雷艇的护卫。巡洋舰要想顺利完成上述任务，则需要具有极快的航速及战斗力，因此各国之间争相倾力建造排水量多达两万甚至三万吨的大型巡洋舰。

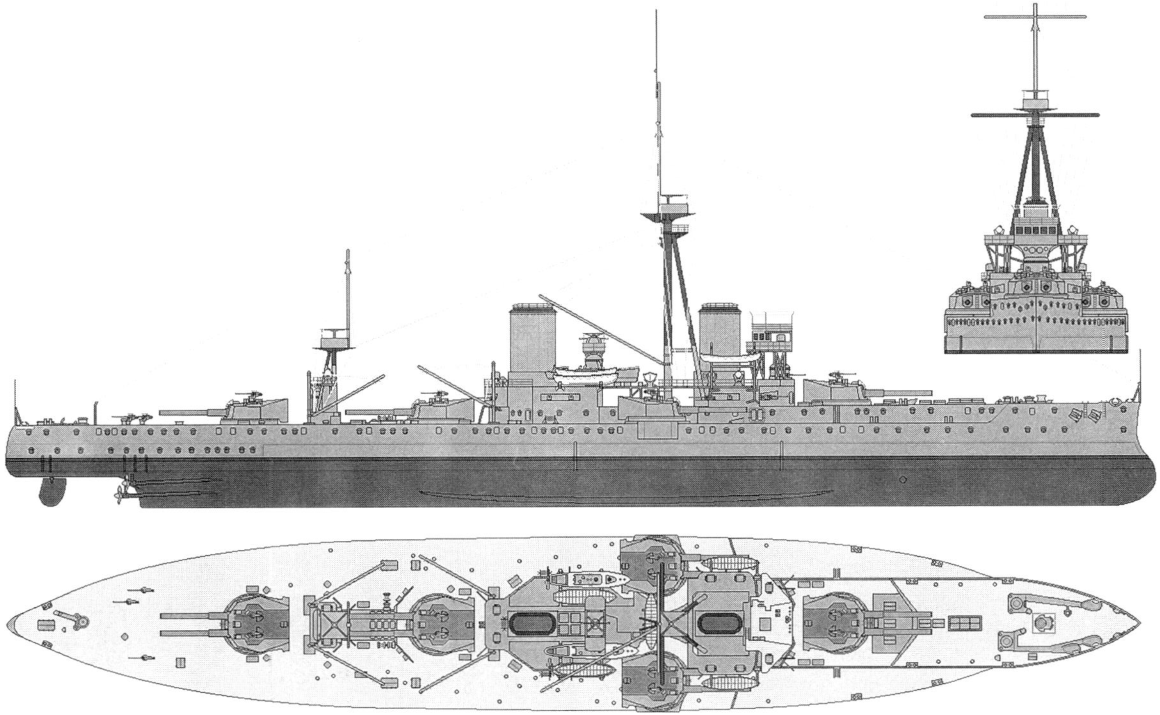

无畏级战列舰示意图

鱼雷艇的存在价值在于：趁夜色悄然接近敌舰，从约一公里开外的距离发射鱼雷并击沉敌舰。此外鱼雷艇还可以偷袭在港口停泊的敌舰或封锁敌方港口。当敌方的炮舰或驱逐舰攻击己方的鱼雷艇时，己方就有必要出动巡洋舰对鱼雷艇进行护卫。

鱼雷艇中行动最敏捷且破坏力最大的当属潜艇。即便是几万吨的大船也仅需一发鱼雷便可击沉。此外还有威力巨大的水雷。这些水雷常常被投放到己方的港口及沿岸地区，防止敌人来袭。同样，这些威力巨大的水雷一发便可让巨型军舰葬身海底，因此敌方需要经常派出扫雷艇进行扫雷作业。

原本海军之间的决战要比陆军来得简单明了，交手一到两个回合便能分出胜负。败者要么被全歼，要么再无还手之力。海军和陆军之间的协同作战形式大多为海军掩护己方部队登陆或为攻击敌方海岸要塞的己方士兵提供炮火掩护，因此海军之间的胜负也会对陆地作战产生直接影响。当己方士兵要进行登陆作战时，首先需要己方舰队以武力迫使敌方舰队远遁，随后方可进行登陆作

漂浮在海面的水雷

战。登陆开始后也要向己方士兵不间断地提供掩护，确保己方士兵能进能退，并且还要为登陆士兵提供武器弹药和给养。此外，海军的其他任务还包括：向敌方舰队发动进攻、对败退敌舰展开追击、封锁敌舰港口、牵制敌方海军要塞、切断陆上及海上贸易通道等。反之，如果己方舰队处于下风，则需要己方的海岸守备队坚守岗位并伺机反攻。从此次战争来看，很明显的一点是：英国海军采取攻势，而德国海军被迫采取守势。不过德国海军也并没有坐以待毙，而是经常伺机采取一些攻势。比如，在波罗的海，德国就对俄国采取攻势，迫使俄国海军蛰伏在自家港口之内。海军之间的决战是在无遮无拦的茫茫大海上进行的，这一点与陆地作战完全不同，因此也难以像陆军那样使用奇谋诡计，能做的只有舰对舰、炮对炮公平地对攻，并最终决出胜负。此外，还有一点不同之处：陆军的司令部往往建在敌方炮火难以企及的后方，因而相对比较安全；而海军的司令部往往要建在先头的旗舰上，因而最危险。

第2节　潜艇发威

潜艇的发明使海军战术产生了重大变化。最早“吃螃蟹”的美法两国由于技术不过关，曾在早期的潜艇上屡次出现事故，给乘员造成了巨大的生命威胁。随着技术的进步，日俄战争前后各国开始争相努力实现潜艇的实用化。日本在日俄战争中也曾使用过潜艇，但未取得什么显著效果。随着研究的不断深入，潜艇在此次世界大战中发挥了巨大威力。当初日本建造的潜艇长仅约百米，宽不过四米，水面航速十二节，水下航速七节，且鱼雷发射管仅两门。如今英国的潜水艇排水量已达千吨之多，其水面速度可达十六节，水下速度可达十节，有两门大炮及四门鱼雷发射管。当今的潜艇在水下可潜行二十四至三十个小时，在水面可航行三千五百英里，在水下可航行八九百英里。关于潜艇的价值有两个比较极端且又互相矛盾的观点：一个极度赞美，一个极度贬低。公平而言，潜艇的最大弱点在于其航速较慢，一旦被发现就会遭受灭顶之灾。而飞艇是潜艇的天敌，如今的飞艇飞行高度为六百至一千米，如果该海域不是浑水，则日间可从空中透视水下四十米深，极其容易发现藏匿在水面下的潜艇。

在英国，潜艇无用论一度比较盛行。1915年2月，德国利用潜艇对英国本岛进行了全面封锁。最初一段时间取得了较好的效果，有不少英国的船被击沉。而几个月后，效果却开始大打折扣。究其原因是英国在多佛尔海峡靠近英国一侧二十多海里的距离上，都铺设上了铁丝网，而被铁丝网钩沉的德国潜艇不在少数。德国潜艇在这以后便断了通过多佛尔海峡的念头。此后德国开始建造更加大型化的“潜航式巡洋舰”，并从俄国的北部绕过北海偷偷通过英国南部进入地中海，然而仍旧没有取得预期的效果。德国的“潜航式巡洋舰”仅仅击沉了一些驶往俄国方向的普通的船，未能给敌方军舰造成很大损害，也未能给英国的海上霸权造成多大的影响，因此，英国才有人提出潜艇无用论。不过德国潜艇也取得了一些可圈可点的成果。比如德国海军上尉韦迪根在开战后不久，在北海地区曾用一艘U9型潜艇击沉了英国的“克雷西”号、“阿博科”号和另一艘巡洋舰并全身而退。此外德国潜艇也曾成功阻滞过前往攻击达达尼尔海峡的英国军舰。将来如果出现了潜艇压制大型战舰的时代的话，海战战术必将再次出现重大变化，并且列强之间的海上竞争也会有愈演愈烈的危险。

第3节　各国的军港及海岸防御

英国海军在当时是公认的世界第一。而英国沿海防御，特别是针对德国海军在北海海域的活动，英国也做了万无一失的防范。英国的主要港口有朴次茅斯、普利茅斯、多佛尔等，从舰队的配置来看，被视为英国海军最精锐部队的第一舰队专门负责在北海海域与法国海军协同作战对抗德国海军，而剩余的其他舰队则被派往执行诸如负责大西洋的制海权及英法商船的交通安全等任务。此外还有预备舰队负责镇守本国的各个重要港口，而且还有舰队专门负责守卫地中海上的战略防御根据地——马耳他岛。

俄国领土面积大，其欧洲部分的海岸线被分割为南北两部分，因此需要

德国潜艇攻击协约国的船

四个独立的舰队负责守卫。第一支是波罗的海舰队，以喀琅施塔得为根据地，负责从西面防范德国。第二支是黑海舰队，以塞瓦斯托波尔为根据地，负责对抗土耳其海军。第三支是俄国负责镇守东部国土西伯利亚的太平洋舰队，但由于在日俄战争中的失利，目前为止还没有完全恢复元气。其中波罗的海舰队在日俄战争中也受损不小。俄国为了尽快取得与德国海军对抗的资本，经过各种努力之后现在实力有所恢复，但从世界各国海军形势来看，暂时还不能堪当大用。另外俄国还有第四支舰队，即里海舰队。由于该舰队过于弱小，不值一提，在此不再赘述。

法国海军在行政上分为五个大区，每一个大区各有一个大型军港，分别为奥克特维尔、布雷斯特、洛里昂、罗什福尔。意大利有四大海军区，其舰队分别驻扎在拉斯佩齐亚、那不勒斯、威尼斯及塔兰托四大港口。

同盟国方面，德国海军在此不再赘述。奥匈帝国的舰队主要配备在其沿海地区及内陆的多瑙河中，其大本营在亚得里亚海的普拉港。奥匈帝国军队对达尔马提亚沿岸的防范也是甚为严密。在此次大战中，奥匈帝国与意大利两国的海军虽然在海上有所冲突，但由于规模较小，对于战局没有产生多大影响。土耳其海军的主要任务是负责守卫达达尼尔海峡与博斯普鲁斯海峡。

第2章

德舰“埃姆登”号

第1节 德国远东舰队全军覆灭

德国海军在亚洲以青岛港为根据地构建了其远东舰队。在日德断交的同时，德国的装甲巡洋舰“沙恩霍斯特”号、“格奈森瑙”号及“纽伦堡”号巡洋舰等主力战舰迅速脱离青岛港向南方洋面驶去，它们对来往的协约国商船及舰艇进行袭击。日本海军当时虽然对青岛港进行了及时封锁，但港内只剩下三等以下巡洋舰等共九艘军舰。

当时在南半球洋面游弋的德国军舰除了上述三舰，还有“莱比锡”号及“德累斯顿”号巡洋舰。1914年11月，上述五舰组成的舰队在南美洲智利的科罗内尔附近海域与英国海军展开了激烈战斗，最终英军大败。英舰“蒙马斯”号被击沉，“古德·霍普”号起火并最终沉没，“格拉斯哥”号负伤逃入科罗内尔港并被德舰封锁在了港口之内。1914年12月7日，德国海军“五剑客”在位于南美大陆东南部的马岛附近海域被英国海军发现，两军进行了交火，“五剑客”交战不利。其中“沙恩霍斯特”号、“格奈森瑙”号、“莱比锡”号三舰被击沉，其余两舰败逃。其中“纽伦堡”号被追击而来的英舰击沉，最终只有“德累斯顿”号得以逃脱。此后一段时间内该舰一直在智利海域游弋。1915年3月14日，“德累斯顿”号在费尔南德斯群岛附近海域被英舰“格拉斯哥”号及“肯特”号等发现，并进行了交火。交战五分钟德舰“德累斯顿”号即被击中，因受损严重被迫向英军高举白旗投降。不久后，其舰上火药库爆炸并最终葬身海底。至此，德国的远东舰队（东亚分舰队）全军覆没。

“沙恩霍斯特”号

“格奈森瑙”号

第2节 “埃姆登”号逃离青岛

此次大战在欧洲爆发之际，德国的远东舰队正在南洋附近游弋。停留在青岛港内的主力战舰只有“埃姆登”号。“埃姆登”号嗅觉比较灵敏，在还没有正式开战之前的1914年7月31日就已经早早驶离了青岛港。“埃姆登”号的舰长是一位叫卡尔·冯·穆勒的少校，其为人处世素以大胆灵活而著称。当时卡尔·冯·穆勒之所以提前驶离青岛港，是为了在本国宣战后立即以迅雷不及掩耳之势对敌舰发起攻击，并迅速取得头功。当时“埃姆登”号得到

卡尔·冯·穆勒

的情报显示，英法舰队正计划在符拉迪沃斯托克集合，因此，推测俄舰“阿斯克尔德”号必定会返回符拉迪沃斯托克，法舰也定会到符拉迪沃斯托克集合，因此卡尔·冯·穆勒决定在半路将它们击沉。“埃姆登”号首先沿着上海到长崎之间的航线航行，然后又朝对马海峡北上，在途中将俄国商船“梁赞”号俘获。德国水手将该船押往青岛并对其进行了武装改造，最终该船成了一艘辅助巡洋舰，并被命名为“鸬鹚”号。

“埃姆登”号虽然没能按照设想伏击到敌舰，但俘获了“梁赞”号还是大大提升了士气，让所有士兵坚信将来的形势一定会朝着对自己有利的方向发展。1914年8月6日，“埃姆登”号再次离开青岛港南下。1914年8月7日7时许，日船“筑前丸”号报告称，目击到“埃姆登”号与另外三艘军舰正在南下。据后来披露的信息显示，德国海军此举是因为德国远东舰队主力想与“埃姆登”号在马里亚纳群岛北端的帕甘岛会合。“埃姆登”号于1914年8月12日到达帕甘岛并与主力会合，此后双方就此后的作战计划进行了商讨。帕甘岛是一座小型孤岛，距离青岛有一千六百八十海里，与外部没有什么往来，也不在航线之上。如果德国日后没有公开此事，则此次行动应该不会为世人所知。

1914年8月12日夜，卡尔·冯·穆勒舰长在该岛向舰队司令提议由“埃姆登”号负责在印度洋地区袭击敌方商船。1914年8月13日，舰队司令同意了卡尔·冯·穆勒的建议，于是“埃姆登”号脱离舰队，带领一艘运煤船朝印度洋方向驶去。据说，舰队司令之所以第二天才同意卡尔·冯·穆勒的建议，是因为不忍心让勇气可嘉的卡尔·冯·穆勒及“埃姆登”号只身赴险，因此在经过十二个小时的深思熟虑之后才最终下定决心。

从当时的局势来看，英国驻中国方面的舰队与法国舰队共同行动，一起搜索着德国舰队的行踪。此外，俄国与日本舰队之间的联合也在酝酿之中，如果澳洲舰队再加入的话，形势对德国舰队十分不利。德国舰队司令在明知实力不如人且形势危急的情况下，仍决意将“埃姆登”号派遣出去，也是有着重大原因的。第一个原因是，利用“埃姆登”号牵制英国海军驻中国舰队在东亚海域行动的同时，己方的主力舰队可以前往击溃澳洲舰队，随后再与“埃姆登”

号会合，并商讨下一步的计划。原本这支德国舰队从本国得到命令是要求它们绕行南美洲经由大西洋回国。为了在归航途中尽量避开敌方舰艇，因而有必要将英国的驻中国舰队及澳洲舰队的视线转移到亚洲方向。因此，派遣“埃姆登”号到印度洋方向的目的就是将澳洲舰队引诱至亚洲方向。第二个原因是，在亚洲周边，航道最繁忙的就是印度洋海域。而将“埃姆登”号派遣至印度洋就能对商路进行袭扰，直接威胁到英国的宝库印度，甚至有可能在印度引发印度原住民的叛乱。综上所述，“埃姆登”号的卡尔·冯·穆勒舰长靠着大胆而灵活的头脑，可能取得很大的成功。

第3节　“埃姆登”号横行印度洋

“埃姆登”号首先以身犯险孟加拉湾，并在此击沉了六艘英国的船。英国人对“埃姆登”号先发制人的大胆行动十分震惊。受此影响，孟加拉湾地区的海上贸易通道一时竟销声匿迹。此前，由于在爪哇海以西海域没有发现任何敌舰，因而英军舰队司令打算将己方的主力军舰及日本的“伊吹”号战列巡洋舰和“筑摩”号轻巡洋舰派往澳洲方面。如果“埃姆登”号拖后十天再进入孟加拉湾的话，英国护卫印度的舰艇到时候就只剩两艘，英国人的败绩必然会更加惨烈。

“埃姆登”号在孟加拉湾搅了个天昏地暗之后，开始向东航行，袭击仰光。之后又西进炮击了马德拉斯（今印度金奈）。“埃姆登”号在马德拉斯虽然仅仅是对当地的石油储存设施造成了一些损害，但给地方当局造成的恐慌不小。因为大家并不知道印度其他港湾何时也会受到同样袭击，因此有不少胆小的沿岸居民开始向内陆逃难，这又给英国的海上贸易造成了重大打击。在该海域执行搜索任务的“汉普郡”号舰长确信德军必然会袭击锡兰岛（今斯里兰卡），因此决定让日本的“筑摩”号轻巡洋舰负责对该岛进行守护。此时的印度政府忙得焦头烂额，开始对原本没有引起足够重视的海岸防御设施及各种通信设施进行修筑。

“埃姆登”号轰炸马德拉斯

“埃姆登”号炮击马德拉斯后，转而不慌不忙地袭击了本地治里港，随后又向南朝锡兰岛以西方向前进，并在此俘获一艘、击沉四艘英国船。此后，“埃姆登”号一度销声匿迹，悄然在查戈斯群岛进行了休养补给。此后，“埃姆登”号再次北上，在锡兰岛以西海面又击沉英国船只五艘并俘获一艘。“埃姆登”号从此转而向东，并秘密航行至槟城。当时在印度洋方面有三根烟囱的军舰只有“埃姆登”号，其他国家的军舰要么两根要么四根。因此极高的辨识度也成了“埃姆登”号的一个极大的缺点。因此，当“埃姆登”号通过船往来比较密集的龙目海峡时，会做一根假烟囱树在第一根烟囱前面，以此来掩人耳目。“埃姆登”号偷袭槟城时就是用了这招，致使在港外执行警戒任务的法舰“莫斯奎特”号将其误认为是英舰，因而没有采取任何防备。“莫斯奎特”号就是在这样毫无防备的情况下被“埃姆登”号趁机击沉了。随后，“埃姆登”号将停泊在港内的俄舰“珍珠”号作为攻击目标。当俄舰发现“埃姆登”号有诈时为时已晚，还没来得及发炮就被“埃姆登”号轻而易举地击沉了。

第3章

“埃姆登”号覆灭

第1节　袭击科科斯群岛

袭击槟城后，“埃姆登”号继续南行，并于1914年11月9日到达科科斯群岛的迪雷克申岛。由于英军在该岛上建有通信枢纽，因此，“埃姆登”号打算登陆并破坏英军的通信设施。1914年11月9日9时许，没有悬挂军旗的“埃姆登”号故技重演，竖起假烟囱后在迪雷克申岛港口栈桥外三千米处的浮标一侧抛锚停船。1914年11月10日6时许，在副舰长赫尔穆特·冯·穆克及其他两名军官的带领下，六名下士及其他四十名普通士兵共计四十九人，乘坐从船上放下来的一艘汽艇及两艘武装快艇开始进行登陆作战，并于1914年11月10日7时许顺利登陆。迪雷克申岛上的通信设施由三条海底线缆分别与外部三个地点相连。这三个地点分别是：巴达维亚（今雅加达）、澳大利亚的弗里曼特尔及经罗德里格斯岛和马达加斯加岛到达非洲。在此工作的除了英国人及其家属共二十九人，其余全是当地岛民。当天一早，岛上的工作人员就发现了四根烟囱的“埃姆登”号。对此感到奇怪的工作人员通过电报向上报告称发现了一艘奇怪的军舰，要求提供帮助确认该舰的身份，同时也通过有线电话向伦敦和新加坡方面传达了该信息。当军舰越来越近时，岛上的人终于发现其中的一根烟囱好像是用帆布伪造而成的，这才恍然大悟，原来是“埃姆登”号前来偷袭，于是又紧急通过电话向新加坡方面做了报告。德军的登陆行动异常迅速，上岛后迅速占领了通信所，赫尔穆特·冯·穆克对所长表明他们此行的目的仅在于破坏岛上的电信设施，无意伤害他们的人身及财产安全。赫尔穆特·冯·穆克要求大家将所有房间的钥匙悉数上缴，以此来免除在登门入户检查时对门窗的破坏。同时还要求将所有武器悉数上缴，并将岛上的欧洲人全部集合到了通信所门口。通信所长向德军表示无意进行抵抗，并上交了一串钥匙。于是，赫尔穆特·冯·穆克命令手下士兵开始破坏岛上的无线电发射塔，经过三次爆破最终将其炸倒。随后德军开始将各种机械、发电机及电池等悉数损毁，接着将电话室也全部破坏。德军又切断了通往澳洲与马达加斯加的海底电缆，巴达维亚线路由于没被发现而得以幸存。

正在此时，“埃姆登”号发来命令，要求陆战队员加快破坏行动。当登陆人员完成任务准备归舰之时，从舰上传来了急促的汽笛声，这是催促他们快速归舰的信号。赫尔穆特·冯·穆克认为大事不妙，于是与队员们急速登上小艇并开足马力准备回舰。他们对水下的暗礁也顾不上躲避，径直朝母舰飞驰而去，然而“埃姆登”号却突然掉转船头全速朝外海驶去。陆战队员们由于没能赶上“埃姆登”号，只好登上“埃姆登”号的随行运煤船并紧随“埃姆登”号而去。但运煤船由于马力不足，只能眼看着“埃姆登”号渐行渐远。随后从运煤船上发现，远处的“埃姆登”号已经在船上高高地升起了战旗，并有火光从右舷炮口处喷出。当时运煤船上的船员们以为“埃姆登”号只不过在袭击过往的商船。但“埃姆登”号的后方突然有五条水柱高高溅起，这表明敌人开始朝“埃姆登”号开炮了。陆战队员们这才开始恍然大悟——敌舰已经近在眼前了。但之前在岛上由于被茂密的树木遮挡，大家都没有发现敌舰的踪影。此时的“埃姆登”号边打边全力撤退，不一会儿就已经向外海开进了好几公里之远，运煤船上的陆战队队员们虽然很担心母舰的安危，但也爱莫能助，最后他们又登上小艇返回岛上。

第2节　“埃姆登”号投降及其战绩

当岛上发出求救信号时，英属澳大利亚舰队的“墨尔本”号、“悉尼”

“墨尔本”号

号及日本的“伊吹”号正护送着满载澳洲军的三十八艘运输船驶往科伦坡。1914年11月9日9时许，当舰队航行至科科斯群岛附近时收到了岛上的求救信号。旗舰“墨尔本”号随即命令“悉尼”号前往该岛查看情况。一心想报仇雪恨的“悉尼”号义无反顾地朝岛上全速驶去。当两舰距离约十五海里时，“悉尼”号已经可以目视到“埃姆登”号的烟囱。

1914年11月9日9时40分左右，“埃姆登”号从大约一万五千码的距离上朝“悉尼”号开了第一炮，“悉尼”号随即还击，战斗就此打响。“悉尼”号初战不利，数次中弹，但所幸均无大碍。中弹的“悉尼”号为躲避攻击将舰体有所后移，使两者之间保持在大约一万九千码的安全距离上。在对战中，“悉尼”号一炮炸倒了“埃姆登”号的烟囱，旋即又一炮炸断了“埃姆登”号的前桅杆。中弹的“埃姆登”号似乎是为了发射鱼雷，朝“悉尼”号快速冲来，使两者之间的距离迅速缩短至五千五百码。“悉尼”号对对方的贸然行动大为吃惊。为避免被鱼雷击中，“悉尼”号急忙左旋右拐紧急规避。在规避的同时，“悉尼”号不断向“埃姆登”号发炮，炮弹命中率较高，致使“埃姆登”号后部起火，第二和第三根烟囱也相继中弹倒塌。由于烟囱被破坏，致使“埃姆登”号的动力系统受阻，行动速度大降。越战越勇的“悉尼”号此后没有再中弹，相反，在约六千码的距离上向“埃姆登”号发射了鱼雷并成功命中。“埃姆登”号虽顽强战斗，但败局已定。1914年11月9日11时许，“埃姆登”号向北基林岛全力冲去，并在岛屿南部的珊瑚礁上搁浅。至此，威名赫赫的“埃姆登”号迎来了它的最终命运。1914年11月9日16时许，“埃姆登”号投降。

截至投降日的六十六天里，“埃姆登”号共航行约九千四百海里，共击沉或俘虏敌船十九艘，总吨位共计约八万吨，按照后来的市价计算约值一亿日元。“埃姆登”号给英国带来了巨大损失。首先，英国在政治上威信因此下降；其次，由于海上贸易通道被切断，导致英国经济也备受打击，同时给协约国一方带来了巨大的间接损失。如果我们仔细观察“埃姆登”号这两个月的所作所为就会发现，“埃姆登”号的所有行动都是经过深思熟虑的。在每两个行动之间，“埃姆登”号往往要花费十天左右的时间制订详细计划，在此期间

“悉尼”号战胜“埃姆登”号

“埃姆登”号会销声匿迹。因此，英法俄日的联合舰队对“埃姆登”号的全力搜索也只是徒劳而已。如此一艘吨位不大的舰艇，能在占有绝对优势的敌方联合舰队的眼皮子底下游刃有余地来来往往，并将对方搅了个天翻地覆，其中一个主要原因还是其舰长卡尔·冯·穆勒的胆大心细与机敏果敢。虽为敌国，但敌国人也被“埃姆登”号对待俘虏的宽容态度深深折服，甚至私下里将该舰称为“绅士舰”。

科科斯岛一战致使“埃姆登”号最终覆灭，但有人认为这不是败于战争而是输于天命。

第3节　“埃姆登”号事迹

有人将“埃姆登”号横行印度洋并让敌方过往舰船闻风丧胆的行动等同于野蛮的海盗行为，但在仔细检视“埃姆登”号的所作所为之后就会发现，这种认识有失公允。“埃姆登”号的行动实际上是合规合法的，比如：当在海上发现敌方商船时，“埃姆登”号首先会发出信号要求对方停船，然后禁止对方对外报信，随后派遣士兵登船检查。登船的士兵在检查商船的各种手续文件的同时，破坏掉船上的发报机或将发报机锁在室内让其不能对外发报，然后为该船船员们下船提供准备。与此同时，德国士兵将动力室的防水门打开，或者将船上的放水阀全部打开，然后开始向船中灌水，当船上其他船员全部下船之后再将其炸沉。这样的工作主要在晚上进行，白天有时候也会用炮弹炸穿船舱使其沉没。有时“埃姆登”号会将船上的船员及乘客转移到随行的运煤船上，并在安全的地点将他们释放。如果商船上有自己所需军需品的话，自然也会将其转移到自己的舰上为己所用，其中的武器当然会被全部收缴。如果船上有妇女儿童的话，舰长卡尔·冯·穆勒会命令登船士兵好生对待，并且绝不会侵占船上之人的个人财物。如果是自己船上所必需的物品，卡尔·冯·穆勒则会花大价钱进行购买，当然也会给予船员们收拾自己财物的时间。舰长卡尔·冯·穆勒还会救死扶伤。比如，法国驱逐舰“莫斯奎特”号被击沉时，舰

搁浅的“埃姆登”号

“埃姆登”号上的德军官兵

长卡尔·冯·穆勒立即下令放下救生艇，对“莫斯奎特”号上的船员进行救助，对战死的敌方士兵举行葬礼并进行海葬。因此大家对舰长卡尔·冯·穆勒个人评价非常高，甚至称之为“真正的绅士”。曾经有一个受伤的法国士兵在离开“埃姆登”号时，对舰长卡尔·冯·穆勒的人道主义精神表示了由衷的感谢。虽然自己所乘的船被击沉，但在得到“埃姆登”号救助之后，甚至有全体被救船员对“埃姆登”号高呼“万岁”的事例发生。再比如，虽然自己负责的电信设施遭到德军破坏，但科科斯岛上的通信所的工作人员仍然对“埃姆登”号上的陆战队员们进行了款待，这主要是为了表彰他们严明的纪律。

德国西北部有条河叫埃姆斯河，河口处有一海港，名为埃姆登，“埃姆登”号的舰名即来源于此。1908年5月26日，“埃姆登”号在但泽造船厂入水，入水式由当时的埃姆登市长主持。“埃姆登”号入役之后一直与埃姆登市保持着密切联系。受“埃姆登”号在印度洋上威名大震的影响，埃姆登市也开始声名远扬。

第4章

“埃姆登”号的继任者“艾莎”号

第1节　科科斯岛陆战队队员的冒险

“埃姆登”号的陆战队队员们在破坏了迪雷克申岛上的通信设施后，由于没能追赶上逃遁而去的“埃姆登”号，只好再次返回了岛上。他们将岛上所有英国人驱赶到一起，并收缴了他们的所有武器。随后他们在岛上升起了德国国旗，宣示该岛已经被德国占领。赫尔穆特·冯·穆克爬到该岛最高的建筑上，目睹了两军在海上的部分战斗过程。后来两舰一边战斗一边向北驶去，并渐渐淡出了赫尔穆特·冯·穆克的视线。赫尔穆特·冯·穆克经过思考后认为：“埃姆登”号已经受损严重，即使取得胜利也难以再回到该岛来接他们，因此必然会先行驶到最近的港口进行修缮。“埃姆登”号万一战败被击沉，那么不久后英军必将会登岛来捉拿他们，因此为求自保，必须速下决断。由于登岛人数不多且火力不足，势必难以抵抗。进退问题让赫尔穆特·冯·穆克陷入了久久的沉思。

正当束手无策之际，赫尔穆特·冯·穆克突然发现港内停了一艘帆船。该船叫“艾莎”号，原本是英国人用来从巴达维亚运送粮食等给养物资的，如今开通了定期运送补给的汽船，于是这艘帆船就被搁置起来。从其破旧的外观来看，这船在风吹雨淋之中已有些时日了。赫尔穆特·冯·穆克看到“艾莎”号后大喜过望并计上心头，遂决定将大家的命运交付“艾莎”号。赫尔穆

“艾莎”号

特·冯·穆克急忙从高处下来，开着摩托艇前往“艾莎”号查看船况。经过检查后发现“艾莎”号仍能使用，于是赫尔穆特·冯·穆克又急忙赶回岛上，派部下再次前往“艾莎”号进行起航准备。当时“艾莎”号由一名船长和水手负责看管，由于船底的朽蚀比较严重，他们告知赫尔穆特·冯·穆克，如果贸然出海的话会有很大的危险。然而，赫尔穆特·冯·穆克不为所动，坚持乘船出海。

赫尔穆特·冯·穆克要求岛上的工作人员交出岛上储存的给养物资，并命令他们将足够八个星期食用的粮食、四个星期饮用的淡水、被服寝具及其他足够三个月使用的杂货搬到船上。当然，这些物资中没有一滴酒。为了防身，1914年11月9日15时30分，陆战队队员们又往船上搬运了四挺机关枪及数门小炮等武器。至此，“艾莎”号已经基本上做好了出航前的准备。1914年11月9日18时，德军在“艾莎”号悬挂上德国海军军旗，在汽艇的拖拽及“埃姆登”号上原有的两艘小艇的陪伴之下，开始光明正大地出港。由于“艾莎”号上没有详细的海图，为了避免浅滩暗礁，赫尔穆特·冯·穆克命人站在前桅杆上进行观察指挥。由于航速比想象的要慢很多，因而还没有完全出港就已经天黑了。热带地区的白天与夜晚没有缓冲地带，因此感觉突然一下子就闯入了黑暗之中。“艾莎”号出港时对岛民扬言要去非洲东岸，驶出港口之后，立即舍弃掉拖船，果断向西朝非洲东岸驶去。当“艾莎”号脱离岛上居民的视线后，突然掉头向北，朝苏门答腊岛巴东港驶去。原来赫尔穆特·冯·穆克使用了“声东击西”的计谋。

1914年11月10日之后，大家感觉到已经远离危险，才开始稍稍安下心来。此时赫尔穆特·冯·穆克开始对船内进行仔细的排查，通过舱内的铭文得知：“艾莎”号是一艘长三十米，宽七点五米，载重九十七吨的小帆船。在对“艾莎”号有了相对更加详细的了解后，赫尔穆特·冯·穆克开始担心这艘仅三根桅杆的破船能否带领他们乘风破浪安全地到达目的地。此时船上有一名船长及五名水手，加上德国陆战队队员在内，该船立马化身为一艘有着五十多人的迷你军舰。由于船小人多，大家只能是坐卧在船舱之内。

此时的“艾莎”号面临着许多困难。首先是饮水不足的问题，但幸运的是，出港第四天，即1914年11月13日就碰上了热带地区特有的骤雨。储水槽灌满雨水后，饮水问题得到暂时解决。此外是日用品的不足。当时大家没有牙刷不说，剃须刀也仅是人手一把。就是在这种时而暴风骤雨时而太阳暴晒热气蒸腾的恶劣环境里，“艾莎”号排除万难，勇敢地朝目的地驶去。

第2节　孤帆一片海中来

1914年11月21日，突然狂风大作，“艾莎”号剧烈摇晃不止，船帆也剧烈抖动，左右摇摆不定。正当大家担惊受怕不已之时，突然在帆船的左前方发现了一股浓浓的煤烟。“艾莎”号的航行路线由于尽量避免了商船的航道，因此大家对这股煤烟的出现感到非常诧异。大家开始议论纷纷，有人怀疑是与“埃姆登”号失散的运煤船，也有人怀疑是搜索自己的敌舰，总之大家惊恐异常。从当时“艾莎”号的出发地点及“艾莎”号自身的特点可以推断，“艾莎”号只有两个方向可去，要么向北去巴达维亚或者巴东港，要么就是向西去往非洲。此外，由于“艾莎”号是艘帆船，因而只能借助风力前进。而风向又是已知的，因此如果“艾莎”号是去往巴达维亚或者巴东港的话，“艾莎”号的航向航线是非常容易被推测出来的。赫尔穆特·冯·穆克穷尽所有办法来确认该船的身份，但最终除只能看到对方的煤烟和桅杆之外一无所获。此时风已经停止，“艾莎”号就这样在洋流的推动下又向前漂流了几个小时。先前看到的煤烟也在不知不觉中消失得无影无踪了。

1914年11月23日，“艾莎”号来到了一个不知名的岛屿附近，赫尔穆特·冯·穆克命令大家做好战斗准备。岛的后面或许正停泊着英国或日本的舰船，如果果真如此，赫尔穆特·冯·穆克打算趁敌人不备之机靠近并迅速登船，随后发起突袭，通过白刃战俘获敌船为己所用。1914年11月23日10时许，在桅杆上瞭望放哨的哨兵发来报告称看到陆地了，但此时他们仍不知自己身处何地。当通过一个又一个岛屿附近后，1914年11月23日16时左右，他们来到明打威海峡附近。此时他们漂流在距离巴东港约八十海里的海面上。船内的香烟已经告罄，船员们只能用茶叶来卷烟，排忧解闷。

1914年11月25日，“艾莎”号发现了苏门答腊岛，并开始朝巴东港进发。但不幸遇到了逆流，又被潮水冲了回来。1914年11月26日上午，荷兰的“林克斯”号驱逐舰发现了“艾莎”号，并动用多种手段想要确认“艾莎”号的身份。由于“艾莎”号早已涂改了船名，因此“林克斯”号最终没能识破“艾莎”号的真实面目，只好返航。黄昏时分，“林克斯”号再次前来一探究竟，此时“艾莎”号反客为主，虚张声势地质问对方为何一直跟踪监视自己。可能是感觉自讨没趣，“林克斯”号没做任何回答就掉头开走了。

第3节　巴东港补给

1914年11月27日早上，“艾莎”号进入荷兰殖民地海域。“艾莎”号开始打出德国海军旗，准备大大方方地进入巴东港。下午，当地的马来人引航员靠近“艾莎”号，同时“林克斯”号又再次靠近“艾莎”号，此时“艾莎”号向“林克斯”号行礼致敬，“林克斯”号也随即回礼。随后，赫尔穆特·冯·穆克亲自赶赴“林克斯”号与其荷兰舰长举行会谈，赫尔穆特·冯·穆克请求对方允许“艾莎”号入港并进行补给，并强调将在二十四小时内出港。对方同意了“艾莎”号的请求。当时在港内停泊着三艘德国商船，当船上的人看到悬挂德国海军军旗的船入港后，纷纷乘坐自己船上的小艇来到“艾莎”号旁边一探究竟，当知道真相后他们高呼“万岁”，并将随身携带的香烟、手表甚至诗集及德国报纸纷纷向“艾莎”号上投去。当时“艾莎”号上也有一些旧英文报纸，是以前“埃姆登”号从敌方舰船上缴获的战利品，有关战争的内容也仅仅是一些对协约国有利的事情，诸如：“俄国军队将要攻占柏林”“德国皇帝负伤”“德国皇储战死”“德国将军接连自杀”“德国国内正在闹革命”“西线德军全面溃灭”等，都是些捏造的新闻。现在大家得到的德国报纸虽然也仅是1914年10月2日的旧报纸，但大家还是兴致勃勃地阅读起来，当大家得知真实的战况后都感到非常心满意足。

然而，巴东港的荷兰殖民官员认为“艾莎”号不属于军舰，因而表示要将“艾莎”号上的乘员进行逮捕，并对“艾莎”号进行扣留。赫尔穆特·冯·穆克对此表示抗议，赫尔穆特·冯·穆克坚称：本人是该舰的指挥官，我的职责只让我对德意志帝国的军事长官负责。同时赫尔穆特·冯·穆克向对方要求提供食物和饮水、海图、肥皂及鞋刷等日用品，对方表示会满足“艾莎”号的要求。此时荷兰政府为了解决这个问题特地任命了一个“中间人”。“中间人”频频与巴达维亚的官厅进行电报交流，并按照官厅的要求行事，因而该“中间人”的主要工作就是要想方设法来扣留“艾莎”号，并监禁其陆战队队员。此时巴东港的各个有关政府机构也非常为难，因为如果就此允许“艾莎”号离开的话，英国或日本就会对此提出抗议。负责处理该事的关键人物是港务局长。由于此人是比利时人，他对德国入侵比利时必定是非常气愤的，因而赫尔穆特·冯·穆克所要求的补给品到1914年11月28日下午也没有送达。赫尔穆特·冯·穆克进行了再三催促，最终1914年11月28日19时许送来部分物资。物资送来的同时，“中间人”与港务局长一同现身。“中间人”仍极力劝说赫尔穆特·冯·穆克能够暂留此地。对此，赫尔穆特·冯·穆克带领其他两名士官与对方展开了会谈，并最终坚决地回绝了对方的提议。

会谈中，“中间人”表示：根据巴达维亚官厅的指示，无法给“艾莎”号提供海图及水文信息等资料。其目的不言自明，仍然是想阻挠“艾莎”号出港，此外还表示赫尔穆特·冯·穆克所要求的服装及肥皂、牙膏、牙刷等日用品，由于有助于增加德军陆战队的战斗力，因此拒绝提供。其实当时“艾莎”号上的乘员们已经三个星期没有刷牙了，对此已经并不在乎。至于其他的日用杂货也非必需，只是对方的借口让赫尔穆特·冯·穆克感到无法容忍，因此赫尔穆特·冯·穆克高调地宣称：“贵方表示无法交付的物资我们已经不再需要，即使没有海图我们也要出海。”港务局长表示：“这附近全是英日舰船在负责巡视，即使出港你们也必然会被它们捕获。你们已在‘埃姆登’号上完全尽了军人的本分，因此即便是停止这次冒险行动也不会有人认为你们是胆小鬼。”无论对方如何威逼利诱，赫尔穆特·冯·穆克都不为所动，坚决表示要出港。

作为中立国的荷兰自然无法阻止“艾莎”号的行动。“艾莎”号上装好给养（其中包括十头生猪）后，于1914年11月28日22时出港。出港航行数周后，“艾莎”号又获得了一些荷兰报纸，其中就对“艾莎”号今后的航行目的地及将要遭遇的困难等进行了诸多的猜测与评价。

第5章

“艾莎”号乘员抵达阿拉伯

第1节　“乔森”号来援

1914年11月29日3时左右，在“艾莎”号将要驶出巴东港到达海上的时候，有一艘小艇从后方急速行驶而来，并停到了“艾莎”号的船舷一侧。紧接着从小艇上扔上来一个手提包，然后紧接着又扔上来一件行李。之后，小艇上的人对“艾莎”号上的船员表示想要登船。当大家非常好奇这个人究竟要干什么的时候，一名德国预备役少尉和另一名预备役士兵爬了上来。经谈话得知，这两人是被强行滞留在巴东港的德国人，他们此行的目的就是要加入“艾莎”号，与其共同战斗。赫尔穆特·冯·穆克非常欣赏他们的勇气，很高兴地把他们留了下来，至此船上乘员增加至五十一人。

1914年11月30日，“艾莎”号和一艘荷兰军舰在明打威海峡相遇。荷兰军舰一直保持一定距离尾随“艾莎”号，直到“艾莎”号向西航行驶离荷兰领海方才作罢。

此后“艾莎”号又顺利地向西航行了大约半个月时间。1914年12月14日，天气晦暗，当天不仅雾气霭霭，而且大雨如注。幸而海面比较平静，没有大风大浪。当时“艾莎”号只是升起船头几片小帆在海中漂泊。透过灰色的雾霭，船员突然发现在左侧船头约四千米的地方出现了装有两根桅杆一根烟囱的轮船，而且该船正在往东行驶。由于当时“艾莎”号正向西航行，因此两船如果不改变航向的话必然会相遇。当时在这片海域一般的商船航向要么向南要么向北，基本没有船是东西方向行驶的。因此可以肯定地说，该船向东航行是有其特殊目的的。赫尔穆特·冯·穆克开始密切注意该船的动向，随着两船越来越近，大家发现这是一艘德国船，并且推测其一定是在寻找“艾莎”号。于是“艾莎”号调整航向，升起全部船帆朝该船快速驶去。为了引起对方的注意，还特意发了信号弹。

最终发现来船是北德国-劳埃德航运公司的货船“乔森”号。该船当时也被扣留在巴东港。1914年12月10日，“乔森”号趁着夜色逃了出来，并终于在第五天赶上了“艾莎”号。当时双方船员异常高兴，情不自禁地高呼万岁。“乔森”号拉响汽笛示意“艾莎”号船员放弃“艾莎”号登上“乔森”号，然而由于当天的天气状况不好没能付诸行动。1914年12月15日，天气状况仍然不容乐观，不仅无法登船，甚至两船并行都非常困难。两船通过互相发射信号的方式进行商议，决定先寻找一块陆地，然后在背风处会合后登船。于是两船按照商定的计划各自开始向前行驶。1914年12月16日，两船在一个岛屿的背风处会合，“艾莎”号上的全体船员开始登船，并将“艾莎”号的有用物资也都悉数搬到“乔森”号上。当天下午，“艾莎”号在船底被凿穿了两个大洞之后进水沉没。“艾莎”号自打从迪雷克申岛驶出已有一个半月，其间共航行一千七百零九海里，最终“艾莎”号完成了自己的历史使命。“艾莎”号上的乘员们感念与“艾莎”号一起乘风破浪生死与共的日子，纷纷流露出对“艾莎”号的无限留恋。

第2节　登陆荷台达

“乔森”号排水量一千六百五十七吨，最高航速为十节半。大战爆发前，“乔森”号一直负责香港到泰国之间的航运工作。战争爆发时该船正停泊在新加坡。此后“乔森”号曾被征用为“埃姆登”号的运煤船。但由于船上发生了煤炭失火事故，“乔森”号就开到巴东港进行维修，并一直被扣留在该港。

赫尔穆特·冯·穆克

此时的“乔森”号借助东北季风以七节半的航速航行。“乔森”号避开了一般航道，同时在高度警戒之中向西航行。当时的意大利态度十分暧昧，无法确定其最终会加入哪一方。英法两国在外交上拉拢意大利，因此英法军舰也对意大利的舰船非常友好。于是赫尔穆特·冯·穆克舰长就利用英法两国的这一心理，将“乔森”号伪装成意大利商船迷惑敌人。

1915年1月4日，“乔森”号来到了非洲东岸附近。1915年1月7日22时许通过红海南端的丕林海口。红海海域当时正处于英国的监控之下，因此“乔森”号一边密切注视英国军舰的动向，一边向荷台达港驶去。当时船员们之所以选择在此登陆主要是因为：首先他们听说阿拉伯铁道已经开通至此；其次因为这条铁路是为了向圣城麦加朝圣而修建的铁路，据此推测英国人尚不敢轻易占领这条铁路；再者，因为当时土耳其与德国已经结为同盟，所以通过阿拉伯地区回国是比较安全的。

1915年1月8日夜，“乔森”号到达荷台达，船员们开始分别乘坐四艘小艇向陆上划去。1915年1月9日0时后终于接近陆地。在他们将要登陆的地点，借着灯光判断有几艘法国和意大利的舰船停泊于此。于是他们避开敌国的舰船，在稍微向南一点的地方进行了登陆。随后又在荷台达找到了一个比较安全的地方宿营。完成使命的“乔森”号在赫尔穆特·冯·穆克的命令下开始驶离荷台达港，并踏上回国的征程。而赫尔穆特·冯·穆克一行则打算乘火车从陆地回国。出港后的“乔森”号于1915年1月13日进入意大利占领下的红海西岸的马萨瓦港，并在此地被扣留。

第6章

“埃姆登”号剩余人员回国

第1节　通过阿拉伯沙漠地带

赫尔穆特·冯·穆克一行五十一人上陆后发现，他们预想的阿拉伯铁路并没有开通。语言不通再加上水土不服，导致他们中的不少人要么发高烧，要么患上了赤痢，因此不得不暂时停留下来休养。1915年1月27日17时左右，他们从荷台达启程向内陆进发，并于1915年2月6日到达也门首都萨那。此时他们中有八成人都在发高烧，因此又在此滞留了两个星期。

勇猛的德国士兵此时已经被折磨得筋疲力尽，自感通过陆地回国已经无望的他们又返回了荷台达，转而向土耳其政府求助并得到了两条帆船。1915年3月14日下午傍晚时分，他们从北方距离荷台达港十海里远的扎巴那海岸出发。两船乘着夜色于1915年3月15日突破英国的封锁区域后，经法拉桑群岛继续向北穿行。第三天，即1915年3月17日傍晚，其中一船在马卡岛触礁沉没。落水的二十八人被见状赶到的另一艘帆船全部救起，此时这条船上加上当地的土著水手共有七十人之多，船上立即变得拥挤不堪。当时沉船上有两三个人因患有赤痢、伤寒等疾病而行动不便，被人用独木舟运送上来，其余的则是游泳上船的。第二天早上通过潜水作业，将沉船上的两挺机关枪和部分弹药打捞了上来。

1915年3月18日，陆战队队员们再次踏上征程，经过一段时间的顺风航行后，在贡富达上陆并受到了当地土耳其人的热烈欢迎。此后船员们又得到了一艘五十四吨的帆船。大家乘船后于1915年3月20日从该地重新启航。1915年3月24日，他们安全抵达利斯。由于听说这里有英国军舰在驻泊，只好放弃从此地乘船去吉达的计划，转而决定从陆地向吉达进发。1915年3月28日，他们开始出发。他们将自己伪装成一个由上百头骆驼组成的商队，在一名土耳其军官和七名土耳其宪兵的引导下向吉达进发。为了躲避炎炎烈日，他们夜行昼伏，每天行军约十四到十八个小时。在到达吉达的前一天，即1915年3月31日11时左右，土耳其政府派遣了一名军官和十七名宪兵前来迎接他们。

在1915年3月31日晚上行军时，他们遭遇了土匪。1915年4月1日早上，他们发现向他们发起攻击的土匪竟然多达三百多人。遇袭地沙丘林立，连绵不绝。受沙丘阻挡，四百米开外就开始看不到敌人的行踪。他们立即下了骆驼并进入战斗状态，并从各个方向对土匪展开了回击。土匪尽管人数众多，但都是些乌合之众，没交手几下就四散溃逃而去。当时陆战队队员们携带的武器有德国步枪和土耳其步枪各十三把，还有四挺机关枪。此次战斗德国人没有一人死伤，倒是二十四名土耳其士兵跑得只剩七人，所幸骆驼还剩了不少。他们又开始重整旗鼓，保持着战斗警戒队形继续前进。不久，他们又开始受到土匪袭击，并不断有人中弹。由于无法继续行军，于是他们把骆驼上驮着的各种物品迅速卸下来，并做了一个直径约五十米的圆形堡垒进行防御。整个白天他们不吃不喝，一直保持高度警戒。到了晚上方才得到了少量的水和干面包。当天夜里，陆战队队员们继续加强戒备并平安度过。1915年4月2日日出之后土匪们再次来袭。战斗中，德军一人战死一人重伤，而且武器弹药也已经差不多消耗殆尽。最不幸的是，从部分沉船上打捞上来的弹药由于受潮根本无法使用，形势对德国人越来越不利。

随着太阳越升越高，土匪们也都不见了踪影，德国人的安全暂时得到了保障。一头从阵中脱逃的骆驼被土匪射死，尸体腐烂所发出的恶臭随风飘来，让人无法忍受。骆驼的粪便则引来数不清的飞虫。虫子们不仅将占据着粪便，甚至整个阵地都被它们占领了。刚开始的时候大家还用脚将它们踩

陆战队员们受到土耳其人的欢迎

死，但随着数量越来越多，也就顾不上它们了。此时的德国人脸上、身上全是飞虫，以至无法呼吸。再加上太阳的炙烤，苦不堪言。本来大家是戴着白头巾防晒的，但由于白头巾容易成为被射杀的目标，大家早已弃之不用。由于没了头巾的遮蔽，在太阳的灼烤之下大家开始头晕目眩。枪杆子也被晒得炽热无比，甚至一碰就会被烫伤。皮制的骆驼鞍也在太阳的炙烤之下起火并散发出阵阵焦煳味，大家只能用沙子来灭火。由于遇到沙尘暴，好不容易挖的战壕又被填埋了，于是大家又得开始重新构筑战壕。此外，由于耳鼻口目中灌满沙子以致引发了炎症。沙尘与汗水混合，每个人的脸都脏得看不出模样。骆驼腐尸引来了二三十只秃鹫，它们在空中徘徊并发出阵阵凄厉的怪叫声。虽然已经派人前往麦加的土耳其军营寻求援助，但一直没有等来援军。此时饮水也要马上告罄，赫尔穆特·冯·穆克想如果到1915年4月3号还没有援军到来的话，与其在此坐以待毙，不如趁1915年4月3日天黑之后拼死一搏，碰下运气，向吉达方向强行突围。

第2节　九死一生

1915年3月3日正午时分，土匪阵中突然有人打着白旗朝他们走来。赫尔穆特·冯·穆克接见了他，经谈话得知：对方要求给他们两万两千英镑，要求得到满足便会退兵。赫尔穆特·冯·穆克听后想：土匪此时前来和谈，必定是得到了土耳其援军正在赶来的消息，因而想赶紧勒索钱财逃跑。既然如此就应该拖住他们，等待援军到来并一起夹击消灭这帮土匪。于是赫尔穆特·冯·穆克虚张声势地对土匪说：我非常喜欢沙漠中的枪炮声，看吧，我们还有充足的饮水，再抵抗四个星期不成问题。实际上赫尔穆特·冯·穆克手指所指的水桶是空的，目的当然是迷惑敌人。由于要求没有得到满足，土匪便返回报告去了。过了约半个小时左右，那名土匪又折返而来，还是坚持刚才的条件不变。此时赫尔穆特·冯·穆克还是一心想要尽量拖住这群土匪，于是悠悠然地对土匪说道：我想见一下你们的头目，如此重大的事情必须由你们的头目来谈。土匪回去报告后，这次来了一个代理人，该人威胁道：如果不乖乖交钱就只有强攻来取。已经被土匪的攻击弄得焦头烂额难以招架的赫尔穆特·冯·穆克，在听到土匪将要进攻的话后，顿时感到问题棘手起来。

果然，土匪们向他们又发动了猛烈射击，此后土匪们又进行了三次齐射，然而此后土匪们就像消失了一样，四周变得一片寂静。赫尔穆特·冯·穆克小心翼翼地从骆驼鞍上探出头来，仔细观察四周的情况，发现土匪们早已消失得无影无踪。赫尔穆特·冯·穆克为防有诈，没敢轻易行动，一心只想等日落之后突围。正在此时，从前方有人分乘两头骆驼高举白旗而来，来者正是麦加的土耳其总督派来的使者。总督得到了他们被土匪围困消息，于是派他们率部前来解围。果然，约半个小时之后出现了一群骑着七十头骆驼的骑兵，他们在一个酋长的带领下，打着一杆写有金色古兰经的深红色旗帜，敲着大鼓，嘴里大声念诵着类似经文的调调，风尘仆仆而来。赫尔穆特·冯·穆克一行终于感到得救了。他们从援兵那里补充了水分后，夜里在阿拉伯酋长的带领下撤出阵地，并向吉达方向赶去。1915年4月4日傍晚时分，赫尔穆特·冯·穆克一行平安地到达吉达。由于要救治伤员，他们在吉达休整了几日。1915年4月8日，赫尔穆特·冯·穆克一行乘帆船离开此地，在躲过英国人的监视后于1915年4月28日来到了沃季赫以南约十海里的一处港湾上陆。赫尔穆特·冯·穆克一行携带武器及够一天食用的食物乘着骆驼向沃季赫进发。1915年4月29日到达沃季赫。赫尔穆特·冯·穆克一行登陆后，帆船载着物资也朝沃季赫驶来。

赫尔穆特·冯·穆克一行在沃季赫待了三天。其间他们组织了一个有着三百四十头骆驼的大商队，于1915年5月2日8时浩浩荡荡地出发了。此行的目的地是欧拉。骆驼队中的二百五十头骆驼是阿拉伯酋长送给他们的，用作护卫之用。鉴于上次遭遇土匪袭击的经验，他们白天顶着烈日行军，晚上则挖战壕而眠。1915年5月15日，一行达到欧拉火车站。事先得到消息的德国领事馆的记者、军医及很多德国和土耳其的军官，还有当地的酋长等都前来迎接，并将他们一行送上火车。很快，他们到达大马士革并受到热烈欢迎。此后赫尔穆特·冯·穆克一行从大马士革继续北上，于1915年5月23日17时抵达安卡拉铁路干线的海达尔帕夏中央火车站。在此他们受到了德国及土耳其贵族们的热烈欢迎。此后赫尔穆特·冯·穆克一行又乘坐土耳其的驱逐舰赶赴君士坦丁堡，参加为他们特意召开的欢迎宴会。

“埃姆登”号上幸存的队员们在相隔十个月后收到了来自家乡的信，信中首先热情洋溢地赞扬了他们的好运气，并为他们所吃的苦受的累表示诚挚的问候。此时得以幸存的“埃姆登”号船员共四十九人，其中军官五人，下士七人，普通士兵三十七人。

第7章

第一次英德北海海战

第1节　德国舰队败走

战争爆发后，英国海军数次到德国黑尔戈兰岛附近对德国海军进行挑衅。但德国海军自知力有不逮，因此一直坚守不出。相反，德国海军在波罗的海方面却对俄国海军动作不断。虽然德国海军不想在海上被比自己强大的敌国

黑尔戈兰岛

海军蹂躏，但也不想完全坐以待毙无所作为。于是为了给对方尽可能地造成损失和威胁，德国海军派潜艇前往北海海域加强活动。1914年10月，德国决定封锁丹麦和瑞典之间的海峡，于是开始在朗厄兰岛以南的公海水域布设水雷。随后，英国开始将整个北海海域划作战区，并于1914年11月5日起向所有过往的船发出警告：从苏格兰北端到冰岛以东海域处于不安全状态，请务必各自注意安全。1914年11月中旬，德国潜艇开始出没于多佛尔海峡及比利时的奥斯坦德附近。1915年1月1日，一艘英国战舰在英吉利海峡被德国潜艇击沉。

1915年1月24日，英国海军中将大卫·理查德·贝蒂率领的舰队与雷金纳德·约克·蒂里特提督率领的驱逐舰队在北海进行巡航时，发现德国的舰队正

大卫·理查德·贝蒂

“布吕歇尔”号覆没

朝英国东海岸航行。英国舰队对这一发现异常兴奋，遂对德国舰队展开追踪。此时德国舰队也已经发觉自己被跟踪，于是匆忙朝自家海岸线逃去。看到德国舰队有逃跑的迹象，于是英国舰队加快了追击速度。最终在战斗中，德国的“布吕歇尔”号装甲巡洋舰被击沉，另一艘战列舰与一艘巡洋舰严重负伤。按照德军俘虏供述，还有一艘轻型巡洋舰也被击沉。英国方面，有一艘重型巡洋舰受损严重，另有一艘战舰被击沉。

第2节　“布吕歇尔”号覆没

“布吕歇尔”号被击沉后，部分被搭救的落水乘员在事后详细地描述了“布吕歇尔”号覆没时的惨状。

下面是一位舰上锅炉工的证言：

严格来讲，这次海战是在1915年1月24日星期日9时打响的，当时我正在值班。当我刚进入到工作岗位时，英军就打来了一颗炮弹，此时我舰距离英舰约十六公里，还不能用肉眼观测到英舰的具体位置。此后英军炮弹断断续续地飞来，要么打到我舰的前方，要么打到我舰的侧方，但都离舰体较远，这可能是英军在通过试射调整舰炮的攻击方位和角度。炮弹爆炸激起的水柱都高达几十丈，溅落到甲板上的海水将水兵们都打成了落汤鸡。一时间，水兵们都像中邪了一样，呆若木鸡不知所措。英军经过多次试射后，一发炮弹打到了我舰舰首正前方的海中，激起的水浪高达六十丈，我舰当即就像遭遇了大海啸一般，开始晃动不已，感觉甲板也似乎要被撕裂了。

似乎英舰已经设定好了标尺，炮弹不断朝我舰飞来，四周已经被炮弹的呼啸声和爆炸声笼罩。突然，一发炮弹命中我舰并破坏了电路系统，舰上开始混乱不堪。紧接着又有一发炮弹命中，并直接炸穿了下甲板。下甲板上的水兵们顿时陷入了极度的恐惧和混乱之中。紧接着又有一发炮弹近乎水平地飞来，直接命中我舰侧舷并炸出了一个大洞，之后炮弹从上甲板一穿而过。此后炮弹越来越密集，其中有一发炮弹贯穿了整个舱室并钻到了煤炭库。爆炸引起火灾，火势凶猛，一发不可收拾。油料库也被炸毁，油罐破裂，燃油外泄，这又助长了火势。被大火笼罩的船员们，开始不管不顾地左右逃窜，试图逃出这烈火地狱。此时炮弹如大雨般倾盆而至，船上已经死伤无数，大爆炸引起的高温与气体膨胀将各舱门及舱板都吹鼓包了，并吱嘎乱响。舱内的各种器具、装饰品等像遭遇了狂风一般四处飞散，窗户也疯狂地开开合合，甚至厚重的铁质主舱门也被炸弯了。船员们更像狂风中的树叶一般被吹飞，随后又纷纷砸到墙壁落地，除了直接被炮弹炸死者，像这样因为气压骤变而死者也不在少数。

上甲板的情况也十分悲惨。“布吕歇尔”号一时间成了众多英舰的靶子，大小炮弹如倾盆大雨般砸落在甲板上并发生爆炸。特别是大型炮弹威力巨大，一发就感觉让整个舰体倾斜不已，舰体感觉刚要开始恢复水平状态，紧接着又是一颗巨型炮弹爆炸，舰体又开始更加倾斜。此时的“布吕歇尔”号就像一个在海中不断剧烈摇晃的摇篮，每当炮弹袭来，甲板上的士兵们只能是伏地求生。操炮手们已经多半被炸死，只好让水手们来搬运炮弹。当时只有一个炮位还没有被破坏，但也仅剩两名炮手。环视甲板四周你就会发现，周围全是死伤者和炮弹的破片，整个甲板上已经被炸得一塌糊涂。

大家从未预想过“布吕歇尔”号会覆没，但后来感觉舰体已经开始极度倾斜，紧接着响起急促的钟声，这是舰体将要覆没的警报。甲板下的水兵们搀扶着受伤的战友们都陆续来到甲板上，其中有人是从炮弹炸开的口子上爬出来的。事到如今，舰沉大海已成定局，于是大家静静地等待着最后时刻的到来。正在这时有人开始高喊：“‘布吕歇尔’万岁！”随后又有人开始高呼：“德国皇帝万岁！”最终大家又开始一起高唱德国军歌《保卫莱茵》，舰长示意大家可以弃船逃生。此时英舰已经停止炮击，开始不停地发射鱼雷想要炸沉“布吕歇尔”号。同时其他的英国驱逐舰和巡洋舰也开始向我们靠拢，想要救助我们。最后，“布吕歇尔”号舰体变得极度倾斜，随后舰体倾覆，掀起了巨大的漩涡，沉入海底。英舰开始着手救助落水船员们，但此时有德国飞艇飞来，开始不断从上空向英舰投掷炸弹，英舰为了不被击中而拼命躲闪，因而无暇顾及“布吕歇尔”号上的落水船员，又有不少船员因此而溺亡。

第3节　德国潜艇发威

1915年2月上旬，德国政府获知英国将要通过英吉利海峡向法国运送军队和军需物资的消息，于是对外宣称将英国本土及附近岛屿，还有英法之间的海峡都视为战场，并禁止与战争无关的民用船通过上述海域。由于英国商船经常悬挂中立国的国旗，因此德国公开宣称，将不再保证中立国的船及乘客的安全不受侵犯。1915年2月28日，德国以充满威胁的语调对外宣称将要进行无限制潜艇战。果然，自这天起，德国将众多潜艇投放到北海海域。不仅如此，德国还在许多重要海域布设了水雷。此后，英国甚至许多中立国的船多有被击沉，甚至美国船也备受其害，这最终导致美德之间产生矛盾。德国为了鼓励潜艇更多地击沉英国商船，出台规定称不但要对击沉英国商船的潜艇乘员予以破格提拔，还要对俘获英国商船者给予数量可观的报酬。英国自然不会束手就擒，1915年3月，英国宣布将对德国海岸进行全面封锁。英国的这一决定给美国的对德贸易造成了不利的影响，使国际形势更加复杂。

德国决意将无限制潜艇战进行到底。萨克森及其他的机械工厂开始大力生产用于制造潜艇的零部件，最后这些零部件被源源不断地运送至潜艇组装厂。组装好的潜艇随后被派往英国海域，加强对英国的水下封锁。德国潜艇曾在爱尔兰沿岸的金赛尔港附近击沉了英国的巨型客轮“卢西塔尼亚”号。

此后德国潜艇的活动越来越猖獗。在海战中原本作用不被看好的潜艇，在对待民船方面显示了其邪恶的一面。仅英国一国就在大战爆发之后的十三个月里，即1914年8月至1915年8月月末这段时间内，有一百三十八艘民船被德国潜艇击沉。1915年11月，德国潜艇的活动稍微有所收敛，因为此时英国潜艇的活动也开始日益活跃起来，特别是在北海海域。1915年10月15日，英国潜艇在丹麦和瑞典之间的海域击沉了一艘德国驱逐舰。

1916年4月25日拂晓，一艘德国巡洋舰在轻型巡洋舰及驱逐舰的陪伴下，突然出现在英国萨福克郡的洛斯托夫特附近海域并发起炮击。英国舰队随后赶到并与之交战。不久后德国舰队即败退而逃。

第8章

第二次英德北海海战

第1节　德国舰队逃避决战

自1915年1月24日英德两国海军在北海发生海战以来，德国舰队除了在波罗的海仍有活动的水面舰艇，其余则全都蛰伏在自家军港里，尽量避免与英国海军发生正面冲突，只有其潜艇部队仍在四处活动。

1916年5月30日，两国海军之间在北海海域又爆发了一次大海战。当天拂晓，德国舰队以弗朗茨·里特尔·冯·希佩尔提督率领的战斗巡洋舰队为先导，以卡尔·弗里德里希·海因里希·赖因哈德·舍尔提督率领的公海舰队主力为后援，并在鱼雷艇大队及空中侦察飞艇的配合下，经黑尔戈兰岛北部浩浩荡荡地出现在了北海海域。1916年5月30日15时，弗朗茨·里特尔·冯·希佩尔的舰队与英国的大卫·理查德·贝蒂的舰队在日德兰海域发生冲突。英国大卫·理查德·贝蒂的舰队由八艘战斗巡洋舰、四艘伊丽莎白女王级高速战斗巡洋舰及其他轻型装甲巡洋舰和鱼雷艇等构成；德国弗朗茨·里特尔·冯·希佩尔的舰队由七艘战斗巡洋舰、一艘轻型巡洋舰及其他鱼雷艇等构成。当时弗朗茨·里特尔·冯·希佩尔的舰队一看到英国舰队就不战而逃，于是弗朗茨·里特尔·冯·希佩尔希望在拥有十九艘无畏级战舰的卡尔·弗里德里希·海因里希·赖因哈德·舍尔的舰队的掩护之下向北方退去。一心想要拦截弗朗茨·里特尔·冯·希佩尔去路的英国舰队边打边朝敌方舰队的南部急插而去。此时英国舰队拦截路线的前方正大雾弥漫，但为了截住敌人，大卫·理查德·贝蒂不顾一切地下令让舰队一头冲进大雾之中。受大雾影响，英军无法辨别德国舰队的位置。当回过神来时，英国舰队却发现自己竟然已经陷入了德国舰队的夹击之中，处境危险。1916年5月30日18时许，约翰·拉什沃思·杰利科率领英国主力舰队前来解围。在己方舰队的帮助下，原本腹背受敌的大卫·理查德·贝蒂舰队终于得以腾出手来向德国舰队发动猛烈冲击。其实，在约翰·拉什沃思·杰利科舰队到来前，德国的齐柏林飞艇就已经从空中探知了约翰·拉什沃思·杰利科舰队的行踪，并第一时间通知了德国舰队。得到消息的德国舰队

约翰·拉什沃思·杰利科

一艘被击中的英国军舰

终止了与英国舰队的缠斗，开始后退。1916年5月30日21时许，德国舰队全部撤出战斗。势头正旺的英国舰队随即展开了追击。英国鱼雷艇分队趁着夜色对德国舰队加紧追击。德国的鱼雷艇分队为了掩护己方舰队顺利后撤，进行殿后。当英国的鱼雷艇分队追击到能观测到黑尔戈兰岛之后，旋即停止了追击。实际上，其余的英国舰队在向前追击了一百海里左右的时候就早已停止了追击。

第2节　舰底船员们的活动

有关甲板下的士兵在海战中是如何工作与运转的，到目前为止的详细介绍还不多。船员们在昏暗而狭窄的舱内负责整个舰艇的运转与作战任务，其辛苦与危险程度丝毫不亚于甲板之上的水兵。下面我们看看曾在北海海域击沉过一艘德国舰艇的英国舰艇军官的记述。

当天我舰正在北海海域执行巡视警戒任务，有报告显示，在海平线上方发现了一缕黑烟，听闻此消息的我们都像过了电一样，瞬间紧张起来。同时我们脸上也开始露出一股杀气——我们等待德国人出现已经等得太久了。紧接着，舰上响起刺耳的铃声，这是要求大家做好战斗准备的信号。我等动力部门的士兵们闻讯后开始各就各位。此时大家脸色凝重，可见大家慷慨赴死之决心。

约半个小时后，德舰率先朝我方发炮，我方随即还击。随着一声巨响，我舰像遭遇了大地震一般剧烈摇晃起来，动力室上的电铃也开始发出急促的报警声。我们静静地等待各种指示，突然信号灯亮起，要求我们紧急关闭防水门。于是我们赶紧关闭了防水大铁门。当时大家开始不安起来，悲观地认为与战友们诀别的时候到了。我舰一旦被击沉，则甲板下的我们必将无人生还，因此大家面色凝重也是理所当然的。来不及过多考虑自身的安危，信号灯再次亮起，要求我们给四号炉加注燃料。在各种指示之下，大家又恢复了往日的刚毅。舰上有很多士兵是第一次参加战斗，他们必定非常恐惧，但此时他们大都有条不紊地沉着应对，看来平时的训练起了很大作用。

突然，第一燃烧室的侧面发生了巨大的震动，我们差点都被震飞。站在我旁边的一个一等下士是一个久经战阵的老兵，他当时身体只是稍有倾斜。当震动结束后，他又开始恢复了往日的沉着与冷静，并开始一丝不苟地进行着各种操作。他应该是努力想通过自己的沉着应对来给新兵树立榜样，以帮助他们消除恐惧。在舱底作业的我们与在甲板上的水兵不同，我们根本不知道海面上发生了什么，我们无法像他们那样当遇到危险时可以随时离开战位躲避死亡。由于舰桥上传来的信息极其有限，因此我们只能一味地死守自己的岗位。在有限的空间里要想顺利完成舰桥上的命令是非常困难的，但大家仍精神抖擞地跑来跑去，努力完成自己的任务。战斗越来越激烈，此时我们团结一致，互相协作，老兵们不断地激励与指导着新兵作业。当时有一个新兵可能是因为过于害怕而有点不知所措，但当他看到老兵们临危不乱地指挥新兵们进行操作的样子时，自己似乎也受到感染。于是新兵很快冷静下来，开始专注于自己的工作。

突然，我舰停止了前进，而且舰身也开始剧烈地摇晃起来，并伴随有巨大的爆炸声传来。此时，有信号要求我们添加燃料，一个锅炉工一边高喊："快用炮弹向敌人致敬！"一边向锅炉内铲进了两大铲的燃煤。燃料加注完成后，这名锅炉工又恢复了其往日悠然的姿态。此时似乎又有敌弹落下，因为舰身又开始剧烈地晃动起来。当时我舰正以二十五节的速度向前猛冲，舰桥上突然传来命令要求我们增加转向力。于是我们又开始进行急转舵作业。在舵的转向力作用之下，舰身开始极度倾斜，甲板上的水兵们差点被全部甩进海里。此时突然又有命令要求我们左舵全速向前右舵向后，操纵方向舵的部件因为急遽转向而发出嘎嘎的撕裂声，不过舰身最终还是以近乎一百八十度的角度回转了。正在此时，一名年轻军官大声喊道："有潜艇！"同时他并没有停止手中的操作，而且双眼紧盯着航速表。通过以上的一系列操作，原本全速前进的我舰突然停了下来，甲板上也随之停止了发炮。一时间我舰陷入了死亡般的寂静，在舰底的我们面面相觑，恐惧瞬间到达了顶点。突然从舰桥打来电话，对方兴奋地说："敌舰被击沉，大家快到甲板上来看！"听到此消息，甲板下的我们欢呼雀跃起来，满身油污与炭末的我们搭乘电梯来到了甲板之上，看到被我军重创的敌舰正缓慢地沉入北海的波涛之中。甲板上的官兵与我们紧紧拥抱，并高声欢呼大喊"万岁"，庆祝着我们的胜利。大家由于极度兴奋而不禁流下泪来。

第3节　两国舰艇损失对比

无畏级战列舰在此次北海海战中是第一次登场亮相。同样，潜艇及飞艇参加海战也是第一次。虽然此次海战并不能左右整个战争的局势，却是此次战争爆发以来最大规模的海战。英国在此次北海海战中共损失战列巡洋舰三艘、装甲巡洋舰三艘、驱逐舰八艘，死伤四千余人，其中包括两名少将在内的三百五十名军官。德国方面虽然对此次战役的损失情况有所隐瞒，但根据英国方面的统计：德国共损失战列舰两艘、战列巡洋舰两艘、轻型巡洋舰三艘、驱逐舰六艘及潜艇一艘，此外共死亡八百人、失踪四千六百人、负伤一千四百人。①

此外，自英国海军在多佛尔海峡布设铁丝网后，德国潜艇被迫转战地中海，因此，英吉利海峡的船一段时间以来都没有再遭受德国潜艇的侵害。然而，不久后在英吉利海峡航行的商船又开始频频遭受来自德国潜艇的袭击，损失严重。原来德国本以为英国会封锁多佛尔到加来及波特兰岛到科唐坦半岛之间的海域，因此，德国只能是将潜艇派往地中海海域。但当德国后来得知英国仅是在多佛尔海峡布设了铁丝网后，德国潜艇又开始在波特兰岛以东海域兴风作浪。

① 后来证实德国海军在此战中仅沉没一艘战列巡洋舰、一艘前无畏舰、四艘轻型巡洋舰、五艘鱼雷艇，两千五百五十一人阵亡，五百零七人负伤。

第9章

俄德海军波罗的海之战

第1节　德国舰队袭击里加湾

在波罗的海，俄国舰队的实力无法与德国匹敌。由于受实力所限，俄国海军一般不会主动去挑战德国海军，但也不妨碍俄国海军会利用一些机会偶尔给德国海军一些颜色看看。1915年8月8日，由九艘战列舰、十二艘巡洋舰及诸多驱逐舰和扫雷舰组成的德国舰队浩浩荡荡地出现在里加湾入口附近。当天天气晴朗，风平浪静，视野开阔，德国舰队在里加湾湾口的防御线外围停了下来，开始用扫雷舰排除布设在伊尔贝海峡的水雷。得知消息的俄国舰队悄悄来到防御线内侧，向德国的扫雷舰队展开猛烈炮击，力图阻止德国舰队扫雷。德国舰队从远处向俄国舰队进行了还击。德国舰队由于害怕触雷，因而行动极其小心缓慢。由于德国舰队无法给扫雷舰队提供有效掩护，迫使德国扫雷舰队暂停扫雷活动并后撤。与此同时，俄国派出飞艇从空中向后撤的德国扫雷舰队投掷炸弹。德国扫雷舰队受损严重，被迫不断后撤。由于德军要想从海上进攻里加湾就必须进行扫雷，因此，不久后德国舰队再次发动进攻。有了前两次的经验，俄国舰队的炮弹命中率变得很高。经过一番炮轰后，德国舰队难以招架，再次败下阵来。此后，德国的一艘巡洋舰及两艘驱逐舰为了救助扫雷舰上的乘员，再次向俄国海军的防御线内驶来。德国海军的巡洋舰触雷受损而进水，舰体严重倾斜，不过最终还是逃了回去。

第2节　德国舰队再袭里加湾

不甘失败的德国海军于1915年8月16日再次炮击里加湾。德国舰队对里加湾开始炮击时，属于第一阵列的俄国舰队早已驶出里加湾并来到外海。因此，德国海军想要将俄国舰队全部封堵在里加湾的计划没能成功。于是德国舰队转而企图占据里加湾沿岸海域，然后从海上围攻并摧毁俄军的岸上要塞与防御工事。当时里加湾内尚有俄国驱逐舰舰队驻守。俄国舰队虽然英勇奋战，但仍然被逐渐压迫到了里加湾北侧，在岸上俄国陆军的掩护之下才最终得以脱逃。然而，其中的“光荣”号、“皇太子”号战列舰及“海狗”号和“高丽人”号炮舰由于速度原因，没能跟随舰队突围而被截留在了湾内。滞留在湾内的俄舰在1915年8月19日收到了新的命令。舰队司令要求它们冲出里加湾前来会合，并在电报中告诫它们，有可能在湾内碰上德国军舰，让它们做好警戒工作及准备。1915年8月19日11时许，“海狗”号和“高丽人”号做好了出湾的准备，两舰一前一后向外航行，两者间距离仅不足六十米。在白天的航行过程中没有发现任何敌舰的身影，两舰船员这才安心。入夜之后部分船员已经开始休息。

“光荣”号

随着时间的推移，夜越来越深，突然，“海狗”号上的电报机收到一封电报，周围的人顿时感到事情不妙，于是纷纷急忙起身一探究竟。不久后，舰长拿着电报出来对大家说：“在左舷方向发现一艘军舰！”于是大家开始各就各位，做好了战斗准备，同时向“高丽人”号通报了电报内容。果然，高度警戒的“海狗”号从远处的云雾中发现了一艘有着三根烟囱的大船。由于距离较远，当大家还在猜测是哪国军舰或者是否是己方军舰前来支援的时候，这艘大船已经全速朝俄舰冲了过来，看架势是想要截断“高丽人”号的进路。“高丽人”号一看这架势就全明白了，于是开始先敌开火。随后德舰还击，炮弹纷纷打到“高丽人”号四周，并激起数丈高的水柱。当时整个海面已经是四顾茫茫，时针指向为1915年8月19日21时。

德舰逐渐逼近“高丽人”号，大有要从“高丽人”号舰首与“海狗”号舰尾之间的空隙一穿而过的态势。与此同时，“高丽人”号的右侧海域又出现了其他德国军舰的身影。德舰依仗速度快、火力猛的优势朝“高丽人”号不断发动猛攻，同时对“海狗”号也不断发动猛烈炮击。巨型炮弹呜咽着划过夜空又纷纷落下，这阵仗着实让人毛骨悚然。然而，德舰最初发射的一波炮弹并没有命中“海狗”号，而是掠过“海狗”号的上方，落在了“海狗”号的后面，并激起了数条高高的水柱。“海狗”号随之还击，炮弹出膛而发出的巨大响声让四周海面震荡不已。“海狗”号的炮弹命中率极高，给德舰以重创。“高丽人”号也命中敌舰并将其探照灯破坏。“高丽人”号越战越勇，并趁机迂回至“海狗”号前方，从而破坏了敌舰截击自己的计划。

第3节　“海狗”号沉没

1915年8月19日22时，此时的“海狗”号因没能突围而陷入苦战。德军巡洋舰虽然探照灯被打坏，但由于当晚月明星稀，德舰借着皎洁的月光逼近“海狗”号，离“海狗”号仅六百米。“海狗”号不断猛烈炮击逼近的德舰。炮声雷动，火光冲天，海面被映射得通红一片。另一艘德国驱逐舰也开始加入对

“海狗”号的攻击之列。当天海上虽然无风浪，但由于炮弹的不断落下并发生爆炸，致使“海狗”号周围海水激荡。“海狗”号不断被命中，炮弹的爆炸声震耳欲聋，钢铁碎片四处飞散。“海狗”号的侧舷不断被击中，直接命中甲板的炮弹也不在少数，烟囱也已经被炸断。“海狗”号舰长一直站在舰桥上，一边大声激励士兵一边冷静指挥。其余军官也在弹雨中左躲右藏，从一个炮架赶到另一个炮架指挥炮手不断向敌人还击。然而，由于多次被敌方炮弹命中，“海狗”号上早已浓烟滚滚一片焦黑。突然一发炮弹命中了“海狗”号上的发电机，另有一发炮弹命中了舰桥，舰桥上的舵手与数名军官随即丧命。本以为必死无疑的舰长竟然还活着，仍在大声指挥作战。大家这才得知舰长仍然在坚守岗位。

战斗越来越激烈。由于舰上通信系统遭到破坏，因而各个炮位只能各自为战。各炮位只管朝敌舰猛烈射击，其中舰首的五英寸炮完美地命中德军驱逐舰，并将其炸沉。

突然，德舰射出一枚鱼雷，但被一名信号灯操作员及时发现，并立即向全舰报警。“海狗”号遂紧急掉转航向，避过了这枚鱼雷。不料敌舰紧接着又射来第二枚鱼雷，由于当时“海狗”号上的机械及转舵系统还十分完整，因此通过紧急避让又躲过了这枚鱼雷。然而，一枚炮弹命中了“海狗”号的甲板，并燃起熊熊大火。当大家正全力灭火之际，从船舱内传来爆炸声，随后有蒸汽从甲板中部的缝隙中喷涌而出。原来是“海狗”号的动力锅炉遭到了破坏，这使舰身开始激烈晃动并失去动力。舵机此时也已经失效无法操作，“海狗”号现在只能坐以待毙。此时突然从舱内跑出一名士兵，称船舱还没有进水。紧接着从舱内又跑出一些锅炉工，以及其他负责机械操作的士兵，这些人要么是烧伤，要么就是其他骨肉之伤，个个都浑身是血。甲板上的士兵们在烟火之中又开始聚集到各个副炮炮位上开始准备作战。当时的甲板上死伤者不计其数。即便是伤者，但凡还有气力，仍然坚持匍匐着装填炮弹并向敌舰开火。

“海狗”号的大限已到，此时舰舷已经严重破损，挂在舰舷上的小艇也已经被炸了个粉碎，整个甲板都是散落的木片。德国巡洋舰此时停止了四英寸炮的射击，转而向“海狗”号密集发射散榴弹。“海狗”号甲板上的伤员越来越多。看来，德军的意图是将“海狗”号上的舰员全部消灭后再俘获“海狗”号。

“海狗”号上的舰员在不断减员，甲板上基本已经没剩几个活人。很多副炮也已经无法使用，只有舰首与舰尾的两门主炮还在不断射击。特别是舰尾的四名炮手在钢铁护板的掩护之下坚持向德舰猛烈射击。此时“海狗”号舰长下了沉船的决心，命令士兵打开底仓的通海阀，放水沉船。“海狗”号船身在微微晃动了一下后，开始向海底慢慢沉去。幸存者们此刻都静静地坐在甲板上，在胸前画着十字并默默祷告，祷告完毕后大家开始高呼万岁。此时海水已经没过了船舷。一百六十五名船员之中仅八十人仍一息尚存，但全部负伤。位于舰尾的炮口仍在喷吐怒火，但此时德舰已经停止了射击。“海狗”号舰长命令大家跳海逃生，而他自己镇定自若地随“海狗”号沉入深海之中。其余船员一起跳入海中，此时的游泳圈、木板都成了他们的逃生工具。据后来统计，其中有四十四人被德舰救起。

第4节　地中海及黑海之战

开战之初，德国地中海舰队的两艘军舰“戈本”号和“布雷斯劳”号巡洋舰逃入了土耳其的达达尼尔海峡。在英法两国的严重抗议下，土耳其以购买的名义将上述两舰编入了自家的黑海舰队。土耳其的所作所为再次证明德土两国此时已然是同盟关系。奥匈帝国的海军被英法舰队联合封锁在亚得里亚海不得而出，当时奥匈帝国海军的主力位于普拉附近，其余的一部分潜入到科托尔躲藏了起来。对此，英法两国采取的对策是：通过布设水雷的方式，封锁奥匈帝国领海的达尔马提亚沿海诸岛之间的水道，意图将奥匈帝国海军全部封死。

1915年下半年，意大利对奥匈帝国宣战后，奥匈帝国舰队从亚得里亚海向意大利沿岸出动并对安科纳发动了炮击。意大利海军在两艘英舰的协助下击沉了奥匈帝国的三艘小舰。此后奥匈帝国潜艇开始在地中海一带活动，并于1915年10月6日在西西里岛附近海域击沉一艘希腊商船。1915年10月17日又击沉一艘法国汽船。

在地中海方面，英法舰队的主要目标是攻占达达尼尔海峡。由于该部分内容已经在前面有所描述，因此不再赘述。

黑海方面，俄国舰队于1914年11月18日在塞瓦斯托波尔海域与土耳其海军从德国“购买”的“戈本”号和“布雷斯劳”号发生冲突。经过交战，“戈本”号受损起火后逃走。此后两国海军之间还发生过几次小规模战斗，并且双方也都曾炮击过对方的海岸线。1915年1月18日，俄国军舰击沉了数艘土耳其商船；1915年1月24日又击沉了数艘共载有十六架飞艇的土耳其商船。俄国海军还曾炮击过保加利亚沿岸。总之，在黑海方面的海上争斗并没有什么值得特别记录的战斗发生。

第10章

德舰“鸥”号袭击敌国商船

第1节　危险的“海鸥”之卵

如“埃姆登”号一样，德国海军有许多巡洋舰及伪装巡洋舰等在海上四处游荡，并伺机大肆袭击敌国商船。德国舰艇的商船袭击战术取得了巨大的效果，使各国商船闻风丧胆。于是协约国一方开始想方设法大力打击德国海军的这一战术。后来德国海军终因实力不济而逐渐在大洋上销声匿迹。1915年年末，协约国海军对德国海军已经取得了绝对优势，因此协约国海军逐渐放松了警惕，并高傲地认为德国海军已经被消灭殆尽。其中欧洲附近的海峡、非洲及澳洲之间的海上通道此后一直安全无虞。

不甘失败的德国海军又制订了更加大胆的计划，决定再次利用袭击敌国商船的方式给敌方的海上贸易通道以重大打击。1915年，德国投放了一艘叫“莫韦”号的巡洋舰来担此重任。“莫韦”在德语中为海鸥之意。由于该舰伪装成了普通商船的样子，因而被称为伪装巡洋舰。该舰在茫茫大海之中到处游弋，寻找着敌方的商船。这种行为就如同海鸥在寻找鱼儿一般，因此在下文中将其略称为“鸥”号。“鸥”号舰长为多纳-施洛迪安伯爵尼古劳斯·布格格拉夫海军中尉。此人机智灵敏且颇有绅士风度，其船员们也都十分勇敢且富有忍耐力。通过对该舰的巧妙伪装，“鸥”号在后来取得了赫赫战果，堪称商船破坏的“模范舰”。以下内容将就“鸥”号的一些战绩做一些简述。

“鸥”号首先将自己伪装成一艘普通的货船，之后从德国港口驶出，朝英国海岸进发。在靠近英国海岸之后，“鸥”号乘风破浪，按照预订计划布设了为数众多的水雷。船员们将“鸥”号布设水雷的行动比作海鸥在水中产卵，但这些“卵”是无比致命的，因触“卵”而沉的英国商船不胜枚举。“鸥”号四处产“卵”，有时候还会趁着夜色混入英国海岸的渔船中间，旁若无人地布设水雷。经过十二天的布雷工作，“鸥”号顺利地完成了自己的任务，这期间甚至没有遭遇过一艘敌舰。完成任务的“鸥”号驶离了英国海岸，朝远海驶去。

第2节　沉一船俘一船

1916年1月11日10时许，“鸥”号从一般民船航道驶离至距英国海岸线约六十海里的海域时，突然在舰首右侧发现了一股煤烟。这艘汽船朝“鸥”号逐渐驶来。“鸥”号上的船员此时都屏住了呼吸，又紧张又激动，希望能捕获这第一个猎物。一无所知的汽船距离“鸥”号越来越近，此时整个船身已经完全暴露在“鸥”号面前。通过观察可知，这是一艘英国汽船，大小与“鸥”号相仿。1916年1月11日15时左右，该汽船与“鸥”号处于同一纬度，且两者之间的距离越来越近。正在此时，“鸥”号的左舷方向又出现了一股煤烟，随着距离的缩短这股煤烟变得越来越粗。多纳-施洛迪安伯爵尼古劳斯·布格格拉夫舰长看到同时出现的这两只“猎物”，想要一箭双雕。于是放缓速度想确认一下第二只“猎物”。经确认得知，第二只“猎物”也是英国的汽船，其船型大小与第一艘汽船相差无几。当第二艘汽船离“鸥”号越来越近时，“鸥”号发信号询问对方身份，于是对方打出英国国旗，并通过信号回答称是“法林福德”号。

两只猎物一左一右来到“鸥”号附近，贪得无厌的“鸥”号制订了一个一箭双雕的计划。此时从右侧来的第一只“猎物”已逐渐放缓了速度，成了“鸥”号的囊中之物，因而“鸥”号决定先对另一只“猎物”下手。于是“鸥”号脱下伪装，换上德国海军军旗，并命令第二艘船停船。“鸥”号在向对方表示自己的任务就是要破坏敌方商船的同时，向这两艘汽船的船首各发射了一枚炮弹。两艘汽船看到这个阵势，只好乖乖停船等待发落。“鸥”号首先在“法林福德”号侧舷五十米处停了下来，要求对方船员全部下船。“鸥”号原本打算先将“法林福德”号上的船员全部收容到“鸥”号之后再将其炸沉，但由于风高浪急，导致收容“法林福德”号上的船员花费了不少时间。而另一条汽船则趁机逃跑，转眼之间就消失在了蒙蒙雨雾之中。于是“鸥”号放弃了登船沉船的计划，转而用舰炮朝“法林福德”号的吃水线附近连发几炮。当确认足以致使“法林福德”号沉没之后，“鸥”号开始迅速调转船头，朝逃跑的汽船急追而去。如果“鸥”号让这条汽船逃脱了，那么“鸥”号的秘密就会暴露无遗，如此一来敌方舰艇必然会赶来搜索并攻击“鸥”号，因此“鸥”号必须拼命追赶这艘逃脱的汽船。逃走的汽船由于还是按照既定航道前逃，于是“鸥”号也按照同样航道追赶。终于，在傍晚时分，“鸥”号发现了该船的身影，并立即向其开炮。对方见状立即开足马力全速逃离，“鸥”号又朝其开了一炮，炮弹落在该船附近。该船自知已无法逃脱“鸥”号的魔掌，于是放弃逃脱。在将船上的灯光全部打开之后，发射了三颗红色信号弹表示停船。两小时后，“鸥”号赶上了该船，并立即派出两名军官和六名士兵登船受降，同时调查该船及船上货物的来路和去路。通过调查得知：该船为“科尔布里奇”号，船上装载了约四千吨煤炭，正从英国加的夫驶往巴西。

“鸥”号对此次行动非常满意，因为从“科尔布里奇”号上得到的煤炭足够“鸥”号使用两个月。“鸥”号押送着“科尔布里奇”号回到了当初炸沉“法林福德”号的海域。在皎洁的月光下，微风轻拂的海面波光粼粼，四周一片寂寥。此时“法林福德”号早已沉入海底，不见了踪影。由于“鸥”号赋予了“科尔布里奇”号新的使命，因此并未将其炸沉，而是让“鸥”号上的士兵在占领了该船之后协助“鸥”号将来的行动。

第3节　被击沉汽船之惨状

1916年1月13日，即击沉“法林福德”号两天后的拂晓时分，“鸥”号上的哨兵报告称又发现了燃煤。于是“鸥”号上的船员们全体起身准备战斗，同时密切注视着对方的动向。如果对方发现了“鸥”号的真面目并向外报警的话，“鸥”号必将陷入危险的境地，因此“鸥”号故作镇定地朝该船慢慢靠去。当“鸥”号发现该船并没有无线电通信设备时，随即悬挂起德国海军军旗并朝该船急速驶去。该船对此视而不见，一心只想逃跑，于是“鸥”号再发信号要求该船停船的同时，向该船的行进路线前方发射了一枚炮弹来强迫其停船。事已至此，该船已成瓮中之鳖，被迫停船。该船为英国政府所有，名为“德罗蒙比”号，排水量三千六百二十七吨，此行的目的是向南非的英国海军基地运输舰用燃煤。“鸥”号将该船的十五名船员悉数转移到“鸥”号后便炸沉了该船。炸船时，德国士兵首先在船舷一侧广布炸药，然后再点燃引信炸船。由于引信燃烧时间较短，因此需要德国士兵行动要极其迅速，不但要及时下船，而且还要快速登艇远离该船。如若不然，船体沉没之时引起的巨大漩涡会将执行沉船任务的士兵一并卷入海中淹死。

几分钟前，这艘大船还在茫茫的大海上不断前行，然而未承想突然就成了阶下之囚，而且迎接它的竟是被炸沉的悲惨命运。相反，对于“鸥”号船员们，没有比目睹这条大汽船被炸沉更加快意的事了，此情此景将成为他们永生难忘的美好纪念。“德罗蒙比”号此时已经开始侧倾，海水从下甲板逐渐没到上甲板，不久之后“德罗蒙比”号就消失在了茫茫大海之中。“德罗蒙比”号沉入海底后还不断从海中喷出巨大的气泡，救生艇、桅杆及其他的木质器材都散落在海面上，好像是在为“德罗蒙比”号的罹难做吊唁。几小时后，风浪将海面打扫得干干净净，就像什么都没有发生过一样。大战爆发以来，已经不知道有多少艘军舰民船葬身海底。恐怕在战争结束前，还将有无数的商船满载着各种资源、财富，重蹈“德罗蒙比”号的覆辙。

“鸥”号炸沉“德罗蒙比”号后不久，哨兵发现了燃煤。这次的商船也是一艘英国巨型商船，叫“作者”号。该船载重量为三千四百九十六吨，是一艘设备先进的汽船，至少价值三十四万马克。“鸥”号又俘获了该船。按照惯例，“鸥”号将该船上的十一名英国人及四十五名印度人全部转移到了“鸥”号上，同时该船上的鸡及鸡蛋等食物也成了“鸥”号船员的盘中美餐。

第11章

“鸥”号行踪

第1节　“作者”号与“商人”号覆没

俘获“作者”号那天，整日都风平浪静，因此转移“作者”号所载物资的工作进行得比较顺利。当天傍晚时分，“鸥”号南方又远远地冒出一股煤烟。为了全力对付新船，“鸥”号决定赶紧炸沉“作者”号。由于行动过于匆忙，沉船队在爆炸的前一瞬间才好不容易坐上救生艇脱险，还致使三个夜间救生浮标没有被及时处理掉。由于夜间救生标遇水会生火冒烟报警，因此一旦被来船发现，对方则极有可能会逃之夭夭。于是“鸥”号急中生智，表演了一出假装救助落水船员的好戏来迷惑敌人。演了一出戏后，救生标被捡起。而来船似乎对此也并没有起疑心，仍旧朝“鸥”号方向驶来。当该船接近到“鸥”号比较容易控制它的距离后，“鸥”号突然发出信号要求对方停船。对方被这突如其来的状况惊呆了，只好停船束手就擒。该船是一艘叫“商人”号的大汽船，载重三千七百吨。当时船上满载砂糖，正驶往利物浦。十五分钟后，“商人”号也被炸沉。

“鸥”号舰长尼古劳斯·布格格拉夫将被俘的“商人”号船长叫到舰桥上并发出警告称，今后所有船员都将作为俘虏被暂时扣留在“鸥”号上，如果船员们能够听从指示服从命令的话则会受到优待，反之则会被处死。被俘船长认为此时此刻反抗无益，于是只得乖乖就范，听天由命。由于所有被俘人员很是顺从，因此“鸥”号舰长尼古劳斯·布格格拉夫经常允许他们到甲板上来呼吸一下新鲜空气。当时“鸥”号船舱内共关押着约一百五十名俘虏，人多加上舱内空间狭小、空气流通不畅等原因，让人感到比坐牢还难受。顺从的“商人”号俘虏们经常得以到甲板上呼吸新鲜空气，每当这个时候，大家就像重获新生了一般。

第2节 “阿帕姆”号被擒

此后“鸥”号选择继续在商船往来比较频繁的航道附近蹲守，然而两天过去了，却一无所获。于是“鸥”号就利用这个机会将受到风雨污损比较严重的外舷进行了修复。1916年1月15日7时左右，“鸥”号终于等到了一艘叫“阿里亚德涅”号的三千吨大船。“鸥”号仍然按照既定程序首先命令“阿里亚德涅”号停船，然后上船查验货物并收押其船员。之后，“鸥”号舰长尼古劳斯·布格格拉夫想利用这次机会像上次击沉“法林福德”号一样进行一次实弹演习。“鸥”号想用发射榴弹的方式将“阿里亚德涅”号击沉，于是将该船的海图室定为目标。第一发炮弹就完美地命中目标。“阿里亚德涅”号中弹后，在发出巨大爆炸声的同时，燃起了熊熊大火。“鸥”号船员们看到这个壮观的景象开始欢呼雀跃起来。但燃烧产生的滚滚浓烟，会让其他舰船从远处就能发现异常，这相当于变相给它们发出了警报。“鸥”号原本打算让“阿里亚德涅”号自行烧毁沉没，但“阿里亚德涅”号尽管燃烧得越来越旺盛，却没有马上要沉没的迹象。于是“鸥”号只得动用鱼雷将其击沉。鱼雷是一种价格昂贵的武器，一般情况之下是尽量避免消耗的。但在此不得已的情况下，“鸥”号还是使用了一枚。鱼雷的威力确实非同一般，被鱼雷炸过的“阿里亚德涅”号在几分钟之后便消失得无影无踪。当海面又恢复了往日的平静后，在“鸥”号的右舷方向又出现了一股煤烟，该船正向北行驶且航速极快。“鸥”号见状立即开足马力朝该船紧追而去。以舰长尼古劳斯·布格格拉夫为首的舰员们开始盘算着将这艘速度极快的汽船俘获后作为自己的僚船使用。若这艘快船上有很多无线电设备，则通过这些设备就容易探知到“鸥”号的行踪，因此“鸥”号上有人开始担心会因此成为敌方舰艇的搜索目标。此外也有人怀疑该船航速如此之快，或许同“鸥”号一样也是一艘伪装巡洋舰，或者根本就是一艘军舰。因此“鸥”号开始小心翼翼地接近该船。当靠近到一定距离后，侦察兵发来消息称此船桅杆甚高，且的确有无线电通信设备，“鸥”号便更加小心翼翼地朝该船驶去。当距离缩小到约两千米左右时，终于得知这是一艘叫“阿帕姆”号的商船。该船同样是一艘英国汽船，是一艘载重量高达七千八百吨的巨船。船上不仅有先进的通信设备，而且还兼具客船的功能。

“鸥”号在向该船发出停船命令信号的同时，升起了德国海军军旗。然而，“阿帕姆”号对此置之不理，仍旧继续向前航行。“鸥”号照例向其前方发射了一发炮弹，警告其立即停船。“阿帕姆”号迫于武力威慑，逐渐放慢航速并最终停船。然而，“鸥”号发现该船有向外发射信息的迹象，于是急令己方电信员对其进行无线电干扰。虽然“阿帕姆”号的无线电信号受到了干扰，信息无法发出，但如果“阿帕姆”号继续对外联络的话，随时会有干扰失败的可能。于是“鸥”号决定开炮破坏其桅杆上的通信设备。还没等“鸥”号开炮，对方无线电设备突然进入了静默状态。然而，“鸥”号惊奇地发现，“阿帕姆”号船尾处的一门小型速射炮竟想要朝“鸥”号开炮。于是“鸥”号急忙先行开炮向其发出警示。炮弹从速射炮上方划过，吓得对方炮手赶紧躲藏起来不敢开炮。“鸥”号迅速放下汽艇派人登船。登船后发现，船内关押着二十名德国男性和三名德国女性，以及德国海外殖民地的八名俘虏。这些人做梦也没有想到能够在敌国的领海上被自家军舰所救，于是他们欢天喜地地打开香槟酒，互相庆贺。

“阿帕姆”号上有着许多贵重物品，其中德国马克就有约一百万元。此外有英国军官四名、水兵二十名及其他乘客一百六十名。由于“鸥”号上已经人满为患，于是“鸥”号舰长尼古劳斯·布格格拉夫派遣一名准尉及二十二名士兵在“阿帕姆”号上就地看管这些俘虏。由于这些俘虏非常顺从，舱内秩序井然，没有出现什么混乱。“鸥”号自知在敌方近海不宜久留，于是匆忙率领“阿帕姆”号再次踏上征途。

第3节 “麦克塔维什氏族”号沉没

1916年1月16日下午，“鸥”号远远发现了煤烟的痕迹，于是又开始了追击。在追击过程中，“鸥”号发现，对方是一艘速度非常快的大船。通过观察得知该船上也有无线电通信设备。但由于该船船体并不高大，因而判定应该只是一条运输船。于是“鸥”号开始全力追击。自感处境不妙的运输船也开始加大马力全速逃离。入夜之后，“鸥”号终于逼近该船。由于四面一片漆黑，无法使用旗语，因而只能通过信号灯询问该船船名。对方非但不回答，反倒还质询“鸥”号是什么来路。

为迷惑敌人，“鸥”号假称自己是先前已被自己炸沉的“作者”号，对方这才通报了自己的船名。该船是一艘叫“麦克塔维什氏族”号的货船。当辨明该船的性质后，“鸥”号脱掉了伪装。“鸥”号通过信号灯表明自己是德国海军巡洋舰，并命令“麦克塔维什氏族”号立即停船。当时两船相距仅约四百米，但对方并没有要停船的意思，而且开始频频向外发射无线电信号。此情此景已经容不得“鸥”号半点犹豫，于是“鸥”号开始朝“麦克塔维什氏族”号的桅杆开炮并完美命中。由于桅杆上的信号装置被破坏，“麦克塔维什氏族”号丧失了对外联络的手段。然而，从“麦克塔维什氏族”号上突然有火光迸出，紧接着有炮弹从“鸥”号上空掠过。“鸥”号被打了个措手不及，所有船员都惊呆了。紧接着，又有一发炮弹射来，落在了“鸥”号船舷下方的海水里。

“鸥”号被对方的鲁莽之举给激怒了，于是开始用速射炮向敌方开火。因为当时两船相距仅三百米，因此几乎弹无虚发，全部命中。“麦克塔维什氏族”号虽然也频频射击，但无一命中。不久后，“麦克塔维什氏族”号逐渐开始降低航速并停止了炮击。透过弥漫的硝烟，“麦克塔维什氏族”号通过信号表示自己将停止所有行动。此次战斗中，“麦克塔维什氏族”号共死亡十八人，伤五人，且船体受损严重。由于损失惨重才迫使态度强硬的船长放弃抵抗而屈服。经登船查验得知，“麦克塔维什氏族”号载重量五千八百一十六吨，

被击中的商船

载有羊毛、皮革、橡胶等货物，价值高达一亿德国马克，正在从澳大利亚驶往英国的途中。“鸥”号舰长尼古劳斯·布格格拉夫非常想把这些贵重的物资运回德国，但由于“麦克塔维什氏族”号已经向外传递了信息，“鸥”号害怕英国军舰前来救援，因此决定赶紧撤离。

“鸥”号在将“麦克塔维什氏族”号的乘员全部转移到“鸥”号后决定击沉这艘货船。“鸥”号朝“麦克塔维什氏族”号的吃水线附近连发几炮后，“麦克塔维什氏族”号的船头便开始下沉，之后船身与海面开始垂直并逐渐没入深海之中。“鸥”号上的船员们趁着海上的月色，兴高采烈地目睹了“麦克塔维什氏族”号沉没的惨剧，大家欢呼雀跃，久久不息。

尼古劳斯·布格格拉夫将被俘上船的“麦克塔维什氏族”号的船长叫到自己面前，厉声质问对方为何做无谓的抵抗。船长回答称：“我船最初并没有相信贵舰是一艘德国巡洋舰，而认为是一艘经过伪装的货船，因此才决心与贵方一战。我个人没有任何责任，我只是奉英国政府之命将该船驶回英国。我国政府为使我船能顺利完成任务，在船上加装了一门火炮。为践行政府命令而使用火炮自卫，这是我理所当然的职责。”“鸥”号舰长尼古劳斯·布格格拉夫在听完这名老船长的陈述后，认为其言辞坦白直率，因而紧握船长的手说道：“如果我跟你是同一立场，我必然也会做和你一样的事情。”

第12章

“鸥”号的战绩

第1节 悲惨的“爱丁堡”号

“麦克塔维什氏族”号被击沉后，“鸥”号带领着“阿帕姆”号朝着西方更远处驶去。到目前为止，被“鸥”号击沉的商船已达七艘，“鸥”号上收容的俘虏数量也已经超出了“鸥”号的承载量。“鸥”号本想把这些俘虏全部押送至本国的战俘营，但由于“鸥”号还想继续击沉更多的敌国商船，因此暂时还无暇顾及回国之事。于是“鸥”号决定将所有俘虏都转移到“阿帕姆”号上，然后向“阿帕姆”号上派遣了一名叫贝克的少尉及一队士兵，让他们负责押送这群俘虏横穿大西洋前往美国。一个月后，通过电报联系得知“阿帕姆”号已经顺利到达了美国纽波特纽斯港。听到这一好消息后，“鸥”号船员们高兴不已，纷纷为此次行动的成功表示祝贺。同时该消息也说明“鸥”号的秘密行动仍然没有暴露，因此“鸥”号暂时还是安全的。

此时“鸥”号上燃料已经不多。为了补充燃料，“鸥”号朝着与最初俘获的“科尔布里奇”号事先约定的地点进发。“科尔布里奇”号于1916年1月12日被俘后一直处于德国士兵的控制之下，随后该船被派往某指定地点等待“鸥”号前来会合。按照约定，“科尔布里奇”号应于数日之前就已经到达了指定地点等候，因此“鸥”号只管按照约定前去补充燃料即可。

1916年1月20日，“鸥”号进入热带海域。当天，“鸥”号又发现了一艘三桅帆船。该船是一艘叫“爱丁堡”号的英国商船，载重一千四百七十三吨。

"爱丁堡"号此行是为了运送约两千吨的饲料用米粉。"爱丁堡"号从印度出发已经在海上漂荡了二十一个月之久。此时的"爱丁堡"号正在热带气候的炎炎烈日之下等待起风启航。当微风渐起正要准备出航之际，不料却遭遇了"鸥"号。由于"爱丁堡"号没有机动能力，因此很容易就成了"鸥"号的俘虏。随后"鸥"号开始着手将"爱丁堡"号炸沉。德国士兵在炸药上盖上很多袋米粉之后点燃了炸药，爆炸产生的火焰甚至都高过了桅杆。爆炸过后，船体开始逐渐向一侧倾斜，桅杆上的横帆杆高高地竖插在水面上，之后船尾部分开始慢慢没入海中。当时海上明月高挂，海面白光粼粼，这一场景在周围的景色的衬托下显得愈发壮观。

1916年1月28日，"鸥"号到达与"科尔布里奇"号约定的海域，并远远地发现了"科尔布里奇"号。为前来装填煤炭，"鸥"号共航行了三天时间。随后"鸥"号开始装填燃煤。当时舱内机器轰鸣，粉尘飞扬，让人无法睁眼。加之酷热难耐，甚至让船员们感觉还不如与敌船发生战斗来得痛快。经过终日劳作，"鸥"号终于装满了燃料。失去作用的"科尔布里奇"号随后也被击沉。

第2节 "鸥"号暴露

"鸥"号补充了充足燃料后又开始踏上了新的征程，船员们也个个摩拳擦掌，想要再大干一场好建功立业。然而，此时的形势逐渐对"鸥"号不利起来。因为按照常理来说，"阿帕姆"号如果不出问题的话应该早已驶入既定港口。如今不仅"阿帕姆"号没有按照预定计划入港，而且几周之内还有众多英国商船行踪不明，这引起了英国方面的警觉，认为肯定有人在大西洋上搞鬼。

此后的四天时间里，在海上游弋寻找猎物的"鸥"号没有任何发现，于是"鸥"号驶离了商船经常通过的航道，朝稍偏僻的航道驶去，准备碰一碰运气。1916年2月4日，"鸥"号终于等到了猎物。该船是一艘排水量为四千三百二十一吨、叫"卢森堡"号的比利时商船。"卢森堡"号此行的目的是为英国的某铁路运输公司运输约五千九百吨的煤炭。"鸥"号在俘获"卢森堡”号并将船上船员转移到“鸥”号上后，迅速击沉了“卢森堡”号。“卢森堡”号上的船员来自各个国家，其中大半来自中立国，特别是希腊和西班牙人居多。他们在登上“鸥”号之时还怀抱着曼陀林、吉他等乐器，甚至还有猴子和狗等动物，让人感觉非常滑稽可笑。不过有了这些东西在茫茫大海上作陪，必将为“鸥”号船员们枯燥而无聊的海上生活增添不少乐趣。

两天后的1916年2月6日，“鸥”号又发现了一艘叫“弗拉门戈”号的英国汽船（载重四千六百二十九吨）。“鸥”号依照惯例向前要求其停船，然而该船通过无线电向外发送了求救信号。“鸥”号见状向该船发射了数颗榴弹并致其起火燃烧，“弗拉门戈”号上的船员们开始狼狈不堪地逃命。他们解下船上的救生艇，争先恐后地往下去。其中有一艘救生艇突然倾覆，致使船上的二十多名船员全部落水。落水船员在倾覆的救生艇周围游动，企图将该船翻转过来。当时的海域十分危险，是鲨鱼活动比较频繁的区域。所幸落水船员们被及时赶来的“鸥”号俘虏队救起，不过仍有一人溺亡，另有一人失踪。据说鲨鱼嗅觉极其灵敏，恐怕失踪者已经成为鲨鱼的盘中餐。

在“弗拉门戈”号逐渐向海中沉没时，“鸥”号舰长尼古劳斯·布格格拉夫厉声斥责“弗拉门戈”号船长道：“‘鸥’号之所以开炮全因你方不断地向外发报所致，为何不听从我方指令而如此胆大妄为？”船长辩解称：“就像你舰要全力捕获我船一样，我船全力破坏你方的企图，更是我方理所当然的权利。”

“鸥”号此次抓获的俘虏有一个中立国的人。从他处得知，“鸥”号现在正被敌方军舰追踪。特别是在附近游弋的英国巡洋舰“格拉斯哥”号在一天前与“弗拉门戈”号相遇时，曾警告过“弗拉门戈”号注意在附近游荡的德国军舰。

第3节　西班牙领海大冒险

“鸥”号击沉“弗拉门戈”号那天，天气十分晴朗，酷热难当。在击沉“弗拉门戈”号后，“鸥”号再次出发，开始四处搜寻敌国商船的踪影，却只发现了一艘中立国挪威的汽船。入夜之后，在“鸥”号的前方又出现了一股煤烟。发现猎物的“鸥”号迅速调整航向并全速朝该船驶去。当“鸥”号追至该船附近时，天色已晚，周围漆黑一片，于是“鸥”号用信号灯询问对方的船名。对方在沉默良久后，终于自称是“黑尔格莱特”号。然而“鸥”号在商船名簿上并没有发现这个名字，因此，可以断定该船使用了假名字。于是“鸥”号再次逼问其国籍，而对方也仅回答说是友国。“鸥”号决定派人前去查问，在“鸥”号放慢速度准备解下船上的汽艇时，该船突然趁机加速，企图逃走。“鸥”号当然不会让它得逞，于是立即开炮并命中。此时对方自知已经无法逃脱，于是鸣笛三声表示愿意停船。通过检查得知：该船叫“韦斯特博恩”号，是一艘已经十分老旧的英国商船，船上搭载的是煤炭。“韦斯特博恩”号最大航速只有七节，因此一旦被敌舰发现必然无法逃脱。最终等待“韦斯特博恩”号的命运必定是船员被俘、船被沉海。就在“韦斯特博恩”号的船员尚未全部转移至“鸥”号时，“鸥”号又在海平面上发现了一个白点。于是“鸥”号急忙收起汽艇，并让“韦斯特博恩”号紧随其后，朝新猎物追赶而去。

经过一夜的追赶，“鸥”号在1916年2月7日早上终于判明这个新猎物是英国商船“贺拉斯”号。“贺拉斯”号吨位为三千三百三十五吨，船上装载的是酒类、谷物、羊毛、肉类及金属锑。锑是当时德国最稀缺的重要战略物资。“鸥”号虽然很想把这些物资全部运回国内，无奈此时燃料已经不足，因而只好决定在转移了该船上人员之后将其炸沉。然而，由于“鸥”号上已经人满为患，于是只好将“鸥”号上的一百八十名俘虏转移到了老旧的“韦斯特博恩”号上，并决定将他们运送至非洲海岸附近的特内里费岛。俘虏们虽然对转移地点不太满意，但能够离开“鸥”号对他们来说还是比较好的。因为收容他们的船舱内部空间狭小，且各种设施不全，特别是“鸥”号与敌国商船互相炮击时，随时都有炮弹钻入船舱而引发爆炸的危险。因此俘虏们非常期待能从船舱里逃出去。

“韦斯特博恩”号在德国人的监督下，于1916年2月22日到达了特内里费岛所在的圣克鲁斯附近海域。当时一艘一万两千吨的英国大型巡洋舰“萨特莱杰”号正停泊在特内里费岛的港口内，但并没有及时发现“韦斯特博恩”号

“萨特莱杰”号

入港。幸运的“韦斯特博恩”号加速进入西班牙领海三海里内后，正大光明地悬挂起了德国海军军旗。由于是在中立国领海之内，因此英国军舰也只能眼睁睁看着，无可奈何。“韦斯特博恩”号因此得以顺利进港。第二天早上，一部分俘虏被获准上岸，其余俘虏则被交由英国船进行收容。当天下午“韦斯特博恩”号决定出港，但不出所料，英舰“萨特莱杰”号此时正堵在港外。已经事先有所准备的“韦斯特博恩”号当然不会束手就擒。于是就在“韦斯特博恩”号快要驶出港口时，船上开始冒出缕缕白烟，转瞬之间就沉入水中。早有准备的“韦斯特博恩”号上的德国人早就已经乘汽艇逃脱了。此后的新闻报道均显示，该船沉没原因是锅炉爆炸，但据说是德国人炸沉的。因为船上载有四千吨煤炭，德国人不想让英国人获得这些物资，索性沉船。

第13章

“鸥”号回国

第1节　无线电得知“鸥”号受嘉奖

“鸥”号在送走“韦斯特博恩”号后继续出发，于1916年2月8日又发现一艘民船，并对其进行了约四个小时的追击。入夜后，“鸥”号用探照灯对这艘民船的身份进行了盘问，发现是一艘中立国民船。“鸥”号觉得有点尴尬于是就自行销声匿迹了。后来“鸥”号又发现了一艘大客船，虽然想将其击沉，但由于无法安置如此多的乘客，无奈之余只好将其就地放生了。之后“鸥”号又开始到船往来比较频繁的航道附近游弋，但没有再等到任何猎物，这应该是英国日益加强了对海警戒活动及情报收集工作而导致的结果。随着季节的转换，夜越来越短，这对善于利用夜晚活动的“鸥”号来说十分不利。此外，随着冬季暴风期的消逝，这对敌方搜寻“鸥”号的行踪又提供了有利条件，在处境越来越不利的情况下，“鸥”号决定暂时回国。

随着向北不断航行，“鸥”号通过无线电广播获取了很多从德国传来的消息，其中就包括有关自己的好消息。最值得高兴的是从无线电中获知“鸥”号全体共五十名乘员全部被授予了铁十字勋章。1916年2月24日，“鸥”号又捕获一只“猎物”。此次是一艘载重三千零九吨，叫“马罗尼”号的法国船。当时“马罗尼”号正从法国波尔多驶往美国纽约。“鸥”号俘虏了船上三十三名法国船员，并在船底发现了上百箱香槟酒。此外还有许多鸡蛋和优良的法国干酪等。除了香槟，“鸥”号收缴了所有自己所需的物品，随后将“马罗尼”号沉入海底。

第2节　值得高兴的新闻报道

“鸥”号从“马罗尼”号上找到了一些报纸，报道将“鸥”号比作海盗并进行大肆批判。“鸥”号的船员们读到这些报道后反倒高兴无比，因为这标志着自己的行动取得了巨大成功。此后“鸥”号俘获了自己最后的“猎物”——三千四百七十吨的英国汽船“萨克逊王子”号。“萨克逊王子”号上载有棉花、谷物和爆炸材料等，正行驶在从美国返回英国的途中。船员们又从该船上得到一些欧美报纸，报道又让“鸥”号船员无比兴奋起来，因为他们从报纸上得知“阿帕姆”号顺利进入美国的消息。新闻报道中写道：当载有英国及中立国人的“阿帕姆”号到达北美附近海域后，通过收音机得知附近游弋着许多英国军舰。负责此次任务的贝克少尉在危机重重的海上最终躲过了敌人的搜索，并于1916年2月25日按照预定计划悬挂起德国海军军旗后，突然进入纽波特纽斯港。对此，美国的报纸又写道：对于德国军舰的突然出现，美国哨兵感到十分吃惊。普通的美国人虽然对此事很感兴趣，想跟船上的众多英国人进行交流，但由于受到全副武装的德国哨兵的严密监视而未能成功。此外，美国当局不知道应该对这艘悬挂德国海军军旗而突然入港的船做何处理，有人认为应该无视德国的贝克上尉，仍旧将原来的英国船长哈里逊奉为船长。最后英国领事也登船前来与德国人进行谈判。在谈判桌上，贝克少尉一直坚称自己才是这艘船的合法船长，并将英国领事赶了回去。第二天，船上的英国人和中立国人虽然被释放了，但应该如何给该船定位身份——军舰还是俘虏船，英美之间在这一问题上一时没能达成共识。最后美国当局力排英国方面的异议，将该船认定为俘虏船，并允许其停泊在汉普顿锚地。当“鸥”号舰员们从报纸上得知这一好消息后，个个兴奋不已，并纷纷祝贺“阿帕姆”号取得的成功。

汉普顿锚地

然而，当“阿帕姆”号到达诺福克之后，英国海军部开始对“鸥”号进行全力追捕。很明显，“鸥”号面临的处境越来越危险，于是船员们在加强警戒的同时决定回国。最终“鸥”号冲破敌人的严密封锁，横跨北海海域并最终回到德国。

第3节 突破封锁归国

从当时“鸥”号所处的位置来看，“鸥”号要到达自己预判的英国第一道封锁线，大概还有二十四小时的航程。此时关押在舱内的俘虏们得知此消息后，认为此船必定会被己方舰艇捕获，因此大家都开始兴奋起来，甚至都开始为此打赌。1916年2月28日，“鸥”号在两艘相隔较远的英国哨舰之间缓慢航行。当天天气从早上开始便晴空万里，途中仅遇上了一艘巨大的挪威帆船。下午，海风渐起并逐渐发展成为风暴。“鸥”号在狂逆的暴风之中边摇晃边前行，后来又下起了漫天飞雪，一时间寒气逼人。一直在热带海域航行的船员们对这骤降的气温一时难以适应，但一想到能够回国，大家还是鼓足了干劲尽心尽力各司其职。到了晚上，风暴有所减弱，加上又是顺风航行，因而“鸥”号的航行速度也大大加快。突然，“鸥”号收到了一些无线电信号。从信号判断，“鸥”号当时正处在敌方舰艇的警戒范围之内，尽管此时还没有发现敌舰的踪影。此时“鸥”号所处的海域附近有许多英国及斯堪的纳维亚半岛国家的商船正在航行。“鸥”号突然从来来往往的商船之间发现了一支正在行进的舰队，于是认定这必然是英国舰队，随后加强了警戒。如果“鸥”号被发现，必将成为瓮中之鳖。但幸运的是，“鸥”号并没有被发现，在第二天早上天空泛起鱼肚白的时候，从“鸥”号上已经可以远远望见被皑皑白雪覆盖的挪威海岸。“鸥”号上的船员们开始欢呼雀跃起来。随后，“鸥”号向德国海军舰队司令官发了一封电报，报告了其归国的预定日期及现在正在敌方舰艇之间航行等情况。不久后，“鸥”号从远处发现了德国鱼雷艇烟囱冒出的煤烟，船员们这才最终安下心来，感觉终于要回到自己魂牵梦绕的故乡了。

硕果累累的“鸥”号在多艘德国军舰的护卫，以及众多张灯结彩粉饰一新的船的簇拥下入港。至此，“鸥”号圆满地完成了此次航行的任务，并得以“完璧归国”。

译名对照表

バルカン	巴尔干
ボスニヤ	波斯尼亚
セライエヺ	萨拉热窝
おうきょう	奥匈帝国
フランツ・フェルヂナンド	皇储弗朗茨・斐迪南
ホーヘンベルヒ	霍恩贝格
ソフィヤ	苏菲
ヘルツェゴヸナ	黑塞哥维那
カビリノヸッチ	布里诺维奇
ベルグラード	贝尔格莱德
メリッチ	梅里奇
プリンチプ	普林西普
フランツ・ヨセフ１世	弗朗茨・约瑟夫一世
ウィーン	维也纳
エリベザット	伊丽莎白
イタリヤ	意大利
ルドルフ	鲁道夫
キセラ	吉塞拉
バワリヤ	巴伐利亚
レオポルド	利奥波德
タスカニー	托斯卡纳
ボヘミヤ	波希米亚
ウィルヘルム２世	威廉二世
マキシミリヤン	迈西米利安

ホンガリヤ	匈牙利
ブダベスト	布达佩斯
ミラン・ブリビチェキッチ	米兰・加钦诺维奇
ドイツ	德国
タンコジナ	唐克西奇
シャバツ	沙巴茨
ロツニッツァ	洛兹尼察
ニッシュ	尼什
デメスグビン	斯梅代雷沃
リュクセンブルヒ	卢森堡
ストラスブルヒ	斯特拉斯堡
リセー	里塞
フォルジュ	福尔格
ベルギー	比利时
えいこく	英国
トルコ	土耳其
ロシア	俄罗斯
イスヺルスキー	伊兹沃尔斯基
エーレンタール	爱伦塔尔
ダーダネルス海峡	达达尼尔海峡
パリー	巴黎
ブルガリヤ	保加利亚
モンテネダロ	黑山
ギリシャ	希腊
マケドニヤ	马其顿
アドリヤ海	亚得里亚海
スクタリ	斯库台
アルバニヤ	阿尔巴尼亚
カラゲオルゲヸッチ	卡拉齐尔杰维奇
オブレノヸッチ	欧布雷诺维奇
アレキサンドル１世	亚历山大一世
サロニカ	塞萨洛尼基
ニコライ２世	尼古拉二世

ロンドン	伦敦
ストックホルム	斯德哥尔摩
アルサス	阿尔萨斯
ロレーン	洛林
エヂプト	埃及
モロッコ	摩洛哥
ベルシヤ	波斯
ハンゴルヒ	汉堡
ヤゴウ	雅戈
エドワード・グレー	爱德华·格雷
オランダ	荷兰
ベートマン・ホルエーヒ	贝特曼－霍尔韦格
ウァーテルロー	滑铁卢
ビスマルク	奥托·冯·俾斯麦
チュニス	突尼斯
フォルチス	弗尔西斯
オーストリヤ	奥地利
アビシニヤ	埃塞俄比亚
アドワ	阿杜瓦
ヸクトリオ・エンマヌエレ	维托里奥·埃马努埃莱
チットニ	蒂托尼
コンスタンチノーブル	君士坦丁堡
リヴジヤ	叶夫帕托里亚
イデッリ	敖德萨
ポーランド	波兰
モダネ	芒德朗
チューリン	都灵
アフリカ	非洲
トリボリ	的黎波里
ニース	尼斯
チロール	蒂罗尔
トリエスト	的里雅斯特
フリードリッヒ 3 世	腓特烈三世

ポッダム	波茨坦
フリッツ	弗里茨
ベルリン	柏林
ハインリッヒ	海因里希
ヸクトリヤ	维多利亚
カッセル	卡塞尔
ヴージル	维吉尔
ホーマー	荷马
ボン	波恩
ウィルヘルム１世	威廉一世
シュレスキッヒ·ホルスタイン	石勒苏益格－荷尔斯泰因
アウグスタ·ヸクトリヤ	奥古斯塔·维多利亚
デンマルク	丹麦
プロイセン	普鲁士
ホーヘンツォルエルン	霍亨索伦
ヴァルデルゼー伯	瓦德西伯爵
ウェーデル	蓬巴杜
ウィントホルスト	温特霍斯特
カブリヸー	卡普里维
ロバーツ	罗伯茨
シベリヤ	西伯利亚
スヱーテン	瑞典
カナダ	加拿大
ドーヴー	多佛尔
バグダード	巴格达
ライン	莱茵河
ドナウ	多瑙河
スエズ運河	苏伊士运河
インド)	印度
シリヤ	叙利亚
アラビヤ	阿拉伯
アジア	亚洲
ベルンハルヂ	伯恩哈迪

アルント	阿恩特
ケルネル	科纳尔
ホウヘンヴルド	霍恩瓦特
シェネラー	舒尔纳
スイス	瑞士
フランツ・ヨセフ	弗朗茨・约瑟夫
クラマルシュ	克拉玛希
アルステルダム	阿姆斯特丹
ロッテルダム	鹿特丹
アンドワープ	安特卫普
ハイデルベルヒ	海德堡
チュービンゲン	蒂宾根市
ホーヘンローエ	霍恩洛厄
ビューロー	比洛
ミューヘンン	慕尼黑
フランクフルト	法兰克福
ハノーヴー	汉诺威
キール	基尔
ヤーデエムズ	艾德艾姆斯
バルト海	波罗的海
エルベ	易北河
ブルンスビュテル	布鲁斯比特
ヤーデ	艾德河
エムズ	埃姆斯河
モーゼル	莫泽尔河
アドルフ	阿道夫
マリー・アドレード	玛丽・阿黛拉伊德
リエージュ	列日
レオボルド	利奥波德
アルベルト２世	利奥波德二世
ヨーク	约克
ルドルフ	鲁道夫
ステファニエ	史蒂芬妮

アルベルト１世	阿尔贝一世
ベルグァイ	凯尔特人
ゴール	高卢
ミューズ	默兹
サンブル	桑布尔河
ナミュール	那慕尔
ブリヤルモン	布里亚蒙特
ヲーバン	沃邦
ルーマニヤ	罗马尼亚
ウルト	乌尔特河
エスコー	斯海尔德河
ブラッセル	布鲁塞尔
メッツ	梅斯
ディーデンホーヘン	蒂永为勒
ストラスブルク	斯特拉斯堡
スヰス	瑞士
アーヘン	亚琛
モンス	蒙斯
ウーベン	鲁汶
マルメヂー	马尔梅迪
サン・ヸッド	圣维特
アルゴンヌ	阿尔贡
トレーヴ	图卢兹
サールブール	萨尔堡
ヺーズ山	弗杰山
オアーズ	瓦兹河
オスチンド	奥斯坦德
リーユ	里尔
モーベジュ	莫伯日
フランダース	法兰德斯
ヘーラン	黑兰
ホフスタード	霍夫斯塔特
テルナット	特尔纳特

テステル	特斯特尔
イゼール	埃塞尔河
マーリン	梅林
コロン	科隆
ヂナン	瑟兰
エドモン・ブルドン	艾德蒙・博尔顿
タミーヌ	图尔奈
アンデンヌ	昂代讷
ウァーヴル	瓦夫尔市
アルスコット	阿尔斯霍特
デメル	代默尔河
エッベゲム	埃珀海姆
ヘルート	盖特
キャヹル	卡贝尔
フォン・ビッシング	冯・比辛
ヹルダン	凡尔登
セダン	色当
シメー	希迈
シャルロア	沙勒罗瓦
ブーロニュ	布洛涅
ノールウェー	挪威
ベルフォール	贝尔福
ヺジュ	孚日山脉
ジュラ	侏罗山脉
ドロモン	德洛蒙特
ジロマニー	吉罗马尼
モーゼル	摩泽尔河
エピナル	埃皮纳勒
アルサス	阿尔萨斯
サン・ヴンサン	圣万森
ツール	图勒
ヒルソン	伊尔松
ランス	兰斯

ラン	拉昂
ラ・フェール	拉费尔
モーベジュ	鲁贝
リーユ	里尔
ダンケルク	敦刻尔克
ベラーヴリーヌ	格拉沃利讷
カレー	加来
シャルム	沙尔姆
コンメルシー	科梅尔西
メジエール	梅济耶尔
フールミー	福尔米
ボルドー	波尔多
アルトキルヒ	阿尔特基克
ミュルハウゼン	米卢斯
ユルマール	科尔马
アルスター	阿尔斯特
アイルランド	爱尔兰
アスクィス	阿斯奎斯
フォーセット	费塞特
イギリス海峡	英吉利海峡
プリマス	普利茅斯
ポーツマス	朴次茅斯
チャタム	查姆
ハリッジ	哈里奇
ニューキャッスル	纽卡斯尔
エヂンバロー	爱丁堡
リヴプール	利物浦
スコットランド	苏格兰
フォス	福斯河
ロザイス	罗塞斯
ジェリコー	杰里克
マデン	马登
ナンシー	南锡

リュネヸル	吕内维勒
ヴランシエンヌ	布律埃拉比西埃
ダンチッヒ	但泽
トロン	托伦
アルブレヒト	阿尔布雷希特
サンカンタン	圣康坦
ヒルソン	伊尔松
アミアン	亚眠
ソアソン	苏瓦松
エーヌ	埃纳河
セーヌ	塞纳河
アンギャン	昂吉安莱班
ベトナム	越南
マダガスカル	马达加斯加
ギース	吉斯
ソンム	索姆河
セネガル	塞内加尔
リヨン	里昂
シャロン	沙隆
シャンバーニュ州	香槟地区
モー	莫城
モンチョン	蒙热
ベギー	贝格
ダマルタン	达马尔坦
ウルク	乌尔克河
マルシー	马尔希
シャンブリー	尚贝里
アルジェリヤ	阿尔及利亚
ベッツ	贝茨
アッチラ	阿提拉
トロワ	特鲁瓦
モンドモン	蒙代芒
シャンブリュ	尚布尔

フェール	弗尔
シャンブノアース	尚珀努瓦斯
ゲール	格鲁
アルマン山	阿尔曼山
ボアシュー	博纳瑟
モンテスキュー	孟德斯鸠
セザンヌ	塞扎讷
コンビェーニュ	贡比涅
マリーヌ	梅赫伦
フランドル	佛兰德斯
ヂルモンド	登德尔蒙德
ローケレン	洛克伦
イーゼル	伊瑟河
ヂミュード	特尔维特
ニュボール	纽普特
コキシード	科克赛德
イーブル	伊珀尔
バイエルン	普鲁雷希特
ジャンニオ	贾尼奥
ドニエブルー	第聂伯河
ビヨトル	彼得
ナタリヤ	娜塔莉
チェッコ	捷克人
モラヸヤ	摩拉维亚人
カシュベ	卡舒比人
ウェンド	维纳蒂人
スロヴック	斯洛伐克人
ブルマン）	日耳曼人
クロアチヤ	克罗地亚
クリジャニッチ	克里贾维奇
コルラル	贾恩科尔
スラヴ娘	《斯拉夫姑娘》
ニコライ１世	尼古拉一世

モスコー	莫斯科
アジア	亚细亚
ブラーグ	布拉格
バラッキー	巴拉克
ハブスブルク	哈布斯堡
ベテルブルグ	圣彼得堡
ベテルグラード	彼得格勒
ウァルシャワ	华沙
コーカサス	高加索山脉
ボーゼン	博尔扎诺
ナレウ	纳雷夫河
ボブル	布布尔河
ブレストリトウスク	布列斯特
ケーニヒスベルヒ	柯尼斯堡
ヸスチュラ	维斯瓦
トロン	托伦
グランデンツ	格鲁琼兹
マリエンブルク	马尔堡
アルレンスタイン	奥尔什丁
グンビンネン	贡比楠
インステルブルク	切尔尼亚霍夫斯克
コザック	哥萨克
チルジット	蒂尔西特
フリードラント	弗里德兰特
レッツェン	勒岑
レンベルヒ	利沃夫
オステローデ	奥斯特罗德
マルヱル	马祖湖
クラカウ	克拉科夫
ドニエステル	德涅斯特河
ボブリンスキー	伯布林斯基
サン	桑河
ヤロスラウ	亚罗斯拉夫

シレシヤ	西里西亚
ブレスラウ	弗洛茨瓦夫
レッツ	莱茨
ヒンデルブルク	兴登堡
ニエメン	涅曼河
マヅール	马苏里亚湖
ブルツェミスル	普热梅希尔
ノヲゲオルギエフスク	格奥尔吉耶夫斯克
ブヅラ	布楚拉河
ウァルタ	瓦尔塔河
ゾルダウ	贾乌多沃
マッケンゼン	马肯森
ロッヅ	罗兹
ラスク	瓦斯克
ニーダ	尼达河
キエフ	基辅
リバウ	利耶帕亚
ミタワ	米塔瓦
ウィンダ	文塔河
ヅビッサ	维尔维特河
ヂュクラ	杜克拉
ブリザニック	普扎斯内什
ビッサ	比萨河
オリジッツ	奥日茨河
ブーグ	布格河
ビエロストック	波德拉斯卡
ブレスト・リトスク	布列斯特－立托夫斯克
ルブリン	卢布林
コルム	海乌姆
リガ	里加
コウノ	科尔诺
ドヰンスク	德沃斯克
ウィルナ	维尔纽斯

オゾヱッツ	奥多维茨
ドヰナ	多芬河
フリードリッヒスタート	弗里德里希斯塔特
オリタ	奥利塔
グロドノー	格罗德诺
ミンスク	明斯克
コーヹル	科韦利
ルツク	卢茨克
ストリバ	斯特里河
ビエロスック	比亚德斯托克
コーヹル	科韦利
ノヺ・ゲオルギエフスク	格奥尔吉耶夫斯克
ボレシエ	波利西亚
サルニー	萨尔内
ジブラルタル	直布罗陀
コンゴー	刚果
ルイ 14 世	路易十四
フリードリッヒ 3 世	腓特烈三世
モラヸヤ	摩拉维亚
オーデル	奥得河
アルハンゲル	阿尔汉格尔斯克
ウラジホストック	符拉迪沃斯托克
スカンヂネヸヤ	斯堪的纳维亚
アメリカ	美洲
クレテ)	克里特岛
トロイ	特洛伊
バビロン	巴比伦
ダイグリス	底格里斯河
ユーフレチス	幼发拉底河
シメオン	西美昂
スティフン・ドシャン	斯特凡・杜尚
ビザンチン	拜占庭
アレキサンドル 1 世	亚历山大一世

ピヨトル１世	彼得一世
マホメット５世	穆罕默德五世
アドリヤノーブル	阿德里安堡
チュンデヤ	登萨河
アリッツァ	马里查河
ソフィヤ	索非亚
アルメニヤ	亚美尼亚
エンバー・パシャ	恩维尔帕夏
キャミル・パシャ	卡米勒帕夏
ナジム・パシャ	纳吉姆帕夏
マームード・セフケッド・パシャ	马哈茂德・塞夫凯特帕夏
アブダル・ハミッド	阿卜杜勒・哈米德
チャタルヂャ	恰塔尔贾
メソポタミヤ	美索不达米亚
メヴドラ	梅兹德拉
フィルヂナンド１世	斐迪南一世
サーヴ	萨瓦河
モラワ	摩拉瓦河
ドリナ	德里纳河
クラグエヴッツ	克拉古耶瓦茨
ヤダール	贾达尔河
ブードニック	普特尼克
ホチオレック	波蒂奥雷克
ヴリエヲ	瓦列沃
クルーバニエ	科卢巴拉
ルードニック	鲁德尼克
サラフォフ	萨拉福夫
ミハイロウスキー	米哈伊罗斯基
スートン	斯顿
サマコフ	萨莫科夫
マリツァ	马里查河
スタムブロッフ	斯塔姆博洛夫
シリストニヤ	西里斯托利亚

ヤニナ	阿尼纳
カヴラ	桑丹斯基
ブルボン・オルレヤン	波旁 – 奥尔良
ルイ・フィリップ	路易・菲利普
ボザレヴツ	克鲁舍瓦茨
モナスチール	莫纳斯蒂尔
ヴランドヴ	瓦兰多夫
ストルムニッツァ	斯特鲁米察
セッチンエ	采蒂涅
グラッドストン	威廉・尤尔特・格莱斯顿
ダニロ１世	达尼洛一世
カッタロ	科托尔
ヰコチッチ	武科蒂奇
ミレナ	米莱娜
バッテンベルヒ	巴腾堡
デシヤ	达契亚
アテネ	雅典
チャールス	卡罗尔一世
マリア	玛丽
サクス・コブルグ	萨克森 – 科堡 – 哥达
ベッサラビヤ	比萨拉比亚
トランシルヹニヤ	特兰西瓦尼亚
ブカレスト	布加勒斯特
ドブルジヤ	多布罗加
ファルケンハイン	法金汉
ウァラキヤ	瓦拉几亚
フェオドキヤ	费奥多西亚
アゾフ	亚速海
スヱス	苏伊士
カザン	喀山
ビルマ	缅甸
マラッカ	马六甲
シンガポール	新加坡

エルゼルム	埃尔祖鲁姆
ワン湖	凡湖
チフリス	第比利斯
カルス	卡尔斯
コロサン	霍拉桑
イド	奥尔图
アルダハン	阿尔达汉
ガンビセス 2 世	冈比西斯二世
ヒマラヤ	喜马拉雅山脉
アルプス	阿尔卑斯山脉
アクァバ	亚喀巴
アリッシュ	阿里什
カンタラ	坎塔拉
ナークル	内克尔
ジュマル・パシヤ	杰马尔帕夏
カチヤ	哈斯纳
ハリ・エル・ウォジヤ	哈菲尔・奥贾
イスマイリヤ	伊斯梅利亚
タウソウム	图苏姆
ドール	图尔
ジェルサレム	耶路撒冷
ビル・ジェバ	贝尔谢巴
セラベルム	塞拉皮姆
マルマラ	马尔马拉海
ボスボラス	博斯普鲁斯海峡
エーグ	爱琴海
ヘレスボント	赫勒斯滂
ガリポリ	加利波利
マホメット 2 世	穆罕默德二世
ヅル・バール	基利迪尔巴希尔
クム・カレー	恰纳卡莱
チャナク	恰尔达克
サロス	萨罗斯

キリヤ・バール	盖利博卢
ブーヹ	“布威”号
インフレキシブル	“不屈”号
レムノス	利姆诺斯
マドロス	穆兹罗斯港
ゴーロア	“高卢人”号
ハミルトン	汉密尔顿
アチ・ババ	阿奇巴巴
サリ・ベーヤ	赛迪尔巴希尔
モルト	莫尔托
マイドス	梅朵斯
クム・カレー	库姆卡莱
クリミヤ	克里希亚
スヴラ	苏弗拉
アナファルク	安纳法尔塔
スミルナ	士麦拿
フィッシャー	费舍尔
チャーチル	丘吉尔
トロンチノ	特伦蒂诺
サランドラ	萨兰德拉
トリエスト	的里雅斯特
クルツォラ	科尔丘拉
ヴロナ	发罗拉
ローマ	罗马
ミラン	米兰
ボー	波河
カドルナ	卡多尔纳
ガルダ	加尔达湖
ライバッハ	莱巴赫
コンラッド	赫岑多夫
オイゲン	欧根
ダンクル	克拉希尼克
カルソ	卡尔索

リヴ	里瓦
ヹネチヤ	威尼斯
アシャゴ	阿夏戈
ベルティゴ	别蒂戈
サボチノ	萨波齐诺
ゴエルツ	戈里齐亚
クリヤメント	塔利亚门托河
ビヤヹ	皮亚韦河
モード	莫德
クリスチャン 10 世	克里斯蒂安十世
ハインリッヒ	亨德里克
スーダン	苏丹
ギニヤ	肯尼亚
トーゴーラント	多哥
カルメン	喀麦隆
モルンダ	卢旺达
ノーレデレ	布隆迪
バイアノス	拜尔斯
マリッツ	马里茨
シドニー	“悉尼”号
エムデン	“埃姆登”号
マーシャル	马绍尔
マリヤナ	马里亚纳
カロリン	加罗林
キール	基尔港
ウィルヘルムハーフェン	威廉港
ドレッドノート	“无畏”号
ウュッヂッゲン	韦迪根
クレシー	“克雷西”号
アジャンクール	“阿博科”号
マルタ	马耳他
クロンスタット	喀琅施塔得
セバストボール	塞瓦斯托波尔

シェルブール	奥克特维尔
ブレスト	布雷斯特
ロリアン	洛里昂
ロシュフォール	罗什福尔
スペチヤ	拉斯佩齐亚
ナポリ	那不勒斯
クラントー	塔兰托
ポーラ	普拉
ダルマチヤ	达尔马提亚
シャロンホルスト	“沙恩霍斯特”号
グナイゼナウ	“格奈森瑙”号
ニュールンベルヒ	“纽伦堡”号
ライプチッヒ	“莱比锡”号
ドレスデン	“德累斯顿”号
チリー	智利
コロネル	科罗内尔
モスマウス	“蒙马斯”号
グッドホープ	“古德·霍普”号
グラスゴー	“格拉斯哥”号
フォークランド	马岛
フェルナンデス	费尔南德斯
ケント	“肯特”号
アスコルド	“阿斯克尔德”号
リヤサン	“梁赞”号
クルモラント	“鸬鹚”号
パガン	帕甘岛
ベルガル	孟加拉
ジヤワ	爪哇
マドラス	马德拉斯
ハンプシャー	“汉普郡”号
セイロン	锡兰岛
ボンヂシェリー	本地治里
チヤゴス	查戈斯

ベナン	槟城
ムースケー	“莫斯奎特”号
ゼムチューグ	“珍珠”号
ココス	科科斯
ヂレクション	迪雷克申
バダビヤ	巴达维亚
マリーマントル	弗里曼特尔
ロッドリグス	罗德里格斯
メルボロン	“墨尔本”号
コロンボ	科伦坡
キーリン	北基林
エムス	埃姆斯河
アイシヤ	“艾莎”号
スマトラ	苏门答腊岛
バダング	巴东港
シー・フラワ	明打威
リンクス	“林克斯”号
チョイシン	“乔森”号
ベリム	丕林
ホデーダ	荷台达
メッカ	麦加
マッソワ	马萨瓦港
エーメン	也门
サナー	萨那
ファーサン	法拉桑
マルカ	马卡岛
クンフダ	贡富达
リート	利斯
ジェダ	吉达
エル・ウェダ	沃季赫
エル・ウラー	欧拉
ダマスカス	大马士革
アナトリー	安卡拉